普通高等学校"十四五"规划旅游管理专业类精品教材
国家级一流本科专业建设旅游管理类特色教材

· 2020年度桂林旅游学院教材建设一般项目"旅游市场营销理论与实务"研究成果

旅游市场营销 理论与实务
Tourism Marketing Theory and Practice

主　编 ◎ 张文菊
副主编 ◎ 张念萍
参　编 ◎ 韦湘云

华中科技大学出版社
http://press.hust.edu.cn
中国·武汉

内 容 提 要

本书以新时代中国特色社会主义思想为指导，根据应用型本科生的培养目标和学生特点，以创新能力的培养是旅游市场营销人才的基础为运作理念，通过项目目标、项目任务、案例导入、案例分析、阅读链接、项目实训等环节设立融"线上＋线下"为一体的立体教学模式与评价模式，让学生在手脑结合的知识学习与项目实践中提高创新能力和水平。全书共十个项目，每个项目都包含了理论知识模块和项目实训模块，将旅游市场营销理论与实务融为一体。理论知识讲述力求深入浅出，实训项目注重学生营销能力的培养。本书中行业案例丰富，体例新颖，适用于旅游管理类专业师生及旅游行业从业人员阅读参考。

图书在版编目(CIP)数据

旅游市场营销:理论与实务/张文菊主编. —武汉:华中科技大学出版社,2022.12(2025.1重印)
ISBN 978-7-5680-8924-1

Ⅰ.①旅… Ⅱ.①张… Ⅲ.①旅游市场-市场营销学-教材 Ⅳ.①F590.8

中国版本图书馆 CIP 数据核字(2022)第 244056 号

旅游市场营销:理论与实务　　　　　　　　　　　　张文菊　主编
Lüyou Shichang Yingxiao:Lilun yu Shiwu

策划编辑：王　乾	
责任编辑：刘　烨	
封面设计：原色设计	
责任监印：周治超	
出版发行：华中科技大学出版社(中国·武汉)	电话：(027)81321913
武汉市东湖新技术开发区华工科技园	邮编：430223
录　　排：华中科技大学惠友文印中心	
印　　刷：武汉市籍缘印刷厂	
开　　本：787mm×1092mm　1/16	
印　　张：17	
字　　数：394 千字	
版　　次：2025 年 1 月第 1 版第 2 次印刷	
定　　价：49.80 元	

本书若有印装质量问题，请向出版社营销中心调换
全国免费服务热线：400-6679-118　竭诚为您服务
版权所有　侵权必究

普通高等学校"十四五"规划旅游管理专业类精品教材
国家级一流本科专业建设旅游管理类特色教材

出版说明

为深入落实全国教育大会和《加快推进教育现代化实施方案(2018—2022年)》文件精神,贯彻落实新时代全国高校本科教育工作会议和《教育部关于加快建设高水平本科教育 全面提高人才培养能力的意见》、"六卓越一拔尖"计划2.0系列文件要求,推动新工科、新医科、新农科、新文科建设,做强一流本科、建设一流专业、培养一流人才,全面振兴本科教育,提高高校人才培养能力,实现高等教育内涵式发展,教育部决定全面实施"六卓越一拔尖"计划2.0,启动一流本科专业建设"双万计划"。

基于此,建设符合旅游管理类国家级一流本科专业人才培养需求的教材,将助力旅游高等教育专业结构优化,全面打造一流本科人才培养体系,进而为中国旅游业在"十四五"期间深化文旅融合、持续迈向高质量发展提供有力支撑。

华中科技大学出版社一向以服务高校教学、科研为己任,重视高品质专业教材出版,"十三五"期间,在教育部高等学校旅游管理类专业教学指导委员会和全国高校旅游应用型本科院校联盟的大力支持和指导下,率先组织编纂出版"普通高等院校旅游管理专业类'十三五'规划教材"。该套教材自出版发行以来,被全国三百多所开设旅游管理类专业的院校选用,并多次再版。

为积极响应"十四五"期间国家一流本科专业建设的新需求,"国家级一流本科专业建设旅游管理类特色教材"项目应运而生。本项目依据旅游管理类国家级一流本科专业建设要求,立足"十四五"期间旅游管理人才培养新特征进行整体规划,邀请旅游管理类国家级一流本科专业建设院校国家教学名师、资深教授及中青年旅游学科带头人加盟编纂。

该套教材融入思政内容,助力旅游管理教学实现立德树人与专业人才培养有机融合。让学生充分认识专业学习的重要性,加强学生专业技能的培养,并将学生个人职业发展与国家建设紧密结合,让学生树立正确的价值观。同时,本套教材基于旅游管理类国家级一流本科专业建设要求,在教材内容上体现"两性一度",即高阶性、创新性和挑战度的高质量要求。此外,依托资源服务平台,打造新形态立体教材。华中科技大学出版社紧抓"互联网+"时代教育需求，自主研发并上线了华中出版资源服务平台，为本套教材提供立体化教学配套服务，既为教师教学提供教学计划书、教学课件、习题库、案例库、参考答案、教学视频等系列配套教学资源，又为教学管理构建课程开发、习题管理、学生评论、班级管理等于一体的教学生态链，真正打造了线上线下、课内课外的新形态立体化互动教材。

  本项目编委会力求通过出版一套兼具理论与实践、传承与创新、基础与前沿的精品教材，为我国加快实现旅游高等教育内涵式发展、建成世界旅游强国贡献一份力量，并诚挚邀请更多致力于中国旅游高等教育的专家学者加入我们！

前言
Preface

旅游市场营销是一门理论性和应用性都很强的学科。随着旅游业的快速发展,新理论、新技术的产生和应用,旅游市场营销的理念、方式、渠道等也在发生巨大的变化。因此,本书在编写过程中,充分考虑到应用型本科生的人才培养目标和学生特点,在保持旅游市场营销知识体系完整性和系统性的基础上,力求各章内容都能体现新理论、新理念、新思维、新方法和新应用,既增加学生动脑的机会,又能通过各章大量的案例分析、阅读链接、实训项目等增加学生动手的机会,以增加学生的旅游市场营销新知识,提高学生的旅游市场营销实践能力。

创新贯穿旅游市场营销活动的全过程,也是旅游市场营销活动成功的前提之一。因此,本书将"创新"放入第一个项目以凸显其重要性。

本书是桂林旅游学院旅游管理专业相关教师合作编写的成果,全书共十个项目,由张文菊负责设计、撰写与统稿。副主编张念萍负责审校,韦湘云负责编写部分案例资料,本书还得到王学典等老师的帮助,特此感谢。

本书在编写过程中参考和引用了国内外的一些相关文献和资料,在此,谨向这些文献的作者致以诚挚的谢意。

由于编写时间仓促和编者水平所限,书中难免存在一些缺点、谬误和疏漏之处,恳请各位学术界同仁、学生和其他读者不吝赐教,提出宝贵的建议,以便在本书修订时加以改正。

目录
Contents

项目一　认识旅游市场营销与创新　/001

任务一　熟悉市场营销基础知识　/002
一、旅游市场营销的基本概念　/002
二、旅游市场营销组织与任务　/007
三、旅游市场营销学的发展　/010

任务二　认识旅游市场营销创新　/018
一、理解旅游市场营销创新的内涵　/018
二、熟知旅游市场营销创新源　/020

项目二　旅游市场调研与预测　/024

任务一　掌握旅游市场营销调研方法　/025
一、旅游市场营销调研的定义　/025
二、旅游市场营销调研的意义　/025
三、旅游市场调研的内容　/026
四、旅游市场调研类型　/027
五、旅游市场调研的程序　/027
六、旅游市场调研方法　/029

任务二　掌握旅游市场营销调研技术　/032
一、设计调查问卷　/032
二、开展抽样调查　/034

任务三　掌握旅游市场营销预测方法与
　　　　技术　　　　　　　　　　　　　　/035
　一、旅游市场预测的概念　　　　　　　　/035
　二、旅游市场预测的内容　　　　　　　　/036
　三、旅游市场预测的步骤　　　　　　　　/040
　四、旅游市场预测的方法　　　　　　　　/041

项目三　旅游市场营销环境分析　/048

任务一　认识旅游市场营销环境　　　　　/049
　一、旅游市场营销环境的含义　　　　　　/049
　二、旅游市场营销环境的影响与反应　　　/050
　三、当代旅游市场营销面临的新环境　　　/050

任务二　熟悉旅游市场营销宏观环境
　　　　构成与影响　　　　　　　　　　/051
　一、政治法律环境　　　　　　　　　　　/051
　二、社会文化环境　　　　　　　　　　　/052
　三、人口环境　　　　　　　　　　　　　/053
　四、经济环境　　　　　　　　　　　　　/054
　五、科技环境　　　　　　　　　　　　　/055
　六、自然环境　　　　　　　　　　　　　/055
　七、医疗环境　　　　　　　　　　　　　/055

任务三　熟悉旅游市场营销微观环境
　　　　构成与影响　　　　　　　　　　/056
　一、顾客　　　　　　　　　　　　　　　/056
　二、旅游中间商　　　　　　　　　　　　/056
　三、竞争者　　　　　　　　　　　　　　/057
　四、社会公众　　　　　　　　　　　　　/059

任务四　掌握旅游市场营销环境分析技术　/059
　一、PEST外部环境分析法　　　　　　　　/059
　二、SWOT态势分析法　　　　　　　　　　/060

项目四　旅游消费者行为分析　/063

任务一　认识旅游消费市场　　　　　　　/064
　一、旅游消费市场　　　　　　　　　　　/064
　二、旅游消费行为概述　　　　　　　　　/065

目录

任务二　旅游消费行为影响因素分析	/068
一、个体消费者影响因素分析	/068
二、组织消费者影响因素分析	/073
任务三　旅游消费者购买行为分析	/076
一、个体消费者购买行为分析	/076
二、组织消费者购买行为分析	/078

项目五　旅游市场营销战略　　/084

任务一　掌握旅游市场细分的方法	/085
一、旅游市场细分内涵	/085
二、旅游市场细分的标准和原则	/086
三、旅游市场细分的方式	/091
四、旅游市场细分的步骤	/092
任务二　选择旅游目标市场	/094
一、旅游目标市场的概念	/094
二、旅游目标市场选择的条件与步骤	/094
三、评估细分市场	/095
四、选择旅游目标市场	/095
五、旅游目标市场营销策略及其影响因素	/096
任务三　确定旅游市场定位	/100
一、旅游市场定位含义与作用	/100
二、旅游市场定位的方式	/101
三、旅游市场定位的步骤	/101
四、旅游市场定位的传播	/102

项目六　旅游产品策略　　/105

任务一　认识旅游产品的内涵	/106
一、旅游产品的概念	/106
二、整体旅游产品概念	/107
任务二　掌握旅游产品生命周期策略	/109
一、旅游产品生命周期概述	/109
二、旅游产品生命周期的特点与营销策略	/112
三、延长旅游产品生命周期策略	/114
任务三　制定旅游新产品开发策略	/116
一、旅游新产品的含义	/116

二、旅游新产品的类型　　/116
　　三、开发旅游新产品的一般程序　　/117
　　四、影响旅游新产品开发成败的因素　　/118
任务四　制定旅游产品品牌策略　　/120
　　一、旅游产品品牌的内涵　　/120
　　二、旅游产品品牌策略选择　　/126
任务五　制定旅游产品组合策略　　/131
　　一、旅游产品组合的概念　　/131
　　二、旅游产品组合的常用策略　　/131
　　三、旅游产品组合策略的改变　　/132
　　四、优化产品组合的分析方法　　/132

项目七　旅游产品价格策略　　/138

任务一　识别旅游产品定价的主要因素　　/139
　　一、旅游产品价格概述　　/139
　　二、影响旅游产品定价的因素　　/140
任务二　选择旅游产品定价步骤与方法　　/142
　　一、旅游产品定价的步骤　　/142
　　二、旅游产品的定价方法　　/144
任务三　制定旅游产品定价策略　　/146
　　一、新产品与仿制品定价策略　　/147
　　二、折扣定价策略　　/149
　　三、心理定价策略　　/150
　　四、差别定价策略　　/151
　　五、产品线定价策略　　/152
　　六、PWYW定价策略　　/154
　　七、价格变动与企业对策　　/154

项目八　旅游分销渠道策略　　/160

任务一　掌握旅游营销渠道的内涵　　/161
　　一、旅游营销渠道的内涵　　/161
　　二、旅游分销渠道的一般类型　　/164
　　三、旅游中间商的类型　　/168
任务二　旅游分销渠道的设计与管理　　/169
　　一、旅游分销渠道设计　　/169

二、旅游分销渠道的管理　　　　　　　　　　　　/171

项目九　旅游促销策略　/176

任务一　认识旅游促销及其组合　/178
　　一、旅游促销的概念　　　　　　　　　　　　　/178
　　二、旅游促销的作用　　　　　　　　　　　　　/178
　　三、旅游促销的组合策略　　　　　　　　　　　/179

任务二　熟悉旅游广告策略　/184
　　一、旅游广告的概念　　　　　　　　　　　　　/184
　　二、旅游广告的作用　　　　　　　　　　　　　/184
　　三、旅游广告的实施　　　　　　　　　　　　　/184

任务三　熟悉旅游营业推广策略　/198
　　一、旅游营业推广的概念　　　　　　　　　　　/198
　　二、旅游营业推广的作用　　　　　　　　　　　/198
　　三、旅游营业推广的方式　　　　　　　　　　　/199
　　四、旅游营业推广的实施　　　　　　　　　　　/200

任务四　熟悉旅游人员推销策略　/202
　　一、旅游人员推销概述　　　　　　　　　　　　/202
　　二、旅游推销队伍的建设与管理　　　　　　　　/203
　　三、旅游推销人员的工作实施　　　　　　　　　/207

任务五　掌握旅游公共关系策略　/212
　　一、旅游公共关系的内涵　　　　　　　　　　　/212
　　二、旅游公共关系的特征　　　　　　　　　　　/212
　　三、旅游公共关系的活动类型　　　　　　　　　/214
　　四、旅游公共关系的常用活动方式　　　　　　　/216
　　五、旅游公共关系的实施　　　　　　　　　　　/218

项目十　旅游市场营销管理与实践　/223

任务一　制订旅游市场营销计划　/224
　　一、旅游市场营销计划的概念与分类　　　　　　/224
　　二、旅游市场营销计划书　　　　　　　　　　　/225
　　三、旅游市场营销计划实施　　　　　　　　　　/226

任务二　旅游市场营销控制　/229
　　一、旅游市场营销控制的含义　　　　　　　　　/229
　　二、旅游市场营销控制内容　　　　　　　　　　/229

三、旅游市场营销控制的实施　　/231

任务三　旅游市场营销审计　　/232
　　一、旅游市场营销审计的概念　　/232
　　二、旅游市场营销审计的内容　　/233
　　三、旅游市场营销审计的实施程序　　/235

任务四　旅游目的地营销实践　　/236
　　一、旅游目的地营销的内涵　　/236
　　二、旅游目的地营销参与者　　/238
　　三、旅游目的地形象策划　　/240
　　四、旅游目的地主题营销活动策划　　/247

主要参考文献　　/256

项目一
认识旅游市场营销与创新

知识目标：1. 掌握旅游市场营销的含义、组织、管理任务。
2. 掌握市场营销观念、市场营销组合的演变及发展。
3. 掌握旅游市场营销的基本内容。
4. 理解旅游市场营销创新的内涵。
5. 熟悉旅游市场营销创新源。

能力目标：1. 明了旅游市场营销管理组织及管理任务。
2. 拥有市场营销观念、市场营销组合的辨别与使用技能。
3. 旅游市场营销创新源的识别能力。

素质目标：通过掌握旅游市场营销的基础知识，学生能了解旅游市场营销管理组织及管理任务，具有分辨和运用不同营销观念、市场营销组合的意识与能力，熟悉旅游市场营销创新的内涵与创新源，培养学生的旅游市场营销创新意识与能力。

1. 抽选一种营销思想，设计旅游情景剧，由小组成员用舞台剧的方式呈现出来。
2. 抽选一个营销组合，设计旅游情景剧，由小组成员用舞台剧的方式呈现出来。

南京金陵饭店大肉包，抗疫创出"外卖奇迹"

2020年3月21日，距金陵饭店集团节后恢复生产经营仅一个月，名震南京美食界的金陵大肉包销量便突破100万只，外卖销售额超过1500万元。这是一个在一般情况下，根本不可能实现的数量。

这个"外卖奇迹"源自2020年初新冠肺炎疫情暴发时期。金陵饭店集团接到"为江苏驰援黄石医疗队提供食品资源保障"的任务，仅用36小时就赶制出1万只金陵大肉包和3000份盐水鸭。刷新了金陵大肉包的烹制纪录。这让金陵饭店集团党委书记、董事长狄嘉看到了新的希望，"既然我们有这个能力，就得想办法组织生产自救,最大限度释放产能"。于是,一场名为"春雨战役"的生产自救行动打响了。南京金陵大肉包、盐水鸭等金陵美食正式上线销售,一天之内,金陵大肉包预售量高达19万只。为此,"全员投入模式"就此启动。金陵饭店集团将金陵大肉包日产量提升至原来的5倍;职工食堂、新增的江宁生产点以及南京本地的7家集团成员酒店的面点师傅也都加入了生产金陵大肉包的队伍。

新冠肺炎疫情期间,配送问题和销售渠道是必须解决的问题。除预约到店领取外,金陵饭店集团还与物流公司合作,组建了一支近50人的物流保障团队。在销售端,金陵饭店集团组织了社区接龙、社群互动等活动,鼓励员工投身"自救",以"包子外卖"为方式,向"金陵人"发起倡议,利用朋友圈开展"团包子"活动,并给予组织者一定的销售奖励。

有效且超常规的动作,让"金陵人"在疫情肆虐的行业停滞期,创造了酒店业界的"外卖奇迹",也借此开创了金陵饭店集团自身的新的产业格局。

(资料来源:李睿哲《金陵大肉包,一个月卖了100万只——抗疫创出的"外卖奇迹"给人多重启示》,https://baijiahao.baidu.com/s?id=16619078203824199 18&wfr=spider&for=pc,中国江苏网,2020-03-23。)

思考题:为什么金陵饭店集团能通过大肉包在抗疫期间创造出"外卖奇迹"?

任务一 熟悉市场营销基础知识

一、旅游市场营销的基本概念

(一)旅游市场的基本概念

1. 市场的含义

市场源于市,通常是指买卖双方集中在一起进行商品交易的场所。如服装市场、建材市场等。事实上,由于人们对市场认识的角度不同,其含义也有所不同。

经济学家认为市场是产品交换过程中所反映出的各种经济行为和经济关系的总和,市场不仅包括商品交换的场所,也包括商品交换过程中供求之间发生的各种关系。

营销学家则认为卖方构成产业,买方构成市场。市场是在一定时期内,某一地区中存在的对产品具有现实和潜在的消费兴趣与能力的购买者,营销关注的重点是如何通过营销活动满足买方的需求,从而实现营销目标。

2. 市场的构成要素

从企业(提供方)的角度,市场营销理论着重研究买方(需求方)行为,研究企业如何排除竞争干扰,通过满足消费需求,实现自身盈利和发展的目的。可见,市场包含有某种需要的人、有满足这种需要的支付能力、购买的欲望和购买的权利。旅游市场规模的大小,首先,取决于该市场范围内人口数量的多少,在收入水平相同的情况下,人口越多市场潜力就越大;其次,取决于人们的购买愿望,具有购买动机的人才能转变为消费对象;再次,取决于人们的购买能力,支付能力是产品交换的前提;最后,消费者必须具有相应的购买权利,某些地方政府为保护消费者利益、维护市场的健康发展,会通过颁布法令,制止或者限制某些产品的交换。因此,只有在各种相关的政策法规许可的条件下,消费者才能获得购买权利。总之,某一客源市场规模的大小,取决于以上四方面的因素,四方面的因素要同时作用和相互影响,缺一不可。

3. 旅游市场的内涵

1) 旅游市场的定义

旅游市场有广义和狭义之分。广义的旅游市场包括旅游市场的主体和客体两大部分,包含旅游企业和游客关于旅游产品交换的各类利益关系的总和。狭义的旅游市场,一是指在既定的区域、时期以及既定的约束下所拥有的旅游产品现实或潜在的买者;二是指旅游客源或需求市场,包括旅游产品、游客以及游客的置备权、消费意愿和支付能力等。旅游市场营销学中探讨的是狭义的旅游市场,它由旅游消费者、旅游消费者的旅游意愿、消费能力以及出行机遇等部分构成。

2) 旅游市场的分类

旅游市场可以根据国境、地理位置、空间位置、组织形式、旅游活动类型、旅游接待量、旅游季节以及旅游消费者的年龄、性别、消费水平等进行划分,具体类别见表1-1。

表1-1 旅游市场分类表

划 分 标 准	旅游市场类别
国境	国际旅游市场、国内旅游市场
地理位置	欧洲旅游市场、美洲旅游市场、非洲市场等
空间位置	近程旅游市场、中程旅游市场、远程旅游市场
组织形式	团队旅游市场、散客旅游市场
旅游活动类型	购物旅游市场、探险旅游市场、研学旅游市场等
旅游接待量	一级旅游市场、二级旅游市场、机会旅游市场
旅游季节	旺季旅游市场、平季旅游市场、淡季旅游市场
旅游消费者的年龄	老年旅游市场、中年旅游市场、青年旅游市场、儿童旅游市场
旅游消费者的性别	男性旅游市场、女性旅游市场
旅游消费者的消费水平	豪华旅游市场、标准旅游市场、经济档旅游市场

3) 旅游市场的特征

从旅游市场营销学的角度,旅游市场通常是指旅游客源市场;从经济学角度,旅游市场是旅游产品供求双方交换关系的总和;从地理学角度,旅游市场是旅游经济活动的中心。

与传统意义上的其他市场相比,旅游市场出售的产品以服务性产品为主,物质性产品为辅。服务性产品包括导游服务产品、旅游线路产品、旅游演艺产品等,物质性产品包括旅游文创产品、旅游美食产品等,绝大多数的旅游产品具有生产与消费的同步性、季节性、波动性、异地性和无形性等特点。

4)旅游市场的功能

旅游市场包含四种基本功能,即旅游产品的交换功能、资源的重新分配功能、信息的反馈功能、协调经济生活的功能。

(1)旅游产品的交换功能。

帮助旅游产品寻找旅游消费者,帮助旅游消费者找到喜好的旅游产品。而旅游市场是把旅游产品和旅游消费者联结起来的场所。

(2)资源的重新分配功能。

为旅游消费者提供与他们自身相符合的,并且他们有意愿支付的旅游产品,将产品配置到具有相应功能需求的旅游消费者手中。

(3)信息的反馈功能。

将旅游消费者的消费能力、消费偏好、消费评价,以及未来的消费期望等信息反馈给旅游企业,这些信息有利于旅游企业乃至整个旅游目的地的未来发展与计划。

(4)协调经济生活的功能。

维持旅游供应与需求之间的均衡,然后利用市场调节,以求优化配置社会经济资源,有效配置劳动供给。

当以上这些功能联合发挥作用,便能在较短的时间里在国际旅游市场中取得较好的成绩。

(二)旅游市场营销的基本概念

1. 经典的市场营销概念

"市场营销"来源于英文单词"marketing","marketing"一词被译为"销售学""市场推销"或"营销学",20世纪80年代中期释义"市场营销"出现,并逐渐成为约定俗成的中文规范表述。市场营销的内涵也随着营销实践的发展和时代的变迁而不断变化。在不同的时期,专家学者或机构从不同的角度给出了不同的定义。代表性定义如下:

(1)美国市场营销协会(AMA,1960年):市场营销是引导产品或劳务从生产者流向消费者或使用者的企业活动。

(2)英国市场营销学会(CIM,1984年):一个组织或企业以获取盈利为前提,负责去识别消费者需要、预应消费者需要和满足消费者需要的管理过程。

(3)美国市场营销协会(AMA,1985年):市场营销是对观念、产品及服务进行设计、定价、促销及分销的计划或实施的过程,在过程中产生满足个人和组织目标的交换。

(4)菲利普·科特勒(Philip Kotler,1988年):市场营销是个人或集体通过创造,与别人交换产品和价值,以获取所需所欲之物的一种社会过程和管理过程。

(5)格隆罗斯·古德斯坦(Gronroos Goodstein,1996年):市场营销是在变化的市场环境中,旨在满足消费需要、实现企业目标的商务活动过程,它包括市场调研、选择目标市场、产品开发、产品促销等一系列与市场有关的企业业务经营活动,强调了营销的目的。

(6)美国市场营销协会(AMA,2004年):市场营销既是组织的一种管理职能,也是组织为了自身及其利益相关者的利益而创造、沟通、传递客户价值以及管理客户关系的一系列过程。

(7)美国经济学家包尔·马苏(2004年):市场营销是传送生活标准给社会。该定义将市场营销的实质生动地体现了出来。

(8)美国市场营销协会(AMA,2005年):市场营销是组织的一种功能和一系列创造、交流并将价值观传递给顾客的过程,也被用于管理顾客关系以及让组织及其股东获利。

(9)美国市场营销协会(AMA,2013年):营销就是创造、沟通、交付和交换对顾客、客户、合作伙伴以及社会有价值的市场供应物的活动、系列制度和过程。

(10)菲利普·科特勒(Philip Kotler,2013):市场营销是通过为顾客创造价值来构建可获利的顾客关系并从中获取价值回报的过程。

以上概念各有所长、各有特色,在内涵上也有一些共同点:市场营销是一种组织管理过程;市场营销是实现买卖双方自愿交换的途径;市场营销的目的或结果是实现买卖双方的所需和所求。其最终目标是"满足需求和欲望";交换是市场营销的核心,交换过程是一个主动、积极地寻找机会,满足双方需求和欲望的社会过程和管理过程;交换过程能否顺利进行,取决于营销者创造的产品和价值满足顾客需求的程度,以及交换过程管理的水平。

2. 营销与推销及促销的不同

营销包括营销调研、市场需求预测、新产品开发、新产品定价、新产品分销、新产品推销、新产品促销、售后服务等一系列活动。可见,推销和促销都只是营销活动中的一部分。根据国际学术界已有的共识,市场营销和推销分别代表的是两种不同的管理哲学。

管理学大师彼得·德鲁克认为,"营销的目的就是使推销成为不必要"。推销着眼于现有产品的销售,根源于传统的生产观念,在产品生产出来之后,通过促销等手段达成销售,实现眼下的获利,因此就推销而言是先有产品,后有市场。而营销着眼于消费者的市场需要,通过整合营销、全员营销等手段,满足消费者需要,使顾客满意,实现长期获利,因此就营销而言可能是先有市场,后有产品。此外,从战略与战术的角度来看,营销与促销的关系正如企业家张瑞敏所说的那样:"促销是一种手段,营销是一种战略。"由于其战略地位的不同,也暗示了调研工作和营销计划编制工作在市场营销中的重要性。

3. 旅游市场营销的概念

和市场营销的概念一样,对于旅游市场营销,不同的专家学者也有不同的认识和见解。

菲利普·科特勒认为旅游市场营销是旅游产业中的个人与群体通过对其产出品的构想、制定合理价格、规划销售方案,以及实施以上这些环节来达到企业的经营目的和满足游客的需求。

格隆罗斯认为旅游市场营销是一个主体为了长期生存发展,在适应外部环境和内部条件变化的情况下,对旅游市场所做出的具有全局性的计划和方案。

赵西萍认为旅游市场营销是旅游经济个体(个人和组织)对思想、产品和服务的构思、定价、促销和分销的计划与执行过程,以实现达到经济个体(个人和组织)目的的

阅读链接

现代营销学之父——菲利普·科特勒

交换。

牛素平与王力峰认为旅游市场营销是政府的职能之一,提出了"G(政府)＋4P"旅游营销概念模型,旅游市场营销要以政府为推动导向,实现区域间的旅游资源共享,加强与周边区域的沟通协作,提高景区知名度与影响面。

赵毅认为旅游市场营销是旅游经济组织或个人通过交换提供满足消费者需求的产品管理过程。

谭小芳认为旅游市场营销是指旅游产品或旅游服务的生产商在识别旅游者需求的基础上,通过确定其所能提供的目标市场设计适当的旅游产品、旅游服务和旅游项目,以满足这些市场需求的过程,具体还可以分为景区营销、酒店营销、旅行社营销等。

陈丹红认为旅游市场营销以旅游消费需求为导向,通过分析、计划、执行、反馈和控制等一系列市场营销过程,为游客提供有效产品和服务,从而达到使游客满意、使旅游企业获利的目的。

以上概念各有特色,各有侧重,都有以下共同点:

1)旅游市场营销是一种以消费者为中心的经营思想和理念

旅游市场营销是游客参与性非常强的活动,旅游服务的效果不仅取决于旅游提供者,还取决于游客本身。因此,旅游市场营销应以消费者为中心,以旅游消费者的需求为导向,通过提供优质的旅游产品或服务使消费者满意,从而实现营销者的经济目标与社会目标。

2)旅游市场营销意味着一种交换

旅游产品与其他商品最大的不同在于,旅游交换通常是一种在约定时间段和区域内旅游产品使用关系的交换,而不是旅游产品产权关系的交换,具体的旅游商品除外,这是旅游市场和其他市场的本质区别。因此,在开发和设计旅游产品时应把推动这种旅游产品使用关系交换的实现放在首位。

3)旅游市场营销是一个动态管理过程

旅游市场营销是对营销资源进行管理,是有计划地组织各项经营活动,为旅游消费者提供满意的产品或服务,进而实现旅游企业目标和履行社会职责的过程。旅游市场营销活动包括旅游产品从进入流通市场前到退出流通市场后的一系列活动,涉及旅游产品的生产、分配、交换和消费的全过程。

4)旅游市场营销者与营销客体具有广泛性

旅游市场营销的主体包括各级区域行政管理部门、旅游主管部门、行业协会、全体旅游企业等组织,以及区域内的居民或到访过的游客等个体,具有广泛性。

游客对旅游产品的感知和效果判断主要取决于旅游项目设计、人员素质、服务态度、设施及环境等多种物质和非物质方面的因素,因此,旅游市场营销不仅包括对有形实物的营销,还包括对无形服务的营销,具有广泛性。

旅游市场营销既要兼顾旅游企业的市场营销,也要兼顾旅游目的地的市场营销,综合来看,旅游市场营销是旅游市场营销者以旅游消费者需求为出发点,在某个特定的时期与区域内,对旅游产品进行的从策划到生产、分配、交换、消费和消费后的动态管理过程。

二、旅游市场营销组织与任务

(一)旅游市场营销组织

旅游市场营销组织是指旅游市场主体为了实现营销目标和任务所建立的承担营销职能的部门,如市场营销部、公共营销部、销售部、市场营销管理处等。鉴于旅游市场营销者的广泛性,本书主要介绍旅游企业市场营销组织和旅游目的地的市场营销组织。

1. 旅游目的地市场营销组织

旅游目的地营销组织(destination marketing organization,DMO),简称为目的地营销组织,通常泛指在一个旅游目的地全面负责整个旅游目的地市场营销工作的机构或实体,而不论它是专职的目的地营销组织,还是兼顾旅游目的地营销职能的旅游行政机构。以我国为例,不论是文化和旅游部,还是各地方的文化和旅游厅(局)等均为通常意义上的旅游目的地营销组织。

旅游目的地营销工作涉及国家、地方和旅游企业三个层面的营销组织。旅游目的地营销组织在目的地旅游产品的营销传播中扮演着牵头角色,对该地旅游企业营销工作具有扶助和支持的作用,旅游企业是旅游目的地营销工作的基础力量,主要配合旅游目的地市场营销战略的实施。

1)国家层面的旅游目的地营销组织

为了支持和推进本国旅游业的发展,特别是为了保持和开拓海外客源市场,各国均在国家层面设立了旅游目的地营销组织。如英国旅游局等专职营销机构;澳大利亚国家旅游局等兼职营销组织;设在主要客源国的办事处等,负责推销作为旅游目的地的整个国家。如2012年,澳大利亚国家旅游局宣布在中国的北京、广州和成都设立了办事处。

2)地方层面的旅游目的地营销组织

在发达国家,为了支持当地的旅游业,居民人口超过5万的社区都设立了某种形式的旅游目的地营销组织。这些地方性的旅游目的地营销组织通常也是该地的旅游行政组织,只是使用的称谓不尽相同,但都兼行其辖区的旅游目的地营销组织的职责。国内外地方层面的旅游目的地营销组织,既有相同之处,也有不同之处。

(1)相同之处。

国内外地方层面的旅游目的地营销组织相同之处在于以下几个方面:

①在组织地位方面,皆为该地政府认可。

②在行使职能方面,都是既代表辖区内的旅游业界,也代表该地政府。

③在所承担的职责方面,都是为该地旅游业争取外来客源。

(2)不同之处。

国内外地方层面的旅游目的地营销组织不同之处在于以下几个方面:

①在我国,这类组织皆为该地的政府部门,工作经费来自政府预算。在其他大多数国家中,这类组织多为非营利的法定组织,工作经费来自该地客房税的转移支付、政府预算的划拨、该组织中私营部门成员缴纳的会员费,或者是这三种来源的结合。

②在我国,各级旅游目的地营销组织在设置上并不存在上下级隶属关系,但在开展工作时通常需接受上一级组织的指导。在其他大多数国家中,各层级的旅游目的地营销组织彼此相互独立,在机构的设置上不存在上下级关系,在开展工作时也没有指导与被指导的关系。

2. 旅游企业市场营销组织

随着旅游市场和旅游市场营销职能的不断发展,旅游企业的市场营销组织大致经历了"单纯的旅游产品销售机构—兼市场营销职能的销售机构—独立的营销部门—现代营销部门—现代市场营销公司"五个阶段。

1)生产导向下的营销组织

生产导向下的营销组织是单纯的旅游产品销售机构,它由财务、生产、销售、人事和会计这五个基本职能机构组成,职责只是简单地推销旅游产品,旅游企业的营销发展目标、营销规划、产品开发与价格等主要由生产部门和财务部门决定。

2)销售导向下的营销组织

销售导向下的营销组织是兼市场营销职能的销售机构,职责是在加强推销的同时,必须肩负广告宣传、顾客服务、旅游市场调查等工作。

3)营销导向下的营销组织

随着旅游市场的发展、旅游企业规模和业务范围的进一步扩大,原来作为附属性工作的市场营销研究、新产品开发、广告促销和对客服务等市场营销职能的重要性日益增强,旅游市场营销部门独立存在的必要性日益体现出来,旅游企业成立了密切配合但又互相独立的销售机构和营销机构。

随着旅游企业以消费者为中心的营销观念以及兼顾企业、顾客和社会利益的社会营销理念的进一步发展,旅游企业成立了现代市场营销部门,在市场营销部下设各种市场营销职能机构和销售机构,如促销部、公关部、媒体沟通部、服务营销部、营销创新部等。随着现代旅游企业的专业化分工的进一步发展,也有企业将旅游市场营销工作交给专业的现代市场营销公司完成。

(二)旅游市场营销管理任务

旅游企业在开展营销的过程中,在目标市场上,一般会事先设定一个预期的交易水平,然而,实际需求水平可能低于、等于或高于这个预期的需求水平。换言之,在目标市场上,可能没有需求、需求很小或需求超量。

营销管理的任务就是为实现企业目标而调节需求的水平、时机和性质。在目标市场上,根据需求水平、时间和性质的不同,可归纳出八种不同的需求状况。需求状况不同,营销管理的任务也有所不同。

1. 负需求

负需求是指市场上绝大多数人对某个产品感到厌恶,甚至愿意出钱回避它的需求状态。如人们在影视平台为回避广告而购买会员,对广告是一种负需求。对负需求营销管理的任务是转化营销,即分析市场为什么不喜欢这种产品,以及是否可以通过产品重新设计、降低价格和积极促销等营销方案,来改变市场的观念和态度,将负需求转变

阅读链接
▼

首席营销官 CMO

为正需求。

2. 无需求

无需求是指目标市场对产品毫无兴趣或漠不关心的需求状态。无需求产品有三类，即一般认为无价值的废旧物品，一般认为有价值但在特定市场环境下无价值的物品，新产品或消费者不熟悉的物品等。此时，营销管理的任务是刺激营销，即通过宣传、沟通、促销及其他营销措施，努力将产品所能提供的利益与人们的需要和兴趣联系起来，将无需求转变为有需求。

3. 潜伏需求

潜伏需求不同于潜在需求。潜在需求是指消费者对某产品有消费需求但无购买力，或有购买力但还不急于购买的需求状态。潜伏需求是指相当一部分消费者对某产品有强烈的需求，而现有产品无法使之满足的一种需求状态。面对潜伏需求，营销管理的任务是开展营销研究，进而开发有效的产品来满足这些需求，将潜伏需求变为现实需求。

4. 下降需求

下降需求是指市场对某产品的需求呈下降趋势。此时，营销管理的任务是重振营销，即分析需求下降的原因，针对原因采取有针对性的措施，如原因是产品老化缺乏创新，则通过改进产品来满足需求；如果是营销不力的原因，则可通过创造性营销吸引市场的关注，从而将需求下降变为需求不变或需求上升。

5. 不规则需求

不规则需求是指消费者对某些产品的需求在一年中不同季节、一周里不同天、一天内的不同时间点上下波动的需求状态。在此情况下，营销管理的任务是协调营销，即通过灵活定价、策略促销及其他刺激手段来调适或改变需求的时间模式，使产品或服务的市场供给与需求在时间上协调一致。

6. 充分需求

充分需求是指某产品目前需求水平和时间等于预期的需求水平和时间的需求状态。这是企业最理想的一种需求状态。但是，在现实的动态市场上，消费者偏好不断变化，竞争也会日益激烈。此时，营销管理的任务是维持营销，可通过努力保持并改进产品质量、保持并改进服务质量、降低成本并保持合理价格、大力推销等各种方式维持目前的需求水平。

7. 过量需求

过量需求是指某产品的市场需求超过了企业所能供给或所愿供给的水平的状态。此时，营销管理的任务是降低营销，通过提高价格、减少服务和促销等措施，暂时或永久地降低市场需求水平，或者设法降低盈利较少的市场需求水平。需要注意的是，降低市场需求并不是杜绝需求，而只是降低需求水平。

8. 有害需求

有害需求是指市场对某些有害物品或服务的需求。对此，营销管理的任务是反营销，即促使喜欢有害产品或服务的消费者放弃这种爱好和需求，大力宣传有害产品或服务的严重危害性，大幅度提高价格，以及停止生产供应等。反营销的目的不仅是降低市场需求，还要消灭需求。

案例分析

上海要求全市旅游住宿企业不主动提供"六小件"

2019年5月6日,上海市印发《关于本市旅游住宿业不主动提供客房一次性日用品的实施意见》,要求全市文化和旅游部门、旅游住宿企业贯彻落实《上海市生活垃圾管理条例》相关规定,推进生活垃圾源头减量,要求上海旅游住宿企业不主动提供客房一次性日用品"六小件",所谓"六小件"指牙刷、梳子、剃须刀、鞋擦、浴擦、指甲锉。"不主动提供"的意思是酒店不主动将这些物品放在客房中,但是如果客人有需要,可以要求酒店免费提供。

长期以来,酒店的一次性用品产生了巨大的浪费。据统计,2018年全国大约有44万家酒店,而每家酒店每天大约有5千克的一次性香皂被丢弃,一年丢弃的香皂总量超过40万吨,如果按照每吨2万元来计算,这就是80亿元的浪费。

上海出台《关于本市旅游住宿业不主动提供客房一次性日用品的实施意见》,很有环保意义,也符合绿色饭店的建设需要。所谓"绿色饭店"(ecology-efficient hotel)意为"生态效益型饭店",即指以一种对社会、对环境负责的态度,坚持合理利用资源,保护生态环境的同时,既能为社会提供舒适、安全、有利于人体健康的产品,又能为酒店自身创造经济利益的酒店。

(资料来源:《上海酒店取消"六小件",以后需自带牙刷!》。)

思考题:以上材料体现了上海对哪种需求的调控?为什么?

三、旅游市场营销学的发展

(一)市场营销学的发展历程

习近平总书记指出:"历史是最好的教科书,历史是人类最好的老师。历史记述了前人的成功和失败,重视、研究、借鉴历史,了解历史上治乱兴衰规律,可以给我们带来很多了解昨天、把握今天、开创明天的启示。"在发展过程中,市场营销学大体经历了以下四个发展阶段。

1.1900—1920年(萌芽期)

分销体系因发展快速而被学术界关注,美国一些大学商科教师开始关注定价、分销和广告等问题,并在大学里开设了"产业分销""商业制度"等课程。

2.1920—1950年(规范期)

营销学的影响力迅速扩大,其学科的独立性、系统性和完整性日趋明显,不过内容侧重于对营销实践的描述,较少涉及营销管理的问题。

3.1950—1980年(迅速发展期)

心理学、数学和行为科学等被广泛地吸收到营销学中,营销思想领域迅速扩展。营销学更加强调营销管理;研究逐渐深入和细化,形成了服务营销等子学科;倡导营销活动必须适应消费者需求的变化,强调目标营销、营销信息和营销系统的重要性;开始关注与企业的营销活动有关的社会责任、社会义务和社会公益等特征。

4.1980年至今(重构时期)

在此期间,现代科学技术日新月异的发展给营销学带来了极大的影响,如随着网络技术、大数据计算、社交媒体技术的发展,网络营销、大数据营销、社交媒体营销等新理论不断涌现,丰富了营销学的理论内容,也为营销学在新技术、新经济方面的重构带来了契机。

(二)市场营销观念的变迁

营销哲学是企业在开展旅游市场营销活动过程中,在处理企业、顾客和社会三者利益方面所持的态度、思想和理念。习近平总书记指出:"理念是行动的先导,一定的发展实践都是由一定的发展理念来引领的。发展理念是否对头,从根本上决定着发展成效乃至成败。实践告诉我们,发展是一个不断变化的进程,发展环境不会一成不变,发展条件不会一成不变,发展理念自然也不会一成不变。"了解营销哲学的演变,对于旅游企业更新观念,自觉适应快速变化的旅游市场新形势,加强旅游市场营销管理,具有十分重要的意义。

1.生产导向型营销观念

生产导向型营销观念主要包括生产观念、产品观念和推销观念三种,都是立足企业自身或产品本身的眼光向内的营销观念。生产观念产生于20世纪初,由于物资短缺,需求旺盛,许多产品供不应求。此时,企业只关注生产状况,不关注市场需求的变化,因此称为生产观念。这是生产力不发达时期普遍存在的营销观念。

产品观念认为提供一流的产品和服务是企业经营管理工作和核心,只要产品的性能好、质量高、价格合理、有特色,顾客必然会找上门,不需大力推销。当企业发明一项新产品时也容易产生产品观念。产品观念容易产生"市场营销近视",看不到市场需求在变化,从而导致企业经营陷入困境。

推销观念产生于20世纪30至40年代,部分产品出现了供过于求的情况,企业在注重生产的同时,也开始重视产品推销。它认为消费者一般不会主动购买某一企业的产品,尤其是那些非渴求品。因此,企业必须积极推销和大力促销,以刺激消费者大量购买本企业产品。其典型代表是"王婆卖瓜,自卖自夸"。

生产观念、产品观念和推销观念,分别关注的是产品的数量、质量和销量,始终是一种眼光向内的营销观念,以企业为中心强调以产定销。

2.市场营销导向型观念

1)以消费者为导向的市场营销观念

20世纪50年代,世界经济发展进入了"黄金时代",商品供过于求的现象十分普遍,市场竞争越来越激烈,消费者需求变化越来越快,产品生命周期大大缩短,市场形势对买方更为有利。这促使企业必须以消费者为导向,不断满足消费者的需求,只有这样才能在市场竞争中胜出。这种通过分析消费者需要,确定目标市场,根据市场需要来进行产品设计开发、生产促销和售后服务等整体营销活动,满足目标市场需要的营销管理理念就是营销观念。它认为,实现组织目标的关键在于正确确定目标市场的需要与欲望,并比竞争对手更有效、更有利地传送目标市场所期望满足的东西。其基本特征是"以销定产",以消费者为导向。它颠覆了消费者与企业的关系,是经营理念的一次革命。

2)社会营销理念

20世纪70年代以来,随着全球环境破坏、资源短缺、人口爆炸等问题日益严重,要求企业兼顾消费者利益与社会利益的呼声越来越高。为此,许多国家纷纷出台消费者权益保护法、环境保护法等相关法律,同时借助媒体力量形成舆论氛围,开展经营者教育和消费者教育,引导合法经营、文明经营、理性经营、健康消费。在此背景下,人类观念、理智消费观念、生态准则观念纷纷被提出。这些观念的共同点认为企业生产经营不仅要考虑消费者需要,还要考虑消费者和整个社会的长远利益。这与杰拉尔德·扎特曼和菲利普·科特勒提出的企业在制定营销策略时统筹兼顾三方面的利益,即企业利润、消费者需求和社会利益的社会营销理念(social marketing concept)不谋而合。

3)新的市场营销观念

在全球化、专业化的社会背景下,随着新兴数字技术、信息技术和旅游需求的发展,还出现了许多新的营销理念,如网络营销、数字营销、绿色营销、关系营销、整合营销、文化营销、体验营销、事件营销、控制营销、定制营销和新媒体营销等营销观念。

(1)网络营销。

网络营销是指旅游企业为实现营销目标,以电子信息技术为基础,借助联机网络、计算机通信和数字交换媒体进行的营销活动,是分散营销、顾客导向营销、双向互动营销、虚拟营销、无纸化交易、全球营销、顾客式营销的综合体现。网络营销具有跨时空、交互式、主导性、高效性、成长性、整合性、经济性、定制化、个性化等特点。常用的网络营销方法有引擎搜索、交换链接、病毒式营销、网络广告、信息发布、网上商店、电子邮件促销、游戏植入营销、团购营销、软文营销、自媒体营销。

(2)数字营销。

数字营销是指旅游企业借助网站、社交媒体、在线视频及其数字平台,与消费者直接接触以获得即时响应、互动交流,建立持久的客户关系,交流期间能以适当的价格将产品或服务送达消费者的过程。

(3)绿色营销。

绿色营销是指旅游企业为减少或避免环境污染,在保护地球生态环境的同时,实现企业利益、消费者利益、社会利益及生态环境利益协调统一的市场营销方式。绿色营销的产品具有满足绿色需求、注重地球生态环境保护、减少资源的消耗和减少废弃物的产生等特征。

绿色营销的实质是强调企业营销要努力把经济效益与环境效益结合起来,尽量保持人与环境的和谐,不断改善人类的生存环境。诚如习近平总书记指出的,"环境就是民生,青山就是美丽,蓝天也是幸福""发展经济是为了民生,保护生态环境同样也是为了民生""既要创造更多物质财富和精神财富以满足人民日益增长的美好生活需要,也要提供更多优质生态产品以满足人民日益增长的优美生态环境需要"。

(4)关系营销。

关系营销是指通过对客户行为长期、有意识地施加影响,在旅游企业与顾客和其他利益相关者之间建立一种长期稳固的关系,以强化旅游企业与顾客之间的合作关系的营销方式。企业可通过与顾客保持财务联系、社会联系,提供定制化服务、结构化服务,赞许顾客等方式维持主客关系。

(5)整合营销。

整合营销就是把各个独立的营销策略综合成一个整体,综合协调地使用各种形式的传播方式,以统一的目标和统一的传播形象传递一致的信息,为旅游企业和旅游目的地创造最佳的传播和营销效果。

(6)文化营销。

文化营销是指旅游营销者通过文化理念提升旅游产品及服务的附加值,主动进行文化渗透,让旅游消费者获得独特的文化体验,以实现旅游产品价值最大化的营销方法。

文化营销具有可持续性、知识密集性、创新启迪性等特点,具有增加产品价值、提升产品社会形象、消除文化差异、增加市场竞争力、体现育人功能、塑造品牌形象等作用,文化营销有知识文化营销、审美文化营销、情感文化营销和娱乐文化营销等营销类型。

(7)体验营销。

体验营销是指通过看、听、用、参与的手段,充分刺激和调动消费者的感官、情感、行动等因素,使消费者从中得到某些感受、感悟和体验的营销方法。

目前,人们的消费观念日益注重通过消费体验获得个性的满足,增强消费者消费前、消费时、消费后的良好体验是旅游企业经营成功的关键,因此体验营销把焦点集中在顾客的"体验"上,让消费者在消费过程中得到更深刻的体验。体验营销有感官式营销、情感式营销、思考式营销、行动式营销等类型。

(8)事件营销。

事件营销是指旅游企业通过策划、组织和利用具有新闻价值的事件,吸引媒体、社会团体和消费者的兴趣,以提高企业或产品的知名度,改善企业与公众的关系,树立良好的品牌形象,并以谋求企业的长久、持续发展为目的的营销方法。

事件营销因其低成本和较高关注度而成为大型旅游企业推广的首选方式。

(9)控制营销。

控制营销提倡通过恰当的方式,将旅游者的数量控制在旅游环境容量许可的范围之内,同时吸引那些能为旅游地带来最大综合效益的游客。

控制营销包括总体控制营销、有选择的控制营销和"虚伪"的控制营销三种类型。控制营销适合质量好、花色新的产品,以及准确调查预测市场对该产品的容纳量的时候使用。控制营销的控制措施包括促销控制、环境公告、形象再造、价格调节、游客引导、替代活动等。

(10)定制营销。

定制营销是指根据顾客的特定需求进行市场营销,并进行旅游产品的设计与开发。定制营销必须有游客数据积累和游客数据库分析作为基础,向企业的研发、生产、销售和服务等部门及相关人员提供全面的信息,让其理解顾客的期望、态度和行为,从而实现科学决策和科学管理。

旅游企业可根据顾客在需求上存在的差异,将顾客的产品需求或服务需求化整为零组织生产开发,或提供定时定量服务,顾客根据自己的喜好选择与组合,形成"一对一"的营销。

(11)新媒体营销。

新媒体营销借助于新媒体对广大受众进行广泛且深入的信息发布,达到让受众参与具体的营销活动的目的。报纸、杂志、广播、电视是传统意义上的四大媒体,数字化新媒体是指通过互联网、无线通信网等渠道,以计算机、智能手机、数字电视机等终端,利用数字技术和网络技术向用户提供信息和服务的媒体,具体包括数字报纸、数字杂志、数字广播、移动电视、搜索引擎、微博、微信、SNS(社交网络服务)、博客、播客、BBS、RSS(简易信息聚合)、Wiki(多人协作的写作系统)、手机、App、桌面视窗、数字电视、数字电影、触摸媒体等。新媒体具有更强的互动性、较广泛的客户群、更加个性化的产品服务、更加低廉的成本和更好的顾客体验等优点。

尽管以上几种市场营销观念在历史上依次出现,但并不能简单地认为它们是依次取代关系。事实上,由于社会生产各个行业的生产力发展水平不同,企业的大小规模不同,企业的高层管理者的价值取向和经验判断有差别,因此在同一时期、同样的市场背景下,不同企业往往会选择不同的营销理念。

3. 中国旅游市场营销的发展历程

从中华人民共和国成立到1978年改革开放之前,中国旅游业主要服务于国家的外事接待,几乎没有营销的概念和行为。

改革开放后,旅行社、酒店等企业自己去拓展市场,去销售旅游产品,这是中国旅游的产品营销阶段(1978—1989年)。然后各级旅游管理部门把比较具有优势的产品组织在一起,出去参加展销会,搞大篷车巡游等区域性的、路线性的营销,这是中国旅游的行业营销阶段(1990—1999年)。21世纪开始,出现了包括县域营销、城市营销、区域营销、国家营销在内的整体营销。县域营销是政府决策、组织的整体营销行为。城市营销要把旅游作为城市营销的载体或是把城市作为旅游产品集群向市场营销的政府行为。区域营销的营销者是联合起来的城市群,共同筹集资金,面对共同市场,协同作战。国家营销要抓住重要时机,有国家领导人出席的重大旅游活动,是展示国家形象的重要内容。

中国旅游的产品营销、行业营销、整体营销三个阶段在时序上互相交叉,层次上逐渐升级,效果上不断强化。这三种营销的主体、规模和战法不一样,效果也不一样。如果说产品营销阶段是"游击战",打一枪换一个地方;行业营销就是"阵地战",是中等规模的;整体营销则是区域决策者带队,调动的是区域内整体的资源,打的是"歼灭战",只要找准客源市场,就花足力气整体拿下。

(三)旅游市场营销组合及其演变

市场营销组合(marketing mix)的意思是说市场需求在某种程度上会受到营销变量(营销要素)的影响,为了达到既定的营销目标,企业需要对这些要素进行有效的组合。此后,学者们围绕"营销组合"展开了深入的研究,推动营销组合不断扩充、演变。比较经典的营销组合有4P、4C、4R、4V等。

1. 从4P、7P到10P的营销组合

4P指产品(product)、价格(price)、渠道(place)和促销(promotion)的英文首字母,

由麦卡锡(E. J. McCarthy)于1960年提出,属于典型的以市场为中心的营销组合。营销组合对企业来说是"可控因素",企业根据目标市场的需要,可以决定自己的产品或产品组合,制定产品价格,选择分销渠道(地点)和促销方法等。4P营销组合是一个复合结构,每个P又各自包含若干小的因素,形成亚组合,因此,企业在确定营销组合时不仅要求4P之间实现最佳搭配,还要注意安排好每个P内部各因素的搭配,使所有这些因素灵活运用和有效组合。

4P营销组合还是一个动态组合,每一个组合因素都是不断变化又互相影响的。4P组合也有一定的局限性,它以大工业经济时代为背景,是工业企业开展营销的强大工具,在应用范围上受到局限;4P组合从企业的角度出发,忽视了顾客,对市场变化反应迟钝,容易导致"营销近视症";较多地关注企业自身,忽视了竞争对手因素,因而容易受到追随和模仿。

菲利普·科特勒认为传统的4P是战术性的营销组合,企业还应该有战略性的营销计划过程,即探查(probing)、分割(partitioning)、优先(prioritizing)和定位(positioning),即战略营销计划4P。

探查指营销调研,在营销观念的指导下,以满足消费者需求为中心,用科学的方法,系统地收集、记录、整理与分析有关的营销情报资料,从而确保营销活动的顺利进行。

分割指市场细分,即根据消费者需要的差异性,运用系统的方法,把整体市场细分为若干消费群体。

优先指对目标市场的选择,即在分割的基础上,企业在若干消费群体选择所要进入的那部分市场。

定位指市场定位,是根据竞争者在市场上所处的位置,针对消费者对产品的重视程度,强有力地塑造出本企业产品与众不同的、给人印象深刻的个性或形象。

科特勒认为企业只有在做好战略营销计划4P的基础上,战术性营销组合4P才能顺利进行,此外,企业还要有运用权力(power)与公共关系(public relations)两种营销技巧的能力,即要运用政治力量和公共关系打破贸易壁垒,为企业营销开辟道路。这就出现了10P营销组合。

由于服务型产品存在特殊性,传统的4P营销组合也不完全适用。布姆斯(Bernard H. Booms)和比特纳(Mary J. Bitner)在4P的基础上加上了服务人员(people)、有形展示(physical evidence)和过程(process),将服务营销组合扩充为7P。

服务人员(people)本身也是服务产品的一部分,而且对服务品质具有很大的影响。

有形展示(physical evidence)包括实体环境、服务提供所需的装备实体,以及其他实体性信息标志等,都会影响消费者对服务企业的评价。

服务的过程(process)对服务营销的绩效提升非常重要。

2. 4C组合

4C组合指的是顾客(customer)、成本(cost)、便利(convenience)和沟通(communication)。

1990年由罗伯特·劳特朋(Robert Lauterborn)提出,他认为企业营销时持有的理念应是"请注意消费者"而不是"消费者请注意",因此应该用4C组合替代4P组合。4C组合以消费者需求为导向,强调企业应该把追求顾客满意放在首位,其次是努力降低顾客的购买成本,然后要充分考虑顾客购买的便利性,最后还应实施有效的营销沟通。有利于协调矛盾,融合感情,培养顾客忠诚。

与4P相比,4C有了很大的进步和发展。但从企业的营销实践和市场发展的趋势看,4C依然存在一些不足:

一是4C是顾客导向,而市场经济要求的是竞争导向。市场竞争导向不仅看到了顾客需求,还更多地注意到了竞争对手,在竞争中求发展。

二是4C以顾客需求为导向,但顾客需求的合理性是一个难以衡量的问题。

三是4C仍然没有解决满足顾客需求的操作性问题等。

四是4C被动适应顾客需求的色彩较浓。未能与顾客建立良好的互动关系、双赢关系或关联关系等。

3. 4R组合

20世纪90年代,由美国唐·舒尔茨(Don Shultz)提出了基于关系营销的4R组合,即关联(relevance)、反应(response)、关系(relationship)和回报(return)。

关联即与顾客建立紧密联系,通过某些有效的方式在业务、需求等方面与顾客建立紧密联系,形成一种互助、互需的关系。

反应即提高市场反应速度,及时地倾听顾客的希望、渴望和需求,并及时做出反应以满足顾客需求,才有利于与顾客建立紧密联系,提高顾客忠诚度。

关系即重视并与顾客的建立良好的互动关系,沟通是建立这种互动关系的重要手段。

回报是营销的源泉,营销的真正价值在于为企业带来收入和利润的能力。它专门用于关系营销的组合,不属于普通营销组合的延展。

4. 其他营销组合

毋庸置疑,企业营销环境的变化,将促使营销组合进一步发展、演变。国内的学者吴金明等综合性地提出了差异化(variation)、功能化(versatility)、附加价值(value)、共鸣(vibration)的4V的营销组合理论。强调企业要实施差异化营销:

一方面,树立自己独特的形象,让自己与竞争对手区别开来。

另一方面,满足消费者个性化的需求,让消费者也相互区别。产品或服务有更大的柔性,能满足消费者个性化的需求。重视产品或服务的附加值,并能与消费者产生情感或文化共鸣。

根植于网络整合营销的观念,奥美集团提出趣味原则(interesting)、利益原则(interests)、互动原则(interaction)、个性原则(individuality)的4I营销组合。

网络时代,信息来源多样,多种"自媒体"爆炸性增长。信息传播是"集市式"的信息多向、互动式流动。通过个性化的营销,让消费者心理产生"焦点关注"的满足感,投消费者所好,从而引发互动与购买行为。

2018年,科特勒在《营销原理》(第17版)中提到将4P要素换作4A,即可接受的产品(acceptability)、付得起的价格(affordability)、可到达的地点(accessibility)、可获得的促销信息(awareness),旨在强调站在顾客立场上,理解营销组合因素及其运用。在互联互通时代,营销组合更加需要用户的参与,因此,4P元素应该被重新定义为4C元素,即共同创造(co-creation)、物有所值(currency)、相互激活(communal activation)和对话沟通(conversation)。

(四)旅游市场营销基本内容

1. 市场营销的基本内容

市场营销管理的基本内容被概括为 PRICE 模型,包括计划(plan)、调研(research)、执行(implement)、控制(control)和评价(evaluate)。

计划指计划期内的营销战略、营销目标和营销计划文本等。

调研指为制订计划而收集、整理和分析的一系列数据。

执行指的是营销计划的实施。

控制包括营销机构的设置、人员配备、营销队伍的监管与督导、有关经费预算的安排以及控制。

评价指对营销工作开展情况的评估。

2. 旅游市场营销理论与实务的基本内容

旅游市场营销理论自产生以来,内容不断丰富。本书以旅游市场营销的"工作过程及典型任务"为主线,将旅游市场营销分为旅游市场营销基础模块、旅游市场营销环境模块、旅游市场营销战略模块、旅游市场营销策略模块和旅游市场营销管理实践模块五个模块。

1)第一模块:旅游市场营销基础

第一模块包括项目一认识旅游市场营销与创新,主要介绍市场营销和旅游市场营销的基本概念、观念等基础理论;熟悉旅游市场营销创新等内容。重点阐明市场营销观念和营销组合的发展与变化、旅游市场营销创新的内涵和创新源。

2)第二模块:旅游市场营销环境

第二模块包括项目二旅游市场营销调研与预测、项目三旅游市场营销环境分析和项目四旅游消费者行为。

项目二主要介绍旅游市场调研与预测的方法和步骤,是旅游市场营销环境分析、营销战略与策略制定、旅游市场营销管理实践的基础。

项目三主要介绍旅游营销者对旅游市场营销的宏观环境、微观环境的分析能力与技术,培养学习者抓住环境机会、躲避环境威胁的能力。

项目四主要介绍旅游消费的影响因素、旅游消费者的一般购买过程和购买模型。

第二模块帮助旅游营销者根据旅游消费者需求特点与购买行为模式,在不同的旅游市场营销环境中,制定合适的旅游市场营销策略与进行策略选择。

3)第三模块:旅游市场营销战略

第三模块包括项目五旅游市场营销 STP 战略,阐述旅游市场细分、目标市场选择及市场定位的策略,是旅游市场营销者制定营销策略的指导和依据。

4)第四模块:旅游市场营销策略

本模块以旅游市场营销战略为指南,主要介绍旅游市场营销的 4P 策略,包括项目六旅游产品策略、项目七旅游产品价格策略、项目八旅游分销渠道策略和项目九旅游促销策略。主要培养旅游产品、旅游价格、旅游营销渠道与促销的策划、管理与创新的能力。

项目六的任务是认识旅游产品的内涵、掌握旅游产品生命周期理论、掌握旅游新产品的开发和旅游产品的品牌策略。

项目七的任务是掌握旅游产品的定价方法与定价策略,以适应旅游市场变化的价格调整问题。

项目八的任务是掌握旅游营销渠道的内涵,培养旅游分销渠道的设计与管理能力。

项目九主要介绍旅游促销及其组合策略、广告策略、人员推销、营业推广和公共关系策略等内容。

5)第五模块:旅游市场营销管理实践

第五模块包括项目十旅游市场营销管理与实践。

一是以旅游市场营销计划的制订、实施、控制和审计的理论学习与实践演练为核心,培养学生旅游市场营销管理的能力和素养。

二是以旅游目的地的营销实践为核心,培养学生旅游目的地形象策划与主题活动策划能力。

（五）旅游市场营销中的伦理道德问题

伦理道德涉及的是个人道德准则和价值观,法律是由法院强制执行的社会价值观与标准。根据伦理道德与法律的关系把旅游市场营销决策归为道德且合法、道德但不合法、不道德但合法、不道德也不合法四类。

旅游市场营销道德问题涉及销售、产品、广告、包装、分销渠道、价格和竞争关系等方面的决策。如在销售决策中会涉及贿赂、偷窃商业秘密、轻视或歧视顾客、泄露顾客信息等伦理道德问题。

现实中,旅游市场营销伦理道德行为会受到社会文化与价值观、商业文化、企业文化、科学技术和个人道德观念等因素的影响。

阅读链接

阿里巴巴的科技扶贫

任务二　认识旅游市场营销创新

一、理解旅游市场营销创新的内涵

（一）旅游市场营销创新的概念

习近平总书记指出:科技是国家强盛之基,创新是民族进步之魂。这说明创新对国家和民族的重要性。

1912年,经济学家约瑟夫·熊彼特提出"创新"的概念,他认为创新就是建立一种生产函数,实现生产要素从未有过的组合。并提出了企业创新的五个方面:生产一种新的产品,采用一种新的生产方法,开辟一个新的市场,掠取或控制原材料和半成品的新来源,实现一种新的工业组织。

现代管理学之父彼得·德鲁克认为创新是市场或社会的变化。创新能为客户带来更大好处,为社会带来更多财富以及更高的价值。检验创新的标准永远是它为客户做了什么,以及是否创造价值。

刘葆指出,旅游市场营销创新是指旅游企业根据营销环境的变化,结合企业自身情况,提出新的营销理念或思路,采用新的营销方式开展旅游市场营销活动的过程。

综合以上观点,可以从以下几个方面理解市场营销创新。

创新的主体是旅游者、旅游企业等个体或组织;创新的原因是旅游营销者对社会需求的把握;创新的目的是把社会需求转化为旅游企业的发展机会;旅游市场营销创新包括营销观念创新、营销产品创新、营销组织创新、营销技术创新、营销创意创新、营销媒体创新、营销渠道和平台创新等。

因此,旅游市场营销创新指旅游营销者以旅游需求为导向,在旅游市场营销管理全过程中的创新活动。

创新的类型还有很多,如根据创新的规模及其对系统的影响程度,可分为局部创新和整体创新;根据创新发生的时期可分为初建期创新和运行期创新;根据创新与环境的关系可分为防御型创新与攻击型创新;根据创新的组织程度可分为自发式创新与有组织的创新。

(二)旅游市场营销创新的意义

1. 有利于增强旅游企业的竞争力

创新是旅游企业赢得市场竞争的关键所在,旅游企业在产品、渠道、价格、促销等任何一个方面,在旅游营销策划、实施和控制等任何环节的创新都有利于增强旅游企业的竞争力。2020年,新冠肺炎疫情发生后,华住集团旗下5700多家酒店自2020年1月30日起强化推行包括自助入住、机器人送物、零秒退房、华住会远程办理入住等智能化无接触服务,截止到2020年2月17日通过"华掌柜"自助入住设备累计服务15000余人次;机器人累计送物24000余次,赢得住客的青睐[①]。同时,在确立兼顾顾客、企业和社会三者利益的社会营销理念体系后,通过旅游市场营销的创新,可以改变旅游企业的短期行为,促进企业的长远发展,增强旅游企业的竞争力。

2. 有利于转变旅游增长模式

中国现代旅游发展至今,仍存在盲目扩张、跟风炒作等现象。通过旅游市场营销创新,可以更新旅游市场营销观念以及旅游服务理念,可以深度挖掘旅游产品的特色,转变旅游增长的模式。

3. 有利于旅游从业人员素质的提高

目前,我国旅游人力资源存在开发不平衡、投入不足、创新不够、整体素质不高等问题。通过旅游市场营销创新,可以转变旅游从业人员的管理和经营理念,适应新时期的旅游需求。

4. 有利于加强文化与旅游的融合

文化是旅游的灵魂,旅游是文化的载体,文化是中国旅游业最大的竞争优势。通过

---

① 曲亭亦.《华住旗下5700多家酒店强化推行智能化无接触服务》,《新京报》,https://baijiahao.baidu.com/s?id=1657119197704674999&wfr=spider&for=pc,2020-01-30;关子辰《防控疫情 酒店纷纷试水"无接触"服务》,《北京商报》,https://baijiahao.baidu.com/s?id=1658077082166190018&wfr=spider&for=pc,2020-02-18。

推进旅游产品的创新,挖掘旅游产品的文化属性,有利于扩大旅游产品和文化产品的市场,有利于因时、因地制宜地推进文化与旅游的融合,提升旅游市场的整体文化形象,提高企业竞争力。

二、熟知旅游市场营销创新源

(一)科学技术

"科技是第一生产力",先进的科学技术是一种十分重要的市场创新要素与创新来源。为保持市场创新活动的先进性,旅游企业一方面要重视开发旅游市场营销等方面的新技术,另一方面也要重视将新兴技术应用于旅游市场营销。

(二)旅游市场营销机构与人员

旅游市场营销机构与人员是重要的旅游市场营销创新源。旅游经销商、代理商、广告经理、推销人员及其他与本企业市场营销有关的人员,直接面对市场,了解旅游市场需求的发展现状及其变化趋势,能提出更切合市场营销的意见、建议,有利于旅游企业提出旅游市场营销方面的新概念、新思想、新创意,推动旅游市场营销创新。

(三)旅游消费者

消费者的市场选择权是影响市场创新发展方向的关键因素,消费者的反馈有利于发现旅游产品的缺陷或不足,有利于改善旅游产品的质量与功能;同时旅游消费者的新需求、新设想有利于创造出更新换代型旅游产品。因此,旅游消费者是旅游企业进行市场创新的重要来源。

(四)旅游市场竞争者

竞争对手是旅游企业创新的警示器。同时为了赢得市场竞争,旅游企业会不断在旅游产品、促销等方面进行创新。旅游市场竞争者及其市场创新行为是激发旅游企业进行市场创新的动力与来源。

(五)其他来源

旅游企业的市场营销创新也会来自其他方面,如旅游企业通过合资、合营、合作开发等多种方式,与其他企业进行合作,共享对方的知识技术和旅游资源,共同参与旅游产品的开发,降低开发和宣传成本,促进共同发展。因此,旅游企业外部的市场合作者也是一个重要的市场营销创新源泉。

案例分析

湖南:《乡村合伙人》热播 文旅综艺助阵旅游营销新模式

为贯彻落实乡村振兴战略,湖南省文化和旅游厅与湖南广播电视台合作,共同打造了全国首档脱贫攻坚、乡村振兴文旅纪实类节目——《乡村合伙人》。聚焦乡村纪实节目,实现了"综艺+文旅"的跨界融合,在真实中兼顾了综艺节目的生动情节,打造了湖南乡村旅游的全新内容IP。

节目深入湖南省26个县市,走访了243个村庄古寨,用26个特色乡村编制了26期节目。节目于2019年2月1日首播,每期节目邀请3位嘉宾,以"乡村合伙人"的方式走访一个选定村,通过深入了解当地乡村发展的现状和特色,帮助当地找准其发展面临的问题,提出解决方案和措施。每期节目除了在湖南卫视首播,还在湖南国际频道、湖南金鹰纪实、芒果TV等多家频道与平台同步播出,成功对全省的乡村美景美食、民风民俗进行集中宣传展示。

节目播出后,文旅扶贫效果显著。目前,26个乡村已与凤凰古城、武陵源风景区等省内12个核心景区对接,打造了1条古街、2个节庆、3个特色小镇、12个旅游项目。大虎形山花瑶景区项目为当地群众增加劳务收入7000多万元;"陈家大院"文旅项目,拉动当地1000户以上村民发展旅游产业;崇木凼村带动当地3000人次以上的村民就业;创建乡村合伙人京东自营旗舰店,利用电商平台自带流量+节目流量,实现产业联动,上架产品数29款,销售产品5146件。2019年11月,携手当时淘宝第一直播KOL,开展湖南乡村好物的营销推广,吸引667万人观看,引导成交总额1500万元,其中扶贫产品销售额达410万元。

《乡村合伙人》节目让每个乡村都成了闪闪发光的"明星村"。在后疫情时代,一批特色乡村的挖掘和推广,极大地满足了民众对于"低密度、高品质"的出行需求,对于重塑湖南绿色、安全、健康的旅游目的地形象,具有深远意义。

目前,节目已联手自驾游App,打造含十八洞村等在内的旅游自驾线路,推动当地全域旅游发展。通过马可、刘梦娜、李锐等湖南知名艺人扩大节目曝光度。"明星村庄"在光明日报、新华网等7家权威媒体10次见报,在互联网传播中,总曝光量超过1亿次,总互动超过6.6万次。"媒体+文旅先行"的模式给文化旅游产业带来了导流作用,让乡村受到了更多的关注,提升了村民、非遗文化传承人和手工艺人的信心。楠木桥村大学生村官夯实产业基础,引进"高校智库",展现了人才的力量;马坪村将"老师傅"作为人才振兴主力,推动微旅游;青苗村的返乡人才,合力打造"环洞庭湖乡村旅游典范",等等,均产生了良好的示范效应。

随着《乡村合伙人》节目播出,传播效应越来越明显,全省各地积极响应,乡村文旅成为湖南乡村振兴的一个重要支点,吸引着游客,也吸引着资金和更加优化的乡村旅游发展模式。每一期节目的播出,不仅能唤起普通观众对乡村的关注,还能号召更多切实可行的资源进入乡村,这场"全民合伙",为全国乡村振兴、文化旅游宣传推广提供了宝贵的实践经验和样本。

(资料来源:何宁《湖南:"乡村合伙人" "文旅综艺"跨界营销推广新模式》,中国旅游新闻网,http://www.ctnews.com.cn/content/2020-09/16/content_83434.html,2022年3月5日访问。)

思考题:湖南乡村旅游营销新模式"新"在何处?效果如何?

关键概念

市场　旅游市场　市场营销　推销　营销组织　需求　生产导向　营销导向
4P　4C　4R　创新

 **一、思考题**

1. 简述旅游市场的基本概念与特征。
2. 辨析生产导向型、营销导向型观念的异同,试用实例说明。
3. 简述市场营销组合的变化与背景。
4. 比较旅游市场营销与一般市场营销的异同。
5. 辨析营销与推销的联系与区别。
6. 现在"酒香不怕巷子深"的观点还适用吗?
7. 辨析 4P、4C、4R 和 4V 的基本内容。
8. 简述网络营销常用的方法,并举例说明。
9. 什么是绿色营销？以饭店为例,谈谈如何开展绿色营销。
10. 简述旅游市场营销的创新源,并举例说明。

 **二、能力训练**

1. 抽选一个营销思想,设计为旅游情景剧,由小组成员用舞台剧的方式呈现出来。

目的:使学生通过领会营销思想观念,并能通过角色扮演等方式将其演绎出来。

要求:领会各营销思想观念的内涵,能进行准确的分辨和运用。

2. 抽选一个营销组合,设计为旅游情景剧情,由小组成员用舞台剧的方式呈现出来。

目的:通过设计、展演,学生掌握各营销组合的背景、内涵与意义。

要求:领会各营销组合的内涵、背景与意义,能进行准确的分辨和运用。

3. 以小组为单位,针对校园市场,各小组选定一种产品,如移动套餐(产品)、校园服装(租赁)等,通过实训任务,让学生了解该产品在校园市场中的营销需求,了解该产品如果需要进入校园市场,营销者应采取哪些营销决策？

目的:帮助学生了解市场营销的核心观念和市场营销管理的任务。

要求:将学生划分为若干项目小组,每小组选举小组长以协调小组的各项工作。辅导老师应及时检查学生各项任务的完成情况,提交一份产品选定、营销决策与营销策略文案。

4. 个人实践训练,请从以下三个选项中,自选一项完成。

(1) 自我推销;
(2) 我为学校代言;

(3)我为某旅游企业代言。

要求：

(1)推销或代言词为原创,内容新颖、独特,顺其自然。

(2)音量合适,面容、神态举止得体,服装搭配合适。

(3)时间1分钟。

5.案例分析

(1)穿越故宫来看你。腾讯与故宫合作举办"Next Idea×故宫"腾讯创新大赛,随即推出《穿越故宫来看你》的H5作为邀请函,仅上线一天访问量就突破300万次。此H5将故宫与新生代事物相结合,以皇帝穿越为主题,引入说唱音乐风格,互动性、刺激性非常强。

(2)开往春天的列车。在沪昆高铁即将全线开通之际,云南省旅发委选择在贵阳、长沙、南昌、杭州、上海五大城市开展主题为"开往春天的列车——坐着高铁去云南"的旅游推介会。云南省旅发委颠覆传统推介模式,拓展推介群体,于2016年10月31日至11月11日在全国300家同程体验店同步开展"七彩云南,红遍神州"风情体验周大型活动,通过品一杯正宗普洱茶,尝一块手工猫哆哩,领一份云南特色手提包,看一场民族风情表演等场景化体验,创新营销七彩云南旅游品牌。

(3)逃离北上广。新世相与航班管家联合推出"逃离北上广"营销活动,引发各界争相模仿。新世相的一篇微信文章《我买好了30张机票在机场等你:4小时后逃离北上广》刷爆了微信朋友圈和各大社交圈。无论从"说走就走"的创意,还是"逃离北上广"本身释放压力的寓意,都是一次戳中用户痛点的传播。此次营销活动共带来近1500万人次的曝光,新世相公众号涨粉11万。

(4)"刘邦穿越代言旅游节"。2016年中国徐州汉文化旅游节以"刘邦穿越代言旅游节"为线索首创线上开幕式新形式,以定制互动传播H5为载体,以大数据精准分析为基础,在腾讯新闻、微信朋友圈等新媒体进行定向传播,极大地推动了徐州汉文化旅游节的传播与口碑发酵,并为后期旅游商品开发提供了素材。整个旅游节线上曝光量约2亿人次,口碑与传播效果极佳,树立了城市旅游节庆营销新典范。

(5)南极过大年。"感谢邮你,南极过大年"活动是同程旅游结合2017年春节期间南极邮轮包船产品策划打造的,包括新人旅拍、"光影南极"摄影大赛招募、感谢"邮"你南极春晚等活动。此航次"午夜阳光号"邮轮抵达南极大陆时,正值中国的春节,将在南极举办除夕夜包饺子大赛、新年倒计时、大年初一南极祈福等系列活动。"午夜阳光号"邮轮是目前可在南极提供登陆活动的最大邮轮,共有274间精巧舱房,有2个全景大厅,可容纳500名乘客。游客在游轮上享受别样春晚,在地球的另一端给全国人民拜年。

(资料来源:http://www.360doc.com/content/17/0506/06/10533595_651474704.shtml。)

思考题:以上案例体现了哪些旅游市场营销的新观念?

项目二
旅游市场调研与预测

项目目标

知识目标：1. 理解旅游市场调研的内涵与内容，掌握旅游市场调研的程序和方法。
2. 掌握旅游市场预测的方法与步骤。
3. 掌握旅游市场调研的技术。

能力目标：1. 开展旅游市场调研的能力。
2. 进行旅游市场预测的能力。
3. 熟练运用旅游市场调研技术。

素质目标：通过学习旅游市场调研与预测的方法与步骤，培养学生实事求是的实践观、缜密调查与预测的科学研究意识与素养。

项目任务

1. 自选旅游市场调研方法与调研技术，为某旅游企业或某旅游目的地制定旅游市场调研方案，开展旅游市场调研，并撰写旅游市场调研报告。
2. 在项目任务一的基础上，采用合适的旅游市场预测方法与预测技术，预测该旅游企业或旅游目的地的旅游市场营销前景，撰写旅游市场预测报告。

案例导入

继中国香港迪士尼乐园门票价格上涨8%、东京迪士尼门票价格连续三年上涨后，美国佛罗里达州奥兰多迪士尼世界和加利福尼亚州迪士尼乐园也从2016年2月28日起开始调价。调价后，上述美国两家迪士尼乐园的节假日和周末的门票价格将比平日上涨20%。本轮涨价后，奥兰多迪士尼世界将成为全球票价最贵的迪士尼乐园，高峰时段票价将达到124美元（约合人民币840元）。迪士尼在全球门票的调整逐渐形成规律，如门票调价的周期逐渐缩短，调价时间逐渐固定。迪士尼在美国、日本和中国香港三地的调价都是在旅游旺季来临之前进行的，这既符合收益最大化的市场规律，同时可以通过价格杠杆对旺季的客流进行调节。

在迪士尼"任性"调价的背后，是其对品牌吸引力的自信以及充分的市场调研，这也是高票价背后仍维持游客增长的重要因素。迪士尼的连年涨价与迪士尼保持的

"三三制"经营原则有着密切的联系,迪士尼乐园每年淘汰1/3的硬件设备、建设1/3的新概念项目。迪士尼发言人表示,价格调整的决定是基于游客人数屡创新高做出的。迪士尼要保证每一位顾客都能玩得尽兴,为此增加了很多游乐项目,同时游客选择购买多日游园门票或年票也可以提高性价比,大大节省门票开支。

(资料来源:陈杰、张致宁《迪士尼全球涨价背后的逻辑》,北京商报网:https://www.bbtnews.com.cn/2016/0303/140724.shtml,2016-03-03。)

思考题:迪士尼全球涨价背后的逻辑是什么?

任务一 掌握旅游市场营销调研方法

一、旅游市场营销调研的定义

旅游市场营销调研指系统收集、记录、分析有关旅游营销者市场资料和信息,为旅游市场营销决策提供可靠的依据。毛泽东说:"没有调查就没有发言权。"旅游市场营销调研的任务是收集、处理和分析信息,以便于改进营销决策。在新产品投入市场之前、产品销量突然下降、某种竞争品牌的进入等都需要进行市场调研,以了解消费者的新需要和偏好、产品质量或服务质量情况、竞争对手的市场运作手段等,以便做出合适的营销决策。此外,旅游市场调研也为旅游市场发展趋势的预测提供资料,在某种程度上,预测的准确性就取决于市场营销调研的质量。

二、旅游市场营销调研的意义

1. 有利于营销者发现新的市场机会、提高市场占有率

发现游客需要、适应游客需要是旅游营销者抓住市场机会,提高市场占有率的关键。为此,旅游营销者必须经常收集各种游客需求信息。

2. 有利于营销者更科学地制订和及时调整营销计划

一定程度上,营销计划的正确性、可行性取决于旅游调研的实时性、真实性。旅游市场调研的结果,是营销者考虑过去、立足现在、着眼未来制订营销计划、调整营销计划的决策依据。

3. 有利于旅游市场营销活动的顺利开展

旅游市场营销计划在市场上的实施效果与进展情况,难以通过具体的指标或数据进行反馈。通过旅游市场调研可以监控旅游市场营销活动的实施进程和实施效果,促进旅游市场营销活动的顺利开展。如通过调查顾客感受,可以发现旅游市场营销活动实施不尽如人意或需要改善的地方;及时改进或提出新的旅游市场营销活动策略,则可以推进旅游市场营销计划的顺利实施。

4. 有利于营销者充实和完善旅游市场信息系统

凭借全面、完整的旅游信息，旅游营销者才能了解旅游市场需求及竞争者的最新动态，开展旅游市场预测，制定正确的旅游市场营销战略。旅游市场调研，可以系统、连续地收集来自市场各方面的信息，不断地完善和充实旅游市场信息系统。

三、旅游市场调研的内容

1. 外部调研

外部调研包括旅游市场环境调研、旅游市场需求调研、旅游市场供给调研和旅游市场营销调研。

（1）旅游市场环境调研。

旅游市场环境调研包括政治、法律、经济、科技、社会文化和地理等环境调研，旅游市场环境是外部不可控的因素，旅游营销者只有适应外部环境因素才能顺利开展调研。

（2）旅游市场需求调研。

旅游市场需求决定旅游市场规模的大小，旅游需求调研是旅游营销者市场营销成功的前提，包括旅游者规模及构成、旅游动机、旅游行为等调研。

（3）旅游市场供给调研。

旅游市场供给是在一定时间和价格水平下，提供给市场的各种旅游产品和服务。旅游供给调研可以反映旅游市场产品、价格、竞争对手等情况，以便营销者在旅游市场营销计划中慎重地选择竞争对手与合作伙伴，包括旅游吸引物、旅游设施、可进入性、旅游服务和旅游企业形象等调研。

（4）旅游市场营销调研。

旅游市场营销调研，了解旅游市场营销现状，采取正确的市场竞争战略，是企业实现其市场营销目标的关键，包括旅游竞争状况、旅游产品、价格调研、分销渠道和旅游促销等营销调研。

2. 内部调研

内部调研包括调研旅游营销者的营销战略、营销策略、经营潜力等。

（1）旅游营销者营销战略调研。

战略思想调研包括战略思想与环境的适应情况、战略思想与企业的优势匹配情况、战略思想与企业文化的一致情况、战略思想与营销战略的相符情况等，所谓战略思想是指旅游营销者为谋求长远发展而做出的长远性、全局性的谋划或方案，其相对优势、企业文化和营销战略都是为战略思想服务的，如果不相符、不匹配或不一致，则不利于旅游营销者长远目标的实现。

（2）旅游营销者营销策略调研。

旅游营销者市场营销策略调研包括旅游营销者产品、价格、渠道和促销策略的调研，以了解自身的市场开拓情况、营销计划落实情况和市场适应情况。

（3）旅游营销者经营潜力调研。

旅游营销者经营潜力调研包括旅游营销者内部人力、财力、物力等资源的调研，竞争潜力、产品销售状况的调研等，以深度挖掘企业的经营潜力。

四、旅游市场调研类型

1. 探索性调研

探索性调研是为了明确旅游市场调研问题的性质、调研的内容、调研的方向与范围而进行的调查,通过探索性调研了解情况、发现问题,从而得到关于调研问题的某些假定或新设想,以供进一步调查研究。

探索性调研主要调研"可能是什么",其调研结果是实验性的,它是正式调研的开始。

2. 描述性调研

描述性调研是对市场特征或功能、调研问题的各种变量等做尽可能准确的描述,是对旅游市场客观情况如实地加以描述和反映,主要调研"是什么"。

描述性调研的特点是针对调查的情况通过描述寻找解决问题的答案。

市场潜在需求量调研、市场占有率与市场面的调研、推销方法与销售渠道的调研、消费者行为调研、竞争状态调研等都属于描述性调研。可见,描述性调研的内容很广,是市场调研的重要组成部分,是获取旅游市场信息资料的一种十分重要的方法。描述性调研的调研结果是描述性的,是正式调研。

3. 因果性调研

因果性调研是对市场上出现的各种现象之间或问题之间的因果关系进行调研,目的是找出问题的原因和结果,主要调研"为什么"。

描述性调研提出各因素的关联现象,因果性调研则要找出在这些关联中谁是"因",谁是"果",谁是主"因",谁是次"因"等。因果性调研一般是以大规模的有代表性的样本为基础,然后对所得数据进行定量分析,揭示现象之间的因果关系。因果性调研的调研样本量大,是正式调研。

五、旅游市场调研的程序

旅游市场调查可以分为三个阶段(见图2-1):

一是调研准备阶段,包括确定调研目标和制订调研计划。

二是调研实施阶段,包括是否正式调研、进行正式调研、整理分析资料和是否补充调研。

三是调研总结阶段,包括撰写调研报告和跟踪调研两个环节。

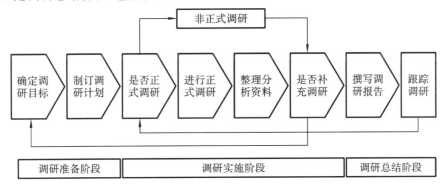

图 2-1 旅游市场调研流程图

(一)调研准备阶段

营销调研人员根据旅游营销决策者的要求或是市场营销活动中的新情况和新问题,提出需要调研的课题。

1. 确定调研目标

调研目标是指旅游市场调研活动所要达到的总体效果,包括旅游新产品在市场上的反应、旅游市场销售活动的效果评价等。要解决包括为什么要调研,调研要了解和解决什么问题,调研结果有什么好处,调研能提供哪些有用的信息等问题。

2. 制订调研计划

制订调研计划具体包括:明确调研任务,即应该获取什么样的信息才能满足调查要求;明确调研对象,即符合调研目的、调研空间和调研方式的群体;明确调研项目,即明确调研的具体内容;确定调研的时间及进度安排;确定调研的方式,即具体的组织形式和调研方法。要根据已有二手资料的情况,考虑以下问题:①需要进一步收集哪些必要的二手资料和一手资料;②收集一手资料时拟采用的调研方法;③所需使用的经费预算;④该调研项目的开展是由本组织承担,还是委托外界机构代理,等等。

(二)调研实施阶段

1. 是否非正式调研

是否非正式调研包括正式调研和非正式调研,非正式调研结束后进入是否补充调研,是补充调研则回到第一步确定调研目标,即根据非正式调研的结果重新修正调研目标。此阶段如果是正式调研则直接开始正式调研。

2. 进行正式调研

进行正式调研主要是按照营销调研计划,采用适当的调研工具、接触方法、抽样方法、调研方法等收集信息。正式调研是旅游市场调研实质性的工作环节,需要进行实地调研,收集现有资料。这是取得第一手资料的关键阶段,因此要求组织者集中精力做好内外部的协调工作。

3. 整理分析资料

旅游市场调查收集的资料比较零乱,需要经过系统的审核、分类和整理。审核的目的是去伪存真,留下全面的、正确的调研数据。分类是为了便于进一步利用资料。整理的目的是使调研数据之间的相关关系或因果关系能较为清晰地显示出来,便于做深入的分析研究。

4. 是否补充调研

根据整理分析资料的结果判断数据是否符合调研目标要求,是否存在数据的结构性偏差,如果存在某些数据的缺失,则需要进行补充调研,以确保数据的完整性和准确性。进行补充调研则需要回到第一步,从确定调研目标开始实施调研。

(三)调研总结阶段

1. 撰写调研报告

调研报告是调研结论的书面报告。包括封面、目录、摘要、序言、调研方法、调研结果、局限性、调研结论和建议、附件以及参考文献等内容。

封面主要写明报告的题目、报告人、接受报告人、调查有关的日期等信息。摘要是报告书的一个简短小结。序言主要写清楚调研的原因、目标、方法、对象、时间、地点和人员等基本情况。调研方法主要写调研的内容和步骤、样本量大小和达到的精度,以及采取的质量控制方法、数据收集的方法(调研的方式)、问卷的形式、数据处理和分析的方法等。调研结果是报告的主体,包括调研问题的研究结果和调研数据的统计分析。结论和建议是报告的关键内容,对调研方具有决策性的影响力,主要是根据结论提出对策建议,总结全文。附件主要为报告附表、附图和地调研问卷等补充说明性内容。调研报告的撰写应坚持客观、公正、全面的原则,以尽量减少营销者在决策前的不确定性。

2. 跟踪调研

跟踪调研的目的是了解调研结果在理论研究或实际工作中的作用,了解调研建议的采纳情况及效果,为以后的调研提供经验借鉴或教训。

六、旅游市场调研方法

(一)案头调研

案头调研(desk research)是指利用二手资料进行的调研。二手资料也称二手数据,是经过编排、加工处理的数据。一般来源于国家机关、金融服务部门、行业机构、市场调研与信息咨询机构等发表的统计数据,科研机构公开发表的研究报告、著作、论文,以及各企业单位通过统计公报、财务报表等公布的数据。

一般,在二手数据不能满足调研要求的时候,需要收集一手数据。与实地调研相比,案头调研具有收集快捷,使用方便;数据量大,覆盖面广,易于通过调研掌握市场全局;数据资料多由专业机构归类发布,比较系统,便于比较;成本较低等优点。

由于二手资料本是其他单位为其他目的而收集的,因此在数据有效性、公正性和可靠性上需要进行检验。公正性是指提供该项数据的人员或组织没有偏见或恶意。有效性是指数据是否有参考价值。可靠性是指数据的来源是否权威、可信。

(二)实地调研

实地调研法(field research)是通过现场收集数据资料获得一手数据(也称原始数据)的方法。旅游营销者可通过亲自收集或委托调研机构实地收集原始数据。主要方法有观察法、实验法、访问法三类。

1. 观察法

观察法是指研究者根据一定的研究目的、研究提纲或观察表,用自己的感官或辅助工具去观察被研究对象的行为表现及客观事物的状态、过程,获得一手信息资料的调研方法。

根据不同的标准,观察法可以分为不同的类型:根据观察的情景条件,可分为自然观察法和控制观察法;根据是否借助仪器和技术手段,可分为直接观察法和间接观察法;根据是否直接介入被观察者的活动,可分为参与式观察法和非参与式观察法。

观察法适用于对调研结果的准确性有较高要求的调研,或对已有的信息有疑问,需要加以验证的调研。

观察法的优点包括：简便易行，灵活性强；通过观察直接获得的数据真实、直观且可靠；在自然状态下的观察获得的数据更加客观，不干扰被观察者也不必征得被观察者的同意；观察正在发生的现象，获得数据具有及时性等。

观察法的缺点包括：观察时间长，费用难以控制，不适合大面积调查；只能获得表象资料，无法了解内在信息，观察结果难以量化统计；容易产生观察误差等。

2. 实验法

实验法是指按照一定实验假设，通过改变某些实验环境的实践活动来认识实验对象的本质及其发展规律的调研方法。

实验法适用于产品口味、价格实验、包装实验、营销手段、营销方式等方面的调研，用来测验这些产品或措施在市场上的反应，以实现对市场总体的推断。

实验法的优点包括：实验者具有主动性和可控性；实验结论具有较强的说服力；可以探索不明确的市场关系等。

实验法的缺点包括：时间长、费用高，实施难度大，实验条件与现实条件有差距，保密性不足等。

开展实验法时会选择两组进行对比实验：一组是实验组，组里的自变量受到操纵而发生变化；一组为控制组，在实验期间，组里的自变量自始至终都没有发生变化，在实验过程中扮演参照物的角色。

实验组与控制组在实验前后数据的变化计算公式如下：

$$(Y_2 - Y_1) - (X_2 - X_1)$$

加修正系数实验组与控制组在实验前后数据的变化计算公式如下：

$$(Y_2 - Y_1) - (Y_1 / X_1)(X_2 - X_1)$$

计算实验因素的影响效果的公式如下：

$$(Y_2 - Y_1) / Y_1 - (X_2 - X_1) / X_1$$

式中：

Y_1——实验组实验前的数据；

X_1——控制组实验前的数据；

Y_2——实验组实验后的数据；

X_2——控制组实验后的数据。

【例题】某旅游电子商务公司为了了解短视频对酒店销售情况的影响，选了20家酒店档次、酒店风格和酒店价格相当的酒店来做实验，实验分成两组，每组10家酒店，控制组酒店营销页面上有酒店方位、酒店外观、酒店客房、酒店餐厅等图片和客户点评，实验组酒店有酒店方位、酒店外观、酒店客房、酒店餐厅等的图片、客户点评和短视频。实验期限为30天。实验结果如下：

实验前销量：实验组日平均销售量 $Y_1 = 3000$（间·夜）

控制组日平均销售量 $X_1 = 2800$（间·夜）

实验后销量：实验组日平均销售量 $Y_2 = 3500$（间·夜）

控制组日平均销售量 $X_2 = 3200$（间·夜）

问题：

(1) 计算实验组与控制组在实验前后日平均销售量的变化。

(2)计算加修正系数后实验组与控制组在实验前后日平均销售量的变化。

(3)请计算实验因素的影响效果。

解：

(1)实验前后日平均销售量的变化。

$$(3500-3000)-(3200-2800)=100(间·夜)$$

实验组比控制组日平均销售量多100(间·夜)。

(2)加修正系数后实验前、后日平均销售量的变化。

$$(3500-3000)-3000\div[2800\div(3200-2800)]\approx71(间·夜)$$

实验组比控制组日平均销售量多71间·夜。

(3)实验因素的影响效果。

$$(3500-3000)\div3000-(3200-2800)\div2800\approx2.38\%$$

短视频对酒店销售量有影响，其销量影响率为2.38%。

3.访问法

访问法是指通过询问的方式向受访者了解旅游市场情况的调研方法。

根据不同的标准，访问法可以分为不同的类型：如根据访问题目的确定性与非确定性，访问法可以分为结构性访问法和非结构性访问法；根据访问的手段，访问法可以分为直接访问、电话访问、邮寄访问和网络访问；根据访问的地点，访问法可以分为入户访问和拦截访问。

访问法的优点包括：灵活性大，调研资料的质量较好，调研对象的适用范围广，便于进行深度访谈，有利于互相启发获得内部信息等。

访问法的缺点包括：调研费用高，对调研者的要求较高，访问周期较长，数据受调研者主观因素的影响较大等。

案例分析

阅读链接

几种常用的访问法

2017年，麦当劳曾推出一款巧克力三叶草双层奶昔。为了让消费者同时品尝到巧克力和薄荷两种口味，公司请谷歌团队设计了一种吸管，这根吸管形似秸秆，在弯曲的部分打了三个孔，借助流体力学原理，确保消费者第一口就可以吸到50%巧克力与50%薄荷完美配比的奶昔，而不用等上下两层慢慢融化。

为了增加店内奶昔的销量，麦当劳曾请哈佛商学院教授克莱顿·克里斯坦森(Clayton Christensen)及其团队协助开展营销调研。经过一系列的现场观察、问卷调查和深度访谈，克莱顿团队发现了一个有趣的现象：大约有50%的奶昔是早上卖掉的，而买奶昔的几乎是同一批客户，他们只买奶昔，并且所有购买者基本上是开车打包带走的。调研团队又开展了更深入的访谈、观察和分析，结果发现，原来这些买奶昔的顾客每天一大早都有同样的事情要做：要开很久的车去上班，路上很无聊，开车时就需要做些事情让路程变得有趣一点；想买东西吃的时候并不是真的饿，但是大约2小时后，也就是大致上午和中午的中间时段他们就会饥肠辘辘了。他们通常会怎样解决这些问题呢？有人试过吃香蕉，但发现香蕉消化得太快，很快又饿了。也有人试过吃面包圈，但面包圈会掉屑，边吃边开车，弄得到处都是。还有人吃过士力架巧克力,但是早餐吃巧克力总觉得对健康不利。而奶昔无疑是最合适不过的。用细细的吸管吸厚厚的奶昔要花很长时间,并且基本上能抵挡住阵阵来袭的饥饿感。有位受访者说:"这些奶昔真够稠的!我一般要花20分钟才能用那根细细的吸管吸干净。谁会在意它的营养成分呢!我就知道整个上午都饱了,而且奶昔杯刚好能与我的茶杯座配套。"

在掌握了以上需求信息之后,麦当劳开始思考帮顾客更好地打发开车时间,于是决定让奶昔再稠一些,让顾客食用时间更长一点。为此,可以考虑加上一点果肉,虽然不一定会让每个消费者都觉得健康,却能给顾客无聊的旅程增添小小的惊喜。还可以把制作奶昔的机器搬到柜台前,让消费者不用排队,刷卡自助取用等。这些创意付诸实施之后,极大地提高了奶昔的销量。

(资料来源:根据网络资料整理。)

思考题:麦当劳是如何开展奶昔需求的营销调研的?假如你是该调研项目的负责人,你还将采取哪些措施来进一步提升营销调研的准确性?

任务二　掌握旅游市场营销调研技术

一、设计调查问卷

(一)调查问卷的含义

实地调研中最常用的方法是使用问卷开展的询问法,人们经常把使用问卷的调研方法统称为问卷调研法,所谓调查问卷是调研者根据一定的调研目的精心设计的一份调研表格,是现代社会用于收集资料的一种最为普遍的工具。因此了解并掌握调查问卷的设计技术,将有助于更好地进行市场调研。

(二)调查问卷的结构

调查问卷通常由问卷的开头、正文和结尾三部分组成。

1.问卷的开头

问卷的开头主要包括问候语、填表说明和问卷编号,这部分文字须简明易懂,能激发受访者的兴趣。问候语要交代清楚调研目的、调研者身份、保密原则以及奖励措施等;填表说明的目的在于规范和帮助被访者对问卷的回答;问卷编号主要用于识别问卷、访问员和被访者地址等,一些简单的调查问卷可以省略此项。

2.问卷的正文

问卷的正文即问卷的主体,是调查问卷最主要的部分,是市场调研所要收集的主要信息。问卷的正文主要包括资料收集、受访者的基本情况和编码三部分。

(1)资料收集。

资料收集指能达到市场调研目的的问题设计部分,问题的类型归结起来分为开放式问题和封闭式问题。

开放式问题指受访者可以自由回答,不受任何限制的问题,其优点是受访者可以按自己的意见进行回答,调研人员可以获得足够全面的答案。但答案过于分散,不利于统计分析,因此在一份问卷中开放式问题不宜过多。

封闭式问题与开放式问题刚好相反,其答案已事先设计好,受访者只要在备选答案中选择合适的答案即可。封闭式问题包括单选、多选和各种顺位式回答等。这种问题易于统计,因此在问卷中应占较大比例。在现实中,往往是开放式和封闭式的问题同时存在,单纯采用一种类型问题的问卷的并不多见。

受访者的基本情况根据调研目的而设,因容易涉及较敏感性问题,须特别注意提问方式。

编码,对调查问卷中的调研项目以及备选答案给予统一设计的代码。编码的目的是简化工作,方便统计。因此,编码一般应用于大规模的问卷调研中。可以在问卷设计时进行预编码,也可以在调研工作完成后编码,在实际调研中,一般采用预编码。

3.问卷的结束语

问卷的结束语主要包括对受访者的感谢和调研人员姓名、调研时间、调研地点等信息。应简短明了,一些简单的调查问卷也可以省略此部分。

(三)调查问卷设计要点

1.明确调研目的和内容

问卷设计中最重要的一点,是问卷设计的前提,也是问卷设计的基础,具有为决策部门提供参考依据的作用。

2.明确调研针对的人群

问卷题目设计时,必须充分考虑被调查者的文化水平、语言习惯、年龄层次和协调合作可能性,针对不同层次的人群,在题目的选择上有的放矢,提高问卷的答题率和有效性。

3.明确统计与分析的便捷性

在设计问卷的时候,应该考虑数据统计和分析是否易于操作,比如题目的设计必须容易录入,并且可以进行具体的数据分析,即使是主观性的题目在进行文本规范的时候也要具有很强的总结性,这样才能使整个环节更好地衔接起来。

4.卷首说明

一般包括尊敬的称呼、调研单位或个人的感谢语,以及隐私保护及说明等。尊重并保护受调查者,才有可能赢得他们的配合。

5.问题数量合理化、逻辑化、规范化

合理地设计问题数量,既能让被调查者愿意回答,不致厌烦,又能达到调查目的。设计问题时要注意逻辑关系,不能自相矛盾。要以封闭式问题为主,开放式问题为辅,开放式问题可以放在最后面,让有时间和能配合的受访者进行填写或说明。

6.确定问题的顺序

调研问题应遵循一定的次序排列。问题的排序也会影响受访者的兴趣、情绪,进而影响其受的访积极性。一般来说,问卷的开头部分应安排比较容易的问题,中间部分安排一些核心问题,结尾部分可以安排一些背景资料问题,如职业、年龄、收入等。个人背景资料虽然也属于事实性问题,十分容易回答,但有关收入、年龄等敏感性问题,应安排在问卷末尾。在不涉及敏感性问题的情况下,也可将背景资料安排在开头部分;也可以把能引起受访者兴趣的问题放在前面,而枯燥的问题放在后面;封闭式问题放在前面,开放性问题放在后面。

二、开展抽样调查

根据调研对象的范围,调研可以分为全面调研和抽样调研。

(一)全面调研

对与调研目标有关的所有调研单位进行调研,以获得全面而精确的一手资料的调研方式。其调研对象范围广泛而全面,通过调研能够掌握比较完整的统计资料,了解调研对象的全貌;但调研成本高、耗时长、工作量大。

(二)抽样调研

所谓抽样调研,是从全部调研对象中抽选一部分调研样本加以调研,并据以估计和推断出全部调研对象总体情况的调研方式。抽样调研能通过估计和推断预测出反映总体情况的信息,比全面抽样调查花费的时间少、成本低;但有可能产生一些误差。根据抽样是否随机,可分为非随机抽样和随机抽样两种类型。

1. 非随机抽样

非随机抽样是根据调研人员的需要和经验,设定样本抽取标准的调研方法。调研人员有意识地选择具有代表性的个体作为样本,力争以样本调研推测出总体状况,具体包括:

(1)任意抽样,调研人员选择总体中最易接触的成员作为调研样本来获取信息。

(2)判断抽样,调研人员按自己的判断选择出总体中可能提供准确信息的成员作为调研样本来获取信息。

(3)定额抽样,调研人员按若干分类标准确定每类规模,然后按比例在每类规模中选择特定数量的成员作为调研样本来进行调研。

2. 随机抽样

随机抽样是按照随机原则从调研对象总体中抽取一定数目的样本单位进行调研,以样本调研结果推断总体结果的一种抽样调研方法。

调研总体中每一个样本单位都有平等的抽取机会,排除了人为的主观因素的影响,这是它与非随机抽样的根本区别,具体包括:

(1)简单随机抽样,最简单的一步抽样法,按随机原则、纯粹偶然的方法抽取样本,如抽签法和乱数表法。

(2)等距抽样,也叫系统抽样、顺序抽样法,指在总体中先按一定标准将个体进行顺序排列,并根据总体单位数和样本单位数计算出抽样距离,然后随机确定起点,并按相同的距离或间隔抽选样本单位。其优点是抽样样本分布比较好,总体估计值容易计算。

(3)分层抽样法,将抽样单位按某种特征或规则划分为不相互重叠的层次,从不同的层次中独立地随机抽取样本,从而保证样本的结构与总体的结构相近,以此提高估计的精度。这种方法比较方便管理,但是抽样框架较复杂,费用较高。分层抽样法适用于抽样单位个体之间差异较大、数量较多的情况。

(4)整群抽样法,是先将抽样单位按照地理特征或调研需要分成若干个群,每个群逐一编号,随机选择若干群作为抽样样本,调查样本群中的所有单元的调研方法。整群抽样法样本比较集中,可以降低调研费用,但是样本代表性相对较差。

案例分析

一次,肯德基上海公司收到了3份肯德基国际公司寄来的鉴定书,对肯德基上海外滩快餐厅的工作质量分三次进行了评分,得分分别为83分、85分、88分。餐厅经理感到十分不解,并未见到国际公司派人前来检查工作,这三个分数是如何得出的呢?

原来,肯德基采用了神秘顾客法来监督分店的服务。公司总部雇了一批人,经过专门培训,让他们扮成顾客,进入店内感受服务工作的过程和质量,并进行检查评分,这些人被称为"神秘顾客"。他们来无影、去无踪,出现没有时间规律,这让餐厅的所有员工在工作上严谨、规范、热情、周到,丝毫不敢放松和懈怠,从而提高了服务工作的质量。

(资料来源:张颖、伍新蕾《旅游市场营销》,东北财经大学出版社,2018年版。)

思考题:旅游企业是否适合采用神秘顾客法进行市场调查?你认为在什么情况下使用该方法效果会更好?什么情况下不适宜采用该方法?

任务三　掌握旅游市场营销预测方法与技术

一、旅游市场预测的概念

旅游市场预测是指在旅游市场调研的基础上,根据旅游市场过去的发展特点和目前的状况,运用科学有效的方法和知识经验,结合相关的各种因素,对未来的变化与发展趋势进行分析和判断的过程。预测为决策服务,通过预测来把握经济发展或者未来市场变化的有关动态,减少未来的不确定性,降低决策可能遇到的风险,使决策目标得以顺利实现,从而减少决策的盲目性,提高管理的水平。

二、旅游市场预测的内容

旅游市场预测的内容有很多,每一个影响旅游营销者正常经营的因素,都可以成为旅游预测的对象。

(一)旅游市场环境预测

旅游业受环境因素的影响较大,因此,需要对影响旅游活动的国际、国内和地方旅游市场环境进行预测。旅游市场环境预测包括政治、法律、经济、科技、社会文化和地理等方面的环境预测。例如,随着网络技术的发展,在2020年疫情期间,网络直播迅速成为旅游营销的主要渠道和方式。

(二)旅游市场需求预测

旅游市场需求的变化直接影响旅游业的发展方向和发展规模。旅游市场需求预测可分为旅游市场需求总量预测、旅游客源预测和旅游需求结构预测三种。

1. 旅游市场需求总量预测

在一定区域和时间范围内,特定营销环境中的某一顾客群体的旅游产品和服务的需求总量。其计算公式如下:

$$Q = \sum q_n \times P(N-1)$$

式中:

Q——市场需求总量;

N——特定产品的可能购买人数;

q_n——第 n 个旅游者平均购买数量;

P——特定产品的平均单价。

2. 旅游客源预测

旅游客源预测,即预测客源地旅游者变动情况,包括旅游者数量、构成、地区分布、时间分布和旅游行为等方面的预测,常见的预测指标如下。

(1)季节性强度指数。

季节性强度指数,即由旅游季节性引起的旅游需求的时间分布集中性,又称时间强度指数,其计算公式如下:

$$R = \sqrt{\sum (X_i - 8.33)^2 / 12}$$

式中:

R——旅游需求的时间强度指数;

X_i——各月游客量占全年的比重;

8.33——根据100除以12计算得出;

12——一年的12个月。

R 越接近0,旅游需求时间分配越均匀;R 越大,时间变动越大,旅游淡季、旺季差异越大。

(2)高峰指数。

高峰指数指游客某一时间相对于其他时间使用旅游设施或前往旅游目的地的比例,其计算公式如下:

$$P_n = \frac{V_1 - V_n}{(n-1)V_1} \times 100$$

式中:

P_n——高峰指数;

V_1——最繁忙时期的游客数;

V_n——在 n 个时期内的游客数;

n——参照时段(1=最繁忙时期),一般选全年月份的中点。

(3)旅游需求空间分布集中性指数。

旅游需求空间分布集中性指数指旅游者的地理来源和客源的分散性,其计算公式如下:

$$G = 100 \times \sqrt{\sum_{i=1}^{n}\left(\frac{X_i}{T}\right)^2}$$

式中:

G——客源地的地理集中指数;

X_i——第 i 个客源地的游客数量;

T——旅游目的地接待游客总量;

n——客源地总数。

G 值越接近 100,客源越集中;G 值越小,客源越分散。

3. 旅游需求结构预测

旅游需求结构预测指从旅游者消费需求角度出发,对旅游者的吃、住、行、游、购、娱等方面的消费需求做出的预测。

(三)旅游环境容量预测

旅游环境容量预测是在一定时间和空间范围内,对旅游目的地容纳游客的最大承载能力进行预测,力争使旅游目的地的实际接待量处在一个合理的范围之内,以保持旅游资源的吸引力和自然生态环境。

合理的环境容量是旅游目的地进行科学运营管理的重要依据,应准确测定旅游目的地的既有旅游环境容量,预测旅游环境极限容量。

旅游环境容量预测主要的计算方法有面积计算法、线路计算法、"瓶颈"容量计算法、旅游资源容量计算法、旅游心理容量计算法、旅游生态容量计算法和旅游地容量计算法等。

1. 面积计算法

面积计算法是按照人均基本空间标准计算的旅游目的地容量的方法。

首先,根据旅游者在旅游目的地的平均游览用时,确定旅游目的地的游览批次,用总游览面积除以人均基本空间标准来计算某一批次的旅游目的地容量,用游览批次乘某一批次的旅游目的地容量,确定旅游目的地的日容量,以此推算出旅游目的地的月容量、年容量。

2. 线路计算法

线路计算法是以人均占有长度为单位，计算旅游目的地容量的方法。线路计算法适用于线路对旅游目的地容量有重要影响的旅游目的地，如华山、三清山等景区，虽然景区的游览面积很大，但实际只有为数不多的宽阔地带能容纳一定量的停留人数，景区的日容量取决于景区的线路走向及线路长度，因此，一般按景区的总线路长度除以人均占有长度为单位来计算旅游目的地日容量。

3. "瓶颈"容量计算法

"瓶颈"容量计算法是按照旅游目的地的"瓶颈"因子来计算旅游目的地容量的方法。

"瓶颈"容量计算法适用于存在对容量有特殊影响的"瓶颈"的旅游目的地。如景区的转运车、船、缆车等交通工具都会对景区的日容量产生很大影响。

4. 旅游资源容量计算法

旅游资源容量在保持旅游资源质量的前提下，一定时间内旅游资源所能容纳的旅游活动量。

旅游资源日容量的计算源于面积计算法，先算出每次可容纳的人次数，再根据开放时间和人均所需时间算出可周转的次数，周转次数乘以每次可容纳的人次数就是旅游资源的容量，其计算公式如下：

$$C = \frac{T}{T_0} \times \frac{A}{A_0}$$

式中：

C——旅游资源日容量；

T——日开放时间；

T_0——人均旅游所需时间；

A——资源的空间规模；

A_0——每一个人的最低空间标准。

5. 旅游心理容量计算法

旅游心理容量旅游者在某一地域从事旅游活动时，在不降低活动质量的前提下，地域所能容纳的旅游活动最大量。

旅游心理容量的计算方法是先计算出每次可容纳的人次数，再根据开放时间和人均旅游所需时间算出可周转的次数，周转次数乘以每次可容纳的人次数就是旅游心理日容量，其计算公式如下：

$$C_r = \frac{T}{T_0} \times \frac{A}{\sigma}$$

式中：

C_r——旅游心理日容量；

T——每日开放时间；

T_0——人均旅游需用时间；

A——资源的空间规模；

σ——每人基本心理空间标准。

6.旅游生态容量计算法

旅游生态容量以自然为基础的旅游目的地,在一定时间内旅游地域的自然生态环境不致退化的前提下,旅游场所能容纳的旅游活动量。

由于污染物对旅游目的地存在影响,绝大多数污染物都会被处理,因此必须考虑人为处理因素。其计算公式如下:

$$F_0 = \frac{\sum_{i=1}^{n} S_i T_i + \sum_{i=1}^{n} Q_i}{\sum_{i=1}^{n} P_i}$$

式中:

F_0——扩展性旅游生态容量;

P_i——每一位旅游者一天内产生的第 i 种污染物量;

S_i——自然生态环境净化吸收第 i 种污染物的数量;

T_i——各种污染物的自然净化时间,一般取一天;

Q_i——每天人工处理掉的第 i 种污染物的数量;

n——旅游污染物种类数。

7.旅游地容量计算法

旅游地容量是指由人口构成、民俗风情、生活方式和社会开化程度所决定的当地居民可以承受的旅游者的数量,旅游地容量计算法的计算公式如下:

$$T = \sum_{i=1}^{m} D_i + \sum_{i=1}^{n} R_i + C$$

其中,

$$D_i = \sum_{i=1}^{n} S_i$$

式中:

T——旅游地容量;

D_i——第 i 个旅游景区容量;

S_i——第 i 个旅游景点容量;

C——非活动区接纳人员;

m——景区数;

n——景点数。

(四)旅游价格预测

旅游价格预测是从过去和现在已知的价格状况出发,利用一定的方法和技巧模拟未知的中间过程,对未来的价格变化趋势做出预见性测算和判断。

从时间上划分,可分为长期价格预测、中期价格预测、短期价格预测,五年以上为长期,一年以内为短期,一至五年为中期;从范围上划分,旅游价格预测可分为宏观价格预测和微观价格预测,宏观价格预测指对理论价格体系、全社会物价总水平及各大类商品价格水平的预测,微观价格预测指单项或单个商品价格、供求关系变化趋势的预测等。

旅游价格是旅游市场波动的主要标志,预测旅游市场价格变化,有利于旅游企业在可控制范围内确定自身的最优价格。同时,旅游产品的供给量取决于旅游企业某个时点的接待能力,当接待能力无法满足旅游需求的时候,可以利用价格机制来抑制游客的需求,以达到供求平衡的目的。

(五)旅游竞争效益预测

在旅游需求预测、旅游环境容量预测以及旅游价格预测的基础上,旅游目的地还需要预测旅游竞争效益,旅游竞争效益预测包括旅游市场占有率预测和旅游效益预测。

1. 旅游市场占有率预测

旅游市场占有率指一个国家或地区在一定时期内所接待的旅游者人次占同期一定范围的旅游市场上旅游者总人次的比例。

预测旅游市场占有率,既可以预测自身的销量,又可以预测旅游目的地在旅游市场中的竞争力和地位,以便采取相应的市场竞争策略。

旅游市场占有率分为旅游市场绝对占有率和旅游市场相对占有率。旅游市场绝对占有率是指旅游接待方在一定时期、一定范围内所接待旅游者人数占旅游市场所接待总人数的百分比,其计算公式如下:

$$旅游市场绝对占有率 = \frac{一定时间内接待的旅游人数}{同期所处旅游市场的旅游总人数} \times 100\%$$

旅游市场相对占有率,是指一定时期、一定范围内旅游接待方的旅游市场份额占同一时期、同一范围内较大市场主体旅游市场份额的百分比。其计算公式如下:

$$旅游市场相对占有率 = \frac{某一旅游接待方市场份额}{相同范围内同期市场上其他旅游接待方的旅游市场份额} \times 100\%$$

2. 旅游效益预测

从广义来看,旅游效益预测包括经济效益、社会效益和生态效益的预测,旅游营销者经营的目标应该是实现三个效益的最大均衡。从狭义来看,旅游效益预测主要通过对企业或目的地的旅游营销成本和利润的预测来反映旅游企业的经营成果,常常用旅游营业收入数量、构成与水平来进行衡量。

三、旅游市场预测的步骤

(一)确定预测目标,拟订预测计划

明确预测目标旅游企业的市场预测的第一步,然后根据目标确定预测任务、预测范围、预测时间、预测精度等内容拟订预测计划,包括确定预测工作日程、参加人员及分工等内容。

(二)收集、整理和分析资料

根据预测的目标,调查并收集与预测目标有关的一切资料,并确保资料的针对性、准确性、系统性和可比性。同时,还要对收集的资料进行审核、整理,剔除随机事件对资料的影响,尽量减少预测过程中由资料引起的误差。

(三)选择预测方法,进行预测

根据预测目的、收集资料的情况、精度要求以及预测费用选择恰当的预测方法,根据预测方法进行归纳、总结、计算、分析、回归、预测,最终判断出未来市场的发展方向和趋势。

(四)预测误差分析,提出预测报告

抽样误差是样本指标与总体指标之间的平均离差预测。误差的大小可以反映预测的精确程度。因此,在每一个预测结果产生之前,要对预测值的可信度进行估计,在对预测结果进行评价、修正之后,确定预测值,最后写出预测报告和策略性建议。

四、旅游市场预测的方法

按预测方法的性质不同,可将旅游市场预测的方法分为定性预测和定量预测两种。

(一)定性预测

定性预测指预测者凭借自己的主观经验和逻辑推理能力,对事物未来表现的性质进行推测和判断,也称判断预测或主观资料预测。

进行定性预测时,也要尽可能地收集数据,运用数学方法,其结果通常也是从数量上做出测算。

定性预测具有两大特点:着重对事物发展的性质进行预测,主要凭借人的经验以及分析能力;着重对事物发展的趋势、方向和重大转折点进行预测。

定性预测优点包括具有较大的灵活性,易于发挥人的主观能动作用,简单又迅速,省时省费用的优点。

定性预测的缺点是易受个人主观因素的影响,易受个人知识、经验和能力的限制,不能对事物发展做数量上的精确描述。

定性预测的主要方法有经验估计法、德尔菲法等方法。

1. 经验估计法

经验估计法是指预测人员根据自身的经验进行市场预测的方法。预测人员一般为经营管理人员、业务人员、销售人员和消费者,他们凭借自己的知识、经验及综合判断能力等对市场进行预测和判断。

经验估计法的优点是预测结果比较准确可靠、预测成本低、对市场的变动较为敏感。

经验估计法的缺点是对市场变化了解不深入,受销售人员情绪和利益的影响比较大,预测结果有一定局限性。

2. 德尔菲法

德尔菲法,是调查者针对某些问题,以匿名方式向一组专家轮番征询意见,专家们依据其专业知识、实践经验等对问题进行评估、分析、预测、判断,并将意见回复给调查者,调查者将专家们对未来的分析判断进行汇总整理,将整理出来的结果进行再次征询并回收结果,经过多次反复征询,逐步取得比较一致结果的预测方法,也叫专家调查法。

采用德尔菲法应坚持匿名性、反馈性和统计性的原则。匿名性指参加预测的专家是在完全匿名的情况下各自单独进行判断并给出意见的,匿名性能有效保证专家意见的充分性和可靠性。反馈性是指组织者要对每一轮咨询的结果进行整理、分析、综合,并在下一轮咨询中反馈给每位专家,以便专家们根据新的调查问题进一步发表意见。统计性是指预测结果带有统计学的特征,往往以概率的形式出现,它既反映了专家意见的集中程度,又可以反映专家意见的离散程度。

德尔菲法的具体步骤如下:

(1)准备阶段。

该阶段要明确预测的主题和目的,选择专家,准备调查背景资料和调查表。

选择专家是德尔菲法的关键。专家选择须注意:

一是合理选择专家。一般选择在本领域内连续工作 10 年以上的专家;专家来源尽量分散,否则容易妨碍预测工作;专家人数根据调查需要而定,一般以 20—50 人为宜。

二是正确邀请专家。一般是先发邀请函,问询专家是否能够参加预测,并请他推荐几位领域内的其他专家。

调查表是调查信息的主要来源,因此,设计调查表是专家调查法的重要环节。调查表包括要求做出判断和分析的问题,要求做出一定说明的问题和要求做出充分说明的问题。

(2)轮番征询阶段。

轮番征询通常会经过四轮征询,这样专家们的意见便会比较一致。也有人认为不必进行四轮调查,只要专家的意见一致就可以了。

第一轮调查。由调查者将开放式的调查表发给专家,调查表不带任何限制,只提出预测问题,请专家围绕预测问题提出预测事件。调查者对专家填好的调查表进行汇总整理,归并同类事件,排除次要事件,并用准确术语整理出预测事件一览表。

第二轮调查。根据第一轮调查结果整理出的预测事件一览表,制定第二份征询调查表并发给各位专家填写。收到专家第二轮意见后,对意见做统计处理,整理出第三张调查表。第三张调查表包括事件、事件发生的中位数和上下四分点,以及事件发生时间在四分点外侧的理由。

第三轮调查。把第三张调查表发下去后,请专家重审并对上下四分点外的对立意见做出评价;给出自己新的评价(尤其是在上下四分点外的专家,应重述自己的理由);如果修正自己的观点,也要叙述为何改变。然后,专家们的新评论和新理由返回到调查者手中,调查者对意见做统计处理,形成第四张调查表。

第四轮调查。请专家再次评价和权衡第四张调查表,做出新的预测。是否要做出新的论证与评价取决于调查者的要求。当第四张调查表返回后,调查者对意见做统计处理,归纳总结各种意见的理由以及争论点。

(3)结果处理阶段。

在此阶段,最主要的工作是用一定的统计方法对专家的意见做出统计、归纳和处理,得出代表专家意见的预测值和离散程度。然后,对专家意见做出分析和评价,确定预测方案。

3. 头脑风暴法

头脑风暴法是采用会议的方式,引导每个参加会议的人围绕中心议题广开言路,激发灵感,在自己的头脑中掀起风暴,毫无顾忌,畅所欲言地发表独立见解,形成创造性思维的方法,又叫畅谈法、集思法等。采用头脑风暴法时,要集中有关专家召开专题会议,主持者以明确的方式向所有参与者阐明问题,说明会议的规则,尽力营造轻松融洽的会议气氛,由专家们"自由"提出尽可能多的方案。

1)头脑风暴法应严格遵守的原则

头脑风暴法必须严格遵守下列原则:

(1)禁止批评和评论,也不要自谦。

(2)目标集中,追求设想数量,越多越好。

(3)鼓励巧妙地利用和改善他人的设想。

(4)与会人员一律平等,各种设想全部记录下来。

(5)主张独立思考,不允许私下交谈,以免干扰他人思绪。

(6)提倡自由发言,畅所欲言,任意思考。

(7)不强调个人的成绩。

2)头脑风暴法的具体实施步骤

头脑风暴法的具体实施步骤如下:

(1)准备阶段。

组织者事先要弄清所议问题的实质,找到问题的关键,确定所要达到的目标。同时选定参加会议人员,一般以5—10人为宜。然后将会议的时间、地点、所要解决的问题、可供参考的资料和设想、需要达到的目标等事宜一并提前告知与会人员,让与会人员做好充分的准备。

(2)热身阶段。

主持人宣布开会后,先说明会议的规则,然后提出有趣的话题或问题,创造一种自由、宽松、祥和的氛围,让大家的思维处于轻松和活跃的状态。

(3)明确问题。

主持人简明扼要地介绍有待解决的问题。不可过分周全,因为过多的信息会限制人的思维,干扰想象力。然后开始讨论。

(4)重新表述问题。

经过一段时间的讨论,与会者对问题已经有了较为深入的理解。这时,为了使大家对问题的表述能够站在新角度、具有新思维,组织者要记录大家的发言,并对发言记录进行整理。通过对记录的整理和归纳,找出富有创意的见解,以及具有启发性的表述,供下一步畅谈时参考。

(5)畅谈阶段。

这是头脑风暴法的创意阶段。组织者首先要向大家宣布头脑风暴法的原则,随后引导大家自由发言、自由想象、自由发挥,让他们相互启发、相互补充,真正做到知无不言,言无不尽,畅所欲言。然后对会议发言记录进行整理。

(6)筛选阶段。

会议结束后的一两天内,组织者应向与会者了解大家会后的新想法和新思路,以此补充会议记录。然后将大家的想法整理成若干方案,再根据可识别性、创新性、可实施性等标准进行筛选。经过多次反复比较和优中择优,最后确定1—3个最佳方案。这些最佳方案往往是多种创意的优势组合,是大家的集体智慧综合作用的结果。

(二)定量预测

依靠数学模型和数理统计方法,对各种资料进行计算分析,从而对旅游市场的未来变化趋势做出预测的方法。主要有时间序列法和一元线性回归法等。

1.时间序列法

时间序列法包括简单移动平均法、加权移动平均法和指数平滑法三种。

(1)简单移动平均法。

按照过去若干历史数据求算术平均数,并把该数据作为以后时期的预测值的预测方法。其计算公式如下:

$$F_{t+i}=1/n(F_t+F_{t-1}+\cdots+F_{t-(n-1)})$$

式中:

F_{t+i}——某时期的预测值;

n——移动期数;

F_t——某时期的实际值。

(2)加权移动平均法。

对观察值分别赋予不同的权数,按不同权数求得移动平均值,并以最后的移动平均值为基础,确定预测值的方法。一般来说,距离预测期越近的观察值对预测值的影响越大,赋予的权数越高。其计算公式如下:

$$F_{t+i}=1/(W_t+W_{t-1}+\cdots+W_{t-(n-1)})\times(W_tF_t+W_{t-1}F_{t-1}+\cdots+W_{t-(n-1)}F_{t-(n-1)})$$

式中:

F_{t+i}——某时期的预测值;

F_t——某时期的实际值;

n——移动期数;

W_t——某时期的实际值 F_t 相对应的权重值。

【例题】

某旅游景区 1—6 月的实际销售额表　　　　　　　　　　　单位:万元

月份	1	2	3	4	5	6
实际销售额	360	365	370	390	400	410

问题:请分别运用简单移动平均法和加权移动平均法,按移动期 $n=3$ 预测 7 月的销售额。

解:

①简单移动平均法。

$$F_7=(F_6+F_5+F_4)/3$$
$$=(410+400+390)/3$$
$$=400(万元)$$

②加权移动平均法。

首先分别对 4—6 月的实际值赋权,其中 6 月的权数为 1.5,5 月的权数为 1,4 月的权数为 0.5。

$$F_7=(410×1.5+400×1+390×0.5)/(1.5+1+0.5)$$
$$≈403.33(万元)$$

(3)指数平滑法。

指数平滑值是本期实际观察值与前一期指数平滑值的加权平均数。指数平滑法是通过计算指数平滑值,配合一定的时间序列预测模型来进行预测的方法。其计算公式如下:

$$F_t=aS_{t-1}+(1-a)F_{t-1}$$

式中:

F_t——某期的预测值;

S_{t-1}——上一期的实际值;

F_{t-1}——上一期的预测值;

a——平滑系数($0≤a≤1$)。

【例题】某旅游景区5月的销售预测值为100万元,实际销售额为150万元,平滑系数 a 值为0.2,请用指数平滑法预测6月的销售额。

解:
$$F_6=0.2×150+(1-0.2)×100$$
$$=110(万元)$$

2.相关分析法

相关分析法包括一元线性回归法和领先指标法。

(1)一元线性回归法。

一元线性回归预测,就是用一元线性方程对观测的数据进行回归,从一般的现象数据中得到量化的事物变化的规律。进行一元线性回归预测选择的自变量必须是诸影响因素中最本质和最有决定意义的。预测公式如下:

$$Y=bX+a$$

式中:

Y——预测对象,是因变量;

X——影响因素,是自变量;

a、b——回归系数,是需要估计的待定参数。

(2)领先指标法。

领先指标是指市场中那些自己销量变化会引起其他产品需求量的变化的指标,关注这些指标能给其他产品未来需求量的变化提供预兆。领先指标法是通过关注领先指标对其他指标进行预测的方法。

酒店试睡员

酒店试睡员体验酒店的服务、环境、卫生、价格、餐饮等多个方面,比如床垫的软硬、空调的冷暖、网速的快慢、下水道是否畅通、淋浴水流是否过大,等等,调查后根据客观的体验结果写成报告,以供酒店方完善或供网友预定参考。

试睡员一般供职于大型的酒店集团或第三方平台，如2009年，去哪儿旅行网和携程旅行网不约而同地发布了"酒店试睡员"和"酒店私访团"的招聘说明。酒店试睡员分兼职和全职两种，全职酒店试睡员要求能客观地评价酒店的好与不好，并且能提出合理的专业化建议；要有细致入微的观察能力、体验能力；了解酒店品牌、酒店文化；对奢侈品、高端餐饮、运动健康、度假体验等方面的相关行业知识。国内很多旅游电子商务网站都有提供酒店试睡员兼职申请，相比较来说，网站兼职试睡员主要是以住客的身份进行体验，之后按照网站要求填写点评并发布一些清晰的客房图。

（资料来源：根据雅兰君，知乎：https://www.zhihu.com/question/383453899/answer/1114524135等网络资料整理而成。）

思考题：聘请酒店试睡员是什么调查方法？对酒店营销有何帮助？

关键概念

旅游市场营销调研　旅游市场预测　案头调研　实地调研观察法　实验法　访问法　调查问卷　抽样调查　旅游市场环境预测　旅游市场需求预测　旅游环境容量预测　旅游价格预测　旅游竞争效益预测　定性预测　定量预测

一、思考题

1. 简述旅游市场调查的基本步骤。
2. 简述旅游市场调查的含义与意义。
3. 简述旅游企业市场营销时需要调查的内容。
4. 简述德尔菲法的基本步骤。
5. 论述完整的调查问卷应包括的内容。
6. 论述旅游市场调查问卷的设计要点。
7. 辨析案头调查法和实地调研法的优缺点及适用条件。
8. 辨析定性预测法与定量预测法的适用条件。
9. 某酒店计划对年消费金额超过10000元的客户开展满意度调查，计划抽取500人作为调查样本。如果要采用系统抽样选取样本，应如何制定抽样方案？

二、计算题

1. 某旅游电子商务公司发现，某旅游目的地的某酒店，每销售客房10间·夜，就能带来酒店旁边A景区门票每天3张的增长量，同时还能带来酒店其他消费每人5元的增长，经预测，该酒店11月的客房销量为250000间·夜，请采用一元线性回归系数法预测酒店为A景区带来的销量，酒店其他消费的增长量。

2.某景区游览面积为35000平方米,人均基本空间标准为25平方米,每人最低空间标准是28平方米,该景区每天营业时间为12小时,人均游览时间为30分钟,请预测该景区的旅游资源日容量和旅游心理日容量。

3.某旅游饭店1—6月的实际销售额如下表所示。

某旅游饭店1—6月的实际销售额　　　　　　　　　　　　单位:万元

月份	1	2	3	4	5	6
实际销售额	320	345	380	400	410	420

问题:

(1)分别运用简单移动平均法和加权移动平均法,按移动期 $n=5$ 预测7月的销售额;

(2)假设饭店6月份的预测值为450万元,平滑系数 a 值为0.2,请采用指数平滑法预测7月的销售额。

三、能力训练

训练项目1:

某连锁餐饮企业拟在你所在的城市使用询问法来调研新开分店、在异地投资或餐饮风味等方面的情况。

要求:各小组分别针对新开分店、在异地投资、经营何种风味菜式这三个方面讨论应选择哪种询问法,并说明为什么。

训练项目2:

当前,在校大学生逐渐成为旅游的主力军之一,但市场上针对你所在区域大学生的旅游产品或线路并不多,某旅行社计划重点针对你所在区域的大学生设计并开发旅游产品和线路,现在需要明确在校大学生旅游消费行为的特点,请你替该旅行社设计一份调查问卷或拟定一份访谈提纲。

目的:掌握问卷设计的方法与技术;掌握访谈提纲的设计方法与技术。

要求:提交在校大学生设计出旅游消费行为调查问卷或访谈提纲。

训练项目3:

饭店服务满意度是影响客人是否回头消费的重要因素,某酒店拟进一步提升服务水平,准备对住店客人开展为期半年的满意度调查。请为该酒店设计一份半结构化的调查问卷。

目的:掌握问卷设计的方法与技术。

要求:提交半结构化酒店服务满意度调查问卷。

训练项目4:

某自然遗产地,经过改造后开始面向游客开放,但对游客数量、游客行为、游客体验,以及游客对景区生态环境的影响等情况均不甚清楚,为保持该遗产地的科学研究价值、社会价值和自然价值,请你为该自然遗产地景区设计一份调研方案。

目的:掌握调研方案的设计方法。

要求:提交包括明确调研任务、调研对象、调研项目、调研时间段和调研方式的调研方案书。

项目三
旅游市场营销环境分析

知识目标： 1. 掌握旅游市场营销环境的构成，熟悉旅游市场营销的宏观环境、微观环境的影响。
2. 掌握旅游市场营销环境分析技术。
能力目标： 1. 熟练分析旅游市场营销宏观环境。
2. 熟练分析旅游市场营销微观环境。
3. 掌握旅游市场营销环境分析技术。
素质目标： 掌握旅游市场宏观环境、微观环境分析技术，并将其熟练运用于旅游市场环境分析，从而培养学生抓住环境机会、躲避环境威胁的应变能力与总揽全局的整体营销管理意识。

任选一种旅游市场营销环境分析技术，对某旅游企业或旅游目的地的宏观环境或微观环境进行调查与分析，写出分析报告。

案例导入

世界上最好的工作

澳大利亚大堡礁是世界上最大、最长的珊瑚礁区，是世界七大自然景观之一，被称为透明清澈的海中野生王国。岛上终年气候舒适宜人，活动多姿多彩。受2008年金融风暴的影响。大堡礁旅客锐减，门可罗雀，昆士兰州当局为此也十分头疼。为进一步推动旅游业发展，澳大利亚昆士兰州旅游局通过缜密的思考，策划了"世界最好工作"作为其2009年度全球市场推广的主要活动之一，1月9日澳大利亚昆士兰旅游局网站面向全球发布招聘通告，并为此专门搭建了专门的招聘网站，招聘大堡礁看护员。

大堡礁看护员每周只需工作3个小时，其主要职责是探索大堡礁的群岛，以更加深入地了解大堡礁，如在大堡礁水域潜水并为各种鱼类摄像、参与航空邮递服务并顺便高空俯览一下优美的大堡礁等，通过每周的博客发文、相簿日记更新、上传视频及接受媒体的跟踪访问等方式，向昆士兰旅游局(以及全世界)报告其探奇历程。大堡礁看护员在其6个月的工作期间,可获取150000澳元的薪金,免费住宿、有旅游保险、提供电脑和上网服务及具录影功能的数码相机和来往大堡礁岛屿间和岛内的交通费。

工作之轻松、生活之惬意、待遇之丰厚吸引了全球无数人的眼球,媒体更是为之疯狂激动,不惜用大量的版面为其进行免费的报道。此次招聘,提供了多个国家的语言版本,短短几天时间网站吸引了超过30万人来访问,来自全球200个国家和地区的近3.5万人竞聘。招聘工作所有关键环节都在网上展开,入选50强的选手会不断拉票,关注活动的人可为心仪选手投票,投票者要先输入邮箱地址,然后查收一封来自昆士兰旅游局的确认件,确认后再行使投票权。邮件确认时,网民都会顺便浏览一下这个漂亮的招聘网站,大堡礁的旖旎风光、万种风情马上就开始让人心往神移。此后,投票者的邮箱会不定期地收到来自大堡礁的问候。

(资料来源:根据网络资料整理。)

思考题:"世界上最好的工作"的推出是因为大堡礁旅游企业受到了哪些环境因素的影响?对此,昆士兰州旅游局采用什么方式进行了大堡礁旅游营销?

任务一 认识旅游市场营销环境

旅游企业处在一个动态的、复杂的环境中,受到各种宏观环境和微观环境条件的深刻影响。分析旅游市场营销环境的目的在于让旅游营销者了解其所处的环境现状,充分利用环境机会,有效化解环境危机,增强旅游市场营销的适应性。习近平同志指出:"要坚持具体问题具体分析,'入山问樵,入水问渔',一切以时间、地点、条件为转移"[①]。可见,只有善于分析环境、适应环境才有可能获得市场营销的成功。

一、旅游市场营销环境的含义

旅游市场营销环境是指影响旅游营销者市场营销活动与管理的各种外部因素和内部因素的总和。

内部环境指旅游企业内部的物质、文化等环境的总和。外部环境可分为宏观环境和微观环境。宏观环境指影响某一特定社会中一切旅游营销者的环境,如政治、经济、法律、社会、技术、人口等环境,是企业不能避开、不能改变的大环境。微观环境指对旅游营销者造成直接影响的各种社会力量和因素,包括企业自身、供应商、营销中介、市场、竞争者和社会公众等,微观环境是可以改变的。

---

① 习近平2016年1月18日在省部级主要领导干部学习贯彻党的十八届五中全会精神专题研讨班上的讲话。

二、旅游市场营销环境的影响与反应

通常,旅游市场营销环境的影响包括机会与威胁两大类。机会是指在旅游市场上出现的对旅游营销者营销富有吸引力的动向和趋势。威胁指在营销环境中的一些不利的发展趋势所形成的挑战。

若不采取相应的营销行动,将损害企业的市场地位。营销者应善于识别环境威胁和环境机会,分别对其严重性和可能性进行分类,为严重性水平高且可能性大的威胁制订应变计划。

在面临环境威胁时,旅游营销者有三种对策:
(1)反抗,即努力限制或扭转不利因素的发展。
(2)减轻,调整营销组合,尽量减轻环境威胁。
(3)转移,考虑转移到其他赢利更多的行业或市场。

三、当代旅游市场营销面临的新环境

1. 产品转型升级的要求越来越高

我国大众旅游仍然处于观光旅游向度假旅游转变的过程中,不同顾客的欲望和需求并不一样。因此,旅游企业才有机会选择一个旅游产品与需求尽可能与市场吻合或接近的市场,集中资源创建竞争优势。如果旅游产品没有持续的创新、优化和升级,旅游消费者就会转向其他旅游企业。

2. 信息时代,旅游价格日益透明化

实践中,与无品牌产品相比,精心打造和妥善维护的品牌产品能收取更高的价格,然而这种区别较之过去变得越来越微不足道。

由于大数据、云计算、物联网、人工智能等创新技术的应用,信息壁垒被打破,游客越来越依靠口碑信息制定购买决策。游客越来越能看透商家的营销技巧。价格比较网站能使游客迅速比较相互竞争的产品,了解不同网点零售商同种产品的价格。因此,企业必须对游客提供显而易见的高价值,以此为基础实施差异化营销。

3. 竞争范围不断扩大,强度不断提升

互联网时代,市场范围空前扩展。越来越多的旅游企业开始以全球化视野来实施营销战略,各种产品和服务均出现了跨国细分市场。竞争者的不断加入使国内外旅游市场竞争都更为激烈,只有那些富有竞争力的旅游企业才能活下来并持续发展。这意味着,旅游企业需要更加谨慎地选择业务领域和目标市场。诚如习近平总书记2015年10月访英前接受路透社采访时所说,同世界上老牌的大公司对比,中国企业"走出去"还缺乏经验,适应各国法律制度、技术标准、市场营销、人员管理、当地文化等方面的能力需要不断提高。

4. 合作共赢与企业社会责任意识逐渐增强

随着市场需求更加苛刻,竞争越来越残酷,旅游企业需要与其他机构谋求合作。近年来,旅游企业与携程等旅游中间商、其他竞争者之间的协作日渐增多。游客在要求旅游企业提供物美价廉的产品的同时,也要求旅游企业能够证明其道德水准。

旅游企业在应对激烈的市场竞争的同时,还要善于谋求合作共赢,在提供受顾客欢迎的优质产品或服务的同时,自觉承担社会道义和环境责任。经济效益和社会责任的有机融合可以为旅游企业创造可持续的竞争优势。

任务二　熟悉旅游市场营销宏观环境构成与影响

对旅游营销者而言,旅游市场营销的政治法律、社会文化、人口、经济、科技、自然等宏观因素是不可控制因素(见图3-1),是大范围的社会约束力量,它对旅游营销者的影响面很广,其变化既可能给旅游营销者带来市场机会,带来威胁,也可能对一些旅游营销者没有任何的影响。因此,旅游营销者在进行市场营销活动时,必须努力增强对宏观环境的适应性。

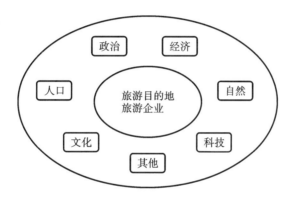

图 3-1　旅游市场营销宏观环境

一、政治法律环境

政治法律环境是指一个国家或地区的政治制度、体制、方针政策、法律法规等。这些因素常常制约、影响企业的经营行为。

(一)政治环境

政治环境是指旅游营销活动的外部政治形势,包含国内政治环境和国际政治环境两类。

国内政治环境包括政治局势、政治制度、政党和政党制度、政治性团体、党和国家的方针政策、政治气氛等要素。

国际政治环境包括国际政治局势、国际关系、国际贸易等。

一个国家的政治局势稳定与否会给本国旅游营销活动带来重大影响。政治局势是游客在出游特别是出境游前要考虑的一个关键因素。如果政局稳定,会让游客感到安全、踏实,会为本国旅游带来良好的经营环境;相反,政局不稳,社会矛盾尖锐,秩序混乱,会让游客感到不安或恐慌,会谨慎前往或不敢前往。

党和国家的方针政策，如人口政策、货币政策等，都会给营销活动带来影响。2020年湖北为答谢全国人民的真情关爱，举办"与爱同行 惠游湖北"①活动。从2020年8月8日—2020年12月31日，湖北省近400家A级旅游景区对全国游客免门票开放。此举，有效刺激了全国人民到湖北旅游，仅2020年8月9日，黄鹤楼公园接待游客量就达2.47万人次，武汉欢乐谷游客量达2.09万人次。神农架大九湖景区3天累计接待游客1.6万余人次，恢复至2019年同期水平②。

（二）法律环境

法律环境是指国家或地方政府所颁布的各项法律法规和管理条例等，它是旅游营销活动的准则，只有依法开展各种营销活动，才能受到国家法律法规的有效保护。法律环境的主要因素包括以下几个方面：

1. 法律规范

特别是和旅游营销者经营密切相关的经济法律法规。如《中华人民共和国旅游法》《公司法》《合同法》《消费者权益保护法》《中华人民共和国出入境管理法》《中国公民出国旅游管理办法》《国家旅游发展规划管理办法》《旅游投诉管理制度》《旅游安全管理暂行办法》《旅游景区质量等级管理办法》《国家级旅游度假区管理办法》《旅游市场黑名单管理办法（试行）》《导游人员管理条例》和《旅行社管理条例》等。

2. 国家司法执法机关

主要有法院、检察院、公安机关以及各种行政执法机关，与旅游企业关系较为密切的行政执法机关有工商行政管理、税务、物价、环境保护等机关。

3. 旅游企业的法律意识

旅游企业的法律意识是其法律观、法律感和法律思想的总称，是旅游企业对法律制度的认识和评价。旅游企业的法律意识最终会物化为一定性质的法律行为，并造成一定的行为后果。

4. 国内外法律环境

对从事出入境旅游经营活动的旅游营销者来说，不仅要遵守国内外的法律制度，还要遵守有关的国际法规、惯例和准则。只有充分了解并掌握了与之相关的法律法规和旅游管理政策，才能制定有效的营销对策，在国际营销中争取主动。此外，国际旅游组织也通过了一系列的国际旅游法律法规，如可持续旅游发展世界会议通过了《可持续旅游发展行动计划》，已成为世界各国指导旅游市场可持续营销的行为准则。

二、社会文化环境

社会文化环境是指旅游营销者所处的社会结构、社会风俗和习惯、信仰和价值观念、行为规范、生活方式、文化传统、人口规模与地理分布等。

---

① 资料来源："与爱同行 惠游湖北"新闻发布会，http://www.hubei.gov.cn/hbfb/xwfbh/202008/t20200807_2754006.shtml.

② 资料来源:游三峡 探神农 登武当 "惠游湖北"掀起首波小高潮 https://www.hubei.gov.cn/zwgk/hbyw/hbywqb/202008/t20200812_2783781.shtml.

社会文化环境所蕴含的因素主要有社会阶层、家庭结构、风俗习惯、宗教信仰、价值观念、消费习俗、审美观念等对人们的消费观念、需求欲望及特点、购买行为和生活方式产生影响，进而对旅游市场营销产生影响。

社会文化环境是诸多宏观因素中最复杂、最深刻、最重要的因素。它不像其他环境因素那样显而易见，却又时刻影响着旅游市场营销活动。

（一）社会阶层分析

社会阶层是由具有相同或类似社会地位的社会成员组成的相对持久的群体。同一阶层的人在态度、行为和价值观等方面具有相似性。如相似的购物偏好、购买力以及购买习惯。不同阶层的人在态度、行为和价值观等方面具有差异性，因此，旅游市场营销要注重旅游市场的细分，根据各旅游细分市场制定旅游市场营销策略。

（二）风俗习惯分析

风俗习惯是人们在长期经济与社会活动中形成的。了解目标游客的禁忌、习惯、避讳等是旅游市场营销的前提。风土人情、地方习俗又是重要的旅游吸引力因素，如"天下第一长发村"——广西龙脊梯田景区的黄洛瑶寨，黄洛瑶寨的女性集中梳头发、洗头发和盘头发的风俗习惯成为表演项目，得到国内外游客的好评。

（三）价值观念分析

价值观念指人们对社会生活中各种事物的态度和看法。不同文化背景下，人们的价值观念往往有很大的差异。游客的价值观念会影响其对旅游产品的评价。因此，旅游营销者在设计产品、提供服务的时候必须考虑游客的价值观念。

（四）宗教信仰分析

宗教是社会文化的重要构成因素，对人们的消费需求和购买行为影响很大。不同的宗教有其独特的礼仪规定与禁忌。为此，在旅游市场营销过程中，要注意到不同的宗教信仰，一方面可以避免产生矛盾和冲突；另一方面可以独特的宗教礼仪吸引游客，扩大市场的影响力。

三、人口环境

人口环境包括人口数量、人口分布、人口结构、性别比例、健康状况、职业等，人口是旅游生产经营活动所必需的人力资源条件，又是旅游营销的市场条件，对旅游市场营销产生重大的影响。

（一）人口数量

从世界范围来看，全球总人口呈增长趋势。一般来说，在收入水平和购买力大体相同的条件下，人口数量与市场容量、消费需求成正比。但各个国家的人口数量、人口结构和经济水平等方面都存在较大的差异，不能纯粹以人口数量来对比。例如，目前我国总人口位居世界第一，是世界第一大客源国，发展潜力巨大，但人均出国游的比例比美国、英国等国家要小很多。

(二)人口分布

人口分布可以从国别分布、地域分布与城乡分布等方面来看。从国别分布来看,世界各国人口分布差异大,人口密度差异也很大。从国内地域分布来看,东部地区人口数量大、人口密度高,西部地区人口数量少、人口密度低。从城乡分布来看,我国城镇特别是大中城市人口少、密度大、消费需求水平高;乡村人口多、密度小、消费需求水平低。但随着社会经济与文化的发展,城乡差距将日趋缩小。人口分布对旅游市场营销的影响很大,人口分布集中的地方是旅游市场营销的重点区域。

(三)人口结构

人口结构包括人口的年龄、教育、家庭、收入、职业、性别、阶层和民族等多种结构。年龄结构是人口结构中最重要、最直接的一个结构,它关系到旅游营销者目标市场的选择、旅游新产品研发的方向。一般来讲,年轻人喜欢时髦的、刺激性强、有冒险性、体力消耗较大的旅游活动;老年人则倾向于节奏舒缓并且体力消耗较小的旅游活动。20世纪80年代以来,我国人口年龄结构从典型的金字塔形转变为倒金字塔形,这对我国旅游业发展产生了较大的影响。

四、经济环境

经济环境是指影响旅游营销者的社会经济结构、经济发展水平、收入水平、经济体制和宏观经济政策等要素,是影响旅游营销者生存和发展的重要因素。区域经济的发展会带动旅游业的发展,经济衰退也会使旅游业遭受伤害。分析宏观经济环境对旅游市场营销的影响,要注重以下主要因素。

(一)经济发展水平

经济发展水平是指一个国家经济发展的规模、速度和所达到的水准。常用指标有国内生产总值、国民收入、人均国民收入、经济发展速度和经济增长速度。经济发展水平与旅游需求量和旅游产业发展水平等密切相关。有研究指出,人均国内生产总值到300美元时会产生近距离旅游需求;人均国内生产总值达到600美元时旅游业开始"起步";人均国内生产总值达到800美元时国内旅游市场开始"起飞";人均GDP达到1000美元时,旅游的需求转向"出境"。

(二)个人收入与个人可自由支配收入

个人收入指个人从各种途径所获得的收入的总和,包括工资、租金收入、股利股息及社会福利等。个人或家庭收入中扣除应纳所得税、社会保障性消费以及扣除日常生活必须消费部分之后余下的部分是可自由支配收入。

习近平总书记在庆祝改革开放40周年大会上指出:改革开放40年来,全国居民人均可支配收入由171元增加到2.6万元,中等收入群体持续扩大。可以反映我国个人的实际购买力水平,预示了未来消费者对于商品、服务等需求的变化。

旅游需求是高层次精神文化生活的需求,不属于基本生活需求,因此,可自由支配收入是真正可以用于旅游的收入部分。可自由支配收入的高低影响着旅游支付能力、旅游消费水平、旅游消费构成等。

(三)经济政策

经济政策是指一定时期国家经济发展目标实现的战略与策略,包括综合性的全国经济发展战略和产业政策、国民收入分配政策、价格政策、金融货币政策、劳动工资政策、对外贸易政策等。例如,当一国外贸收支出现逆差时,会造成本国货币贬值,使出国游价格变得昂贵,这时,该国政府往往会通过政策鼓励国内旅游,减少出境旅游。

五、科技环境

科技环境是社会环境中的科技要素及与该要素直接相关的各种社会现象的集合。如今,变革性的技术对旅游活动产生了巨大影响。如随着技术的进步,人们的劳动生产率会更高,工作时间缩短,闲暇时间增多,带薪假期延长;随着旅游交通技术的发展,旅游的时空距离缩短了,使旅游更加安全、快捷、舒适。

旅游营销者要时刻利用和把握先进的技术,以满足消费者的需求,提高自身的竞争优势,增强企业的整体实力。例如,2020年新冠肺炎疫情的暴发,使旅游业遭受了严重打击,许多市长、县长、旅游企业老板等走进直播间,推介旅游产品,其中携程集团总裁梁建章2020年共完成了17场"boss直播"①,创造了超过6.7亿的GMV。

六、自然环境

自然环境的发展变化也会给旅游企业带来环境威胁和市场机会。所以,旅游营销者要研究自然环境方面的动向。对旅游业而言,世界遗产就像一座金字招牌。然而,过度的旅游开发往往会给世界遗产造成难以弥补的破坏。坦桑尼亚的"基尔瓦·基斯瓦尼"和"松戈马拉"遗址曾由于保护措施不当,在2004年被添加至世界濒危遗产名录,经过坦桑尼亚和国际社会的共同努力,2014年才得以从世界濒危遗产名录中移除②。

正如习近平总书记指出,"原生态是旅游的资本,发展旅游不能牺牲生态环境""发展旅游要以保护为前提,不能过度商业化""要抓住乡村旅游兴起的时机,把资源变资产,实践好绿水青山就是金山银山的理念。"努力走向社会主义生态文明新时代。

七、医疗环境

医疗环境是旅游营销者在社会环境中面临的医疗卫生机构、医疗技术水平和医疗卫生政策的要素,对旅游营销也有较大影响。对传染病的有效防治能为旅游业的恢复和发展带来良好的机会。

---

① 超4000万人围观"海王"梁建章重庆花式直播:旅游直播不会永远靠低价吸引人 https://new.qq.com/rain/a/20200709A0T8CB00.

② 第38届世界遗产大会上多项遗产遭"黄牌警告". 央视新闻 http://m.news.cntv.cn/2014/06/23/ARTI1403478294238450.shtml. 2014-06-23.

新冠肺炎疫情暴发后，中医药管理局积极推动中医药参与全球疫情防控，同国际社会分享中医药抗疫经验，据不完全统计，中医药管理局已支持举办了110余场抗疫专家视频交流和直播活动，向150多个国家和地区介绍中医药诊疗方案，向10多个有需求的国家和地区提供中医药产品，选派中医专家赴29个国家和地区帮助指导抗疫[①]。

2022年4月世界卫生组织在其官网发布的《世界卫生组织中医药救治新冠肺炎专家评估会报告》明确肯定了中医药救治新冠肺炎的安全性、有效性。我国在防治新冠肺炎疫情过程中采取中西医结合的疗法，为我国旅游业的复苏和重振创造了机会和条件。可见，医疗环境是旅游业发展的基础保障性环境。

任务三　熟悉旅游市场营销微观环境构成与影响

旅游市场营销的微观环境是指对旅游营销者的服务能力构成直接影响的各种力量，包括顾客、旅游中间商、竞争者、社会公众等。旅游营销者应根据微观环境中各因素的变化，灵活地调整营销计划与营销策略，使市场营销活动得以顺利地开展。

一、顾客

顾客是影响旅游营销活动最基本、最直接的微观环境因素。从顾客角度看，可以分为个体顾客和团体顾客两类。

1. 个体顾客

个体顾客是旅游产品的直接消费者。随着游客成熟度的提高，旅游产品信息化传播速度的加快，交通便捷性的提高，散客的数量与日俱增。单个游客具有人多面广、需求差异大、购买频率较高、购买流动性较大等特点。但随着个体游客数量的增多，个体旅游需求可根据消费档次、消费类别、消费特色将顾客划分为不同的消费群体和消费层次，以满足不同层次个体消费者的需求。

2. 团体顾客

团体顾客可由来自不同单位但有相同旅游消费需求的个体顾客组成，也可由同一单位的员工组成。团体顾客具有团体购买、规模较大等特点。同一单位团体顾客还具有需求弹性较小、属于派生需求等特点。

二、旅游中间商

旅游中间商是指介于旅游生产者与游客之间，从事传递旅游信息、转售旅游产品的经济组织或个人，又称为旅游市场营销中介。

旅游中间商是旅游生产者与游客之间的纽带和桥梁，它起着调节生产与消费矛盾

---

① 《世卫组织专家评估会报告充分肯定中医药抗疫贡献》，https://m.gmw.cn/baijia/2022-04-07/1302886740.html，2022-04-07。

的重要作用。旅游中间商类型多样，按其业务方式，大体上可以分为旅游批发商和旅游零售商两大类。

（一）旅游批发商

旅游批发商指经营包价旅游批发业务的旅游中间商，它一头联结旅游生产者，一头联结旅游零售商。由于其直接客户是旅游零售商，根据零售商需要大量购入旅游产品，如景点门票、旅游交通运输工具一定时间的座位票等，把它们组合成包价旅游产品，以一定的批量价格销售给旅游零售商，再由旅游零售商转卖给游客。

旅游批发商具有组合旅游产品、分销和分摊风险等功能。

1. 组合旅游产品功能

组合旅游产品功能指旅游批发商根据市场需要，通过大量购买、组合旅游产品等形式，批量销售给旅游零售商。

2. 分销功能

分销功能是指旅游批发商对旅游生产企业而言是一个旅游产品分销渠道，分销可以帮助旅游生产企业实现旅游产品的大规模、远距离销售。

3. 分摊风险功能

分摊风险功能是指旅游批发商在进行大批量采购之前，一般都会通过市场调研等方式，获取市场信息，进行风险预测，降低风险。对于旅游批发商而言，旅游产品一经采购，获得的是一定时期内旅游产品的使用权，旅游批发商要承担这部分产品的销售风险。

（二）旅游零售商

旅游零售商是指从事旅游产品零售的旅游中间商，是旅游产品营销渠道的最终环节。旅游零售商处于旅游产品生产者与游客之间、旅游批发商之间，起着重要的作用。

旅游零售商的具体作用包括方便购买、信息服务、宣传与促销等作用。

1. 方便购买

方便购买是指旅游零售商通常在城市当中、互联网上或社交媒体中设置了相关网点，能带给游客购买上的便利。

2. 信息服务

信息服务指旅游零售商为游客提供购买和出行所需要的信息与咨询服务；同时将游客的意见和建议、需求变化等市场行情及时反馈给旅游生产者和旅游批发商，为他们的生产和经营提供信息导向。

3. 宣传与促销

宣传与促销是指旅游零售商为从旅游生产者或旅游批发商处获得较高的佣金、奖金等，会积极进行旅游产品的宣传与促销。

鉴于旅游中间商的重要地位和功能，旅游营销者需要慎重选择旅游中间商。

三、竞争者

旅游业是竞争非常激烈的行业，准确认识、了解竞争者，才能做到知己知彼、百战不殆。

广义的竞争者指顾客、旅游供应商、同行及类同行。狭义的竞争者指那些与本企业服务对象和旅游产品相同或相似的其他旅游企业。

(一)旅游营销竞争者类型

从消费需求的角度,旅游营销一般会面临以下四种类型的竞争者:

1. 愿望竞争者

愿望竞争者指提供不同产品以满足不同需求的旅游竞争者。如主题公园与名山大川,虽然提供的旅游产品不同,满足游客不同的旅游需求,但仍然存在竞争,因为游客的出游时间是有限的。

2. 一般竞争者

一般竞争者指提供不同产品满足同一种需求的旅游竞争者。如飞机、火车、汽车都可作为出游工具,这些交通工具之间存在竞争。

3. 产品形式竞争者

产品形式竞争者指提供规格、档次不同的同类旅游产品的竞争者。如,五星级豪华酒店与特色名宿之间的竞争等。

4. 品牌竞争者

品牌竞争者指产品的规格、档次相同,但品牌不同的竞争者。

(二)波特竞争对手分析模型

波特在《竞争战略》一书中提出了竞争对手分析模型,包括企业现行战略、未来目标、竞争实力和自我假设四个方面的竞争行为和反应模式(见图3-2)。

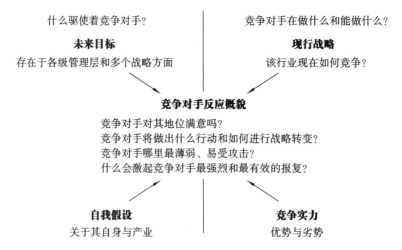

图3-2 波特竞争对手分析模型

1. 现行战略分析

现行战略分析,对竞争对手的现行战略进行详细分析,如对方目前正在做什么和将来能做什么?以便做出及时有效的反应,赢得竞争。

2. 未来目标分析

未来目标分析,主要分析竞争对手的未来目标和目前的驱动力。常用的目标分析体系包括财务目标、社会的责任目标、环境保护目标、技术发展目标、行业地位目标等。

3.竞争实力分析

竞争实力分析,主要分析本企业与竞争对手的差距,找出企业在市场竞争中的优势和劣势,从而更好地改进自身的工作,以在竞争中取得有利地位。

4.自我假设分析

通过自我假设分析,可以很清楚地看到竞争对手的战略定位,以及对行业未来发展前景的预测。竞争对手对自身和对行业将来发展的假设有的是正确的,有的是不正确的。通过掌握这些假设,可以从中找到发展的契机,从而使本企业在竞争中处于有利的地位。

四、社会公众

社会公众包括新闻媒介、政府机构、群众组织以及企业内部员工。旅游营销者应注重加强社会联系,让社会公众更多地了解企业市场营销活动,赢得社会公众的了解、好感、信赖、支持与合作。为处理好与社会公众的关系,树立旅游营销者良好的信誉和形象,不少旅游营销者设立了公共关系部,负责处理社会公众关系,以求增进理解,互相合作。

阅读链接

中国的营销环境与市场机会

任务四 掌握旅游市场营销环境分析技术

分析旅游市场营销环境是为了适应市场环境的变化,扬长避短,寻求营销机会,避免环境风险。常用的旅游市场营销环境分析方法有 PEST 外部环境分析法和 SWOT 态势分析法。

一、PEST 外部环境分析法

PEST 分析法主要对政治(politics)、经济(economic)、技术(technology)和社会(society)进行分析,具体见图 3-3。

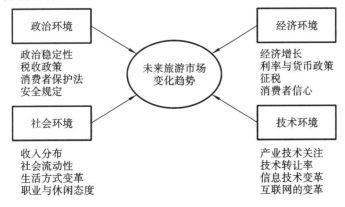

图 3-3 PEST 外部环境分析法

PEST 分析法相对简单，主要用于旅游营销者制定战略规划、市场规划，以及在研究报告时进行外部宏观环境分析。

二、SWOT 态势分析法

SWOT 分析法中的 S 代表 strength（优势）、W 代表 weakness（劣势）、O 代表 opportunity（机会）、T 代表 threat（威胁），即态势分析法，具体见图 3-4。

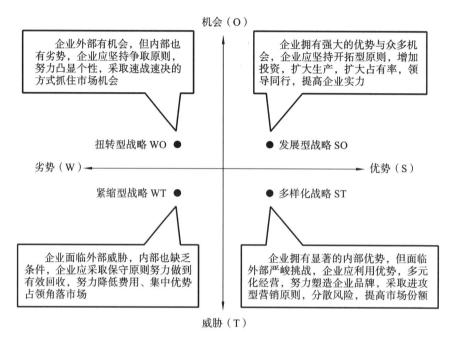

图 3-4　SWOT 态势分析法模型

20 世纪 80 年代由美国管理学教授韦里克提出，经常被用于企业战略制定、竞争对手分析等方面。SWOT 分析是运用各种调查研究方法，了解与旅游营销者密切相关的主要内部环境因素和外部环境。

内部环境因素包括优势和劣势因素，是旅游营销者自身存在的积极因素和消极因素，属于主动因素，一般从旅游营销者管理、组织流程、财务、社会认同度、人力资源等角度寻找。

机会因素是对旅游营销者发展有直接影响的有利因素，威胁因素是指对旅游目的地和企业发展有直接影响的不利因素，它们均属于客观因素，一般从经济、政治、社会、人口、产品和服务、技术、市场、竞争等不同角度寻找。

分析旅游营销者所处的各种环境因素，并进行矩阵形式排列，然后运用系统分析的思想对企业的优势、劣势、机会和威胁进行全面评估，根据研究结果最终选出一种适宜的战略。

案例分析

武威金武国际酒店的绿色节水行动

武威是甘肃的地级市,是我国青藏高原、黄土高原和内蒙古高原三大高原交汇地带,雨季短,气候很干旱,是一个很缺水的城市。

每年的5—10月期间,游客增多,用水量增大,自来水公司通常采用提高自来水价格、限量供应等方式减少市民或游客的用水量。

自来水公司这两个节水措施对本地居民而言均能起到良好的节水效果,但对酒店行业而言总体效果不理想:一方面增加了酒店的用水成本,另一方面用水受限导致游客满意度下降。

恰逢国家推进节水行动,创建节水型城市。金武国际酒店全面贯彻落实节水优先方针,带头落实节水型城市创建各项要求,2019年3月至今,通过一系列节水措施,月均节水2000方,全年节水14400方。

针对酒店员工,武威金武国际酒店从入职开始树立节约用水意识,让员工将"要我节水"的思想转变成"我要节水"的实际行动;对客人,在客房走廊等地张贴节水标识和节水宣传画,提醒宾客及时关闭水源,向游客介绍该地的干旱情况与酒店的节水措施,号召游客跟酒店一起参加绿色节水行动,得到了游客的积极响应与正面反馈。

在后厨,按照先清洗叶类、果实类蔬菜,再清洗根茎类蔬菜的顺序进行清洗作业,同时,不用流水帮助食品解冻,避免用水浪费。

在公共区域洗手间全部采用感应水龙头,加设热水循环系统,实现水龙头打开后3秒内出水温度达到40~50 ℃。

在酒店安装三级供水计量水表,专人定时、定期抄录水表,比较分析用量,发现情况异常,立即进行管网检查,及时进行相应的维修,从而达到节水效果。

如今,在金武国际酒店,节水已成为一种自觉行动。金武国际酒店也已成功评为省级节水型单位,实现了酒店经营管理与节水的"双赢"。

(资料来源:王瑾《实现经营与节水"双赢"——武威金武国际酒店节水工作见闻》,《武威日报》,https://www.gswuwei.gov.cn/art/2020/7/14/art_505_117872.html,2020年7月14日。)

思考题:武威金武国际酒店在旅游发展过程中遇到了哪些环境威胁与机遇?酒店是如何避开威胁抓住机遇的?

 关键概念

旅游市场营销宏观环境　旅游市场营销微观环境　政治法律环境　社会文化环境　人口环境　经济环境　科技环境　医疗环境　顾客　旅游中间商　竞争者　社会公众　PEST外部环境分析法　SWOT态势分析法

 **一、思考题**

1. 简述旅游市场营销宏观环境与微观环境，及它们的构成。

2. 简述旅游市场营销宏观环境中的政治环境、经济环境、人口环境和技术环境对旅游营销者的影响。

3. 简述旅游市场营销微观环境中的供货商、旅游中间商、竞争者和消费者对旅游营销者的影响。

4. 简述 PEST 外部环境分析法和 SWOT 势态分析法。

 **二、能力训练**

以小组为单位，采用合适的方法，调研并分析某旅游营销者的宏观环境和微观环境，形成完整的分析报告，并进行汇报分享。

要求：学生掌握旅游市场营销环境分析方法，并运用于旅游营销者市场营销环境分析中。

某某旅游营销者市场营销环境分析报告（样例）

一、某某旅游营销者简介

二、某某旅游营销者市场营销环境调研方案
1. 调研人员

2. 调研时间

3. 调研方法

4. 调研过程

5. 调研结果

三、某某旅游营销者市场营销环境分析
1. 市场营销环境分析方法简述

2. 某某旅游营销者市场营销宏观环境分析

3. 某某旅游营销者市场营销微观环境分析

四、某某旅游营销者市场营销环境分析小结

项目四
旅游消费者行为分析

项目目标

知识目标：1. 理解旅游消费行为的内涵；
2. 掌握旅游消费行为的主要影响因素；
3. 了解旅游消费者购买行为模型；
4. 理解旅游消费者的一般购买决策过程。

能力目标：1. 识别旅游消费者行为影响因素的能力。
2. 分析旅游消费者购买决策过程和购买行为的能力。

素质目标：培养学生识别旅游消费者行为、分析旅游消费者购买决策过程和旅游消费影响因素的能力与素质。

项目任务

以小组为单位，在校园内调查在校大学生的旅游消费行为、购买决策过程及其影响因素，并提交调研与分析报告。

美国促销奇才哈利

哈利15岁在马戏团当童工时，就擅长引导顾客光临。他发现部分观众看马戏的时候喜欢吃零食、喝饮料。有一次，他在马戏团售票口处使出浑身力气大喊："嘿，各位来看马戏的朋友们，我们为大家准备了一份精美小食品——一包花生米，快来领取吧！"观众在白吃又不吃亏的心理驱动下，纷纷被吸引了过去，领取了小食品在马戏场边看边吃，很是开心。不一会儿，观众就觉得口渴了。此时，哈利又大声叫卖新鲜的柠檬汁和各种饮料，人们争相购买。原来，瓜子和花生米本就是哈利准备的饮料赠品，而且他在加工的时候有意地多加了那么一点点盐，让观众越吃越口渴，所以急迫地要喝饮料。

（资料来源：胡德华《市场营销理论与实务（第2版）》，电子工业出版社，2009年版。）

思考题：哈利是如何实现成功销售的？

任务一　认识旅游消费市场

一、旅游消费市场

(一)消费市场的含义

按顾客购买产品和服务的目的或用途的不同,可将市场分为消费者市场和组织市场。

1. 消费者市场

消费者市场是指所有为了满足个人消费而购买产品和服务的个人和家庭所构成的市场。旅游消费市场是消费者市场中的一种,是所有为了满足个人旅游消费而购买旅游产品和服务的个人和家庭所构成的市场。

2. 组织市场

组织市场是由各种组织机构形成的对企业产品和服务需求的总和。包括产业市场、旅游中间商市场和政府市场三种类型。一般而言,旅游消费组织市场以旅游中间商市场和政府市场为主。

组织市场虽然购买数量庞大,但最终服务对象还是消费者,仍要以满足消费者的需要为中心。旅游中间商市场由各种批发商和零售商组成。政府市场是指那些为执行政府的主要营销职能而采购或租用商品的各级政府单位组成的市场。

各国政府为了开展日常政务,政府机构经常要采购物资和服务,形成了一个很大的市场。

(二)旅游消费者市场的特点

1. 分散性

从交易的规模和方式看,消费者市场购买者众多,市场分散,成交次数频繁,但交易数量零星,绝大部分产品和服务都通过旅游中间商销售,以方便消费者购买。因此,面向消费者市场的旅游企业应特别注意分销渠道的选择、设计及管理。

2. 差异性

旅游消费者需求呈现较大的差异性、多样性。旅游企业应在市场细分的基础上准确选择目标市场,开展有效的营销活动,满足目标顾客的消费需求。

3. 多变性

大多数旅游产品的专业技术性不强,同种产品较多,选择余地大,需求多变。

4. 替代性

旅游消费者市场产品种类繁多,不同产品之间往往可以互相替代,这与组织市场的情况差异较大。

5. 非专业性

旅游消费者在决定实施购买行为时,不需要像组织市场那样经过层层审批,其购买行为属非专业性购买,他们对产品的选购受广告宣传的影响较大。

(三)组织市场的特点

组织市场同消费者市场在构成主体方面有根本区别,相应地购买行为也不尽相同。组织市场购买行为是指各类正规组织机构确定其对产品和服务的需求,并在可供选择的品牌与供应商之间进行识别、评价和挑选的决策过程。

与消费者市场购买行为相比,组织市场购买行为具有以下几个特点。

1. 派生需求

组织需求是一种派生需求,即组织机构购买产品是为了满足其顾客的需要。也就是说,组织机构对产品的需求,归根结底是从消费者对消费品或服务的需求中派生出来的。显然,旅游开发商租赁地方旅游资源,是因为消费者对旅游的需求。

2. 多人决策

购买决策过程的参与者往往不止一个人,而是由很多人组成。甚至连采购经理也很少独立决策。

3. 过程复杂

由于购买金额较大,参与者较多,对产品性能要求较为复杂,组织市场购买行为过程将持续较长一段时间,几个月甚至几年都有可能。这就使企业很难判断自己的营销努力会给购买者带来怎样的影响。

4. 提供服务

一般来讲,产品本身并不能满足组织购买者的全部需求,企业还必须为之提供技术支持、人员培训、服务咨询、信贷优惠等服务。

二、旅游消费行为概述

(一)旅游消费行为含义

消费者行为是指消费者为获取、使用、处理消费品或服务所采用的各种行动以及事先决定这些行动的决策过程。消费者行为研究是市场调研中最普通、最经常实施的一项研究。

消费者行为研究是指对消费者为获取、使用、处理消费物品所采用的各种行动以及事先决定这些行动的决策过程的定量研究和定性研究。消费者行为研究是营销决策的基础,与企业市场的营销活动密不可分,对于提高营销决策水平,增强营销策略的有效性方面有着重要意义。

旅游消费者行为则是指旅游消费者购买旅游产品的活动及与这种活动有关的决策过程。而旅游消费者则是指由于观光旅游、商务或会议等原因外出而购买使用旅游产品或服务的个人或团体。

旅游消费者是旅游营销活动的主体。旅游消费者行为是旅游消费者内在驱动、外在驱动和购买情景共同作用的结果。

阅读链接

2020年度国内居民旅行消费报告

内在驱动因素包括动机、学习、信念与态度、知觉、人格等。

外在驱动因素包括文化、年龄与性别、社会阶层、生活方式、人的生活周期、社会微群体等。

购买情景因素包括该项购买的性质与该消费者在整个购买中所扮演的角色。

(二)旅游消费行为的特点

旅游消费者的需求虽然受到各种内外驱动因素和情景因素的影响,但存在着一定的趋向性和规律性,具有如下特征。

1. 旅游消费行为的多样性

由于旅游消费者收入水平、文化程度、职业、性格、性别、年龄、民族、家庭背景、宗教信仰的不同,加上消费者各自的兴趣、爱好、习惯也千差万别,旅游消费者对旅游产品的需求也多种多样。

2. 旅游消费行为的可诱导性

旅游消费行为是可以诱导和调节的。在广告的引导诱发和刺激下,旅游消费需求可从无到有,从潜在变为现实。因此,旅游宣传要诱发消费者的消费欲望,吸引更多的消费。

3. 旅游消费行为的发展性

随着经济社会的发展,人们的消费需求也不断在发展变化,消费行为也随之发展变化。对旅游消费的需求也不断增加。比如,中国游客对极地旅游的需求越来越多,据国际南极旅游组织协会(IAATO)数据显示,2018 年到访南极的人数是 2008 年的 50 多倍,中国已成为南极的全球第二大旅游客源地①。

4. 旅游消费行为的时代性

旅游消费行为能体现时代特征和精神,这要求旅游产品或服务要有超前意识,在服务项目上有所创新,在服务质量上不断提高。如 2020 年新冠肺炎疫情期间,很多酒店推出了"无接触"式服务或游客自助服务,给了游客极大的安全感和自主性,也推动了旅游服务形式的变革。

5. 旅游消费行为的层次性

根据马斯洛需求层次理论,当低层次的需要得到满足后,就会产生新的、更高层次的需要。在现代社会中,旅游已成为人们生活的重要组成部分,属于较高层次的需要。2016 年李克强总理在夏季达沃斯论坛致辞中明确指出:"旅游、文化、体育、健康、养老'五大幸福产业'快速发展,既拉动了消费增长,也促进了消费升级。"旅游作为"五大幸福产业"之首,领军文化、体育、健康、养老等产业的发展,在百姓身体健康、心灵愉悦、增长知识、快乐养老和生活幸福中发挥更大作用②。

6. 旅游消费的季节性和时间性

基于旅游资源等多方面的原因,旅游消费具有明显的季节性和时间性。如冬季是我国北方地区居民赴三亚避寒旅游的旺季。旅游营销者对此了如指掌,并做好预测和

---

① 《极地旅游大火!中国成为全球游南极第二大国,去一趟最高花 70 万》,《河南商报》。https://baijiahao.baidu.com/s?id=1624188122117888450&wfr=spider&for=pc。

② 《"旅游"为何是幸福产业之首?》,搜狐网,https://www.sohu.com/a/201745224_241989。

准备,努力做到"淡季不淡、旺季更旺"。

(三)旅游消费行为的研究内容

1.研究旅游消费者的购买动机

旅游消费者的购买动机研究的主要目的是探讨人们参加旅游活动的原因;通过解释动机、态度、信念、知觉、文化、生活方式等个人内在心理因素和外在社会因素,分析它们对旅游消费者购买行为的影响;根据内在驱动因素对旅游消费者进行类型划分,以实现精准营销。

2.研究旅游消费者的购买过程

旅游消费者的购买过程研究的主要目的是探索和评价诸多影响因素在购买过程中如何相互关联。重点在于对旅游消费者的购买过程进行阶段划分。

3.研究旅游消费者行为模型

旅游消费者行为模型研究的主要目的是探讨和解读旅游消费者行为影响的内在驱动因素和外在影响因素在激励购买方面共同作用的方式。购买模型一般是按旅游消费者购买过程发展的逻辑顺序进行,以示意图的方式去展现旅游消费者的整个购买过程。

(四)旅游消费行为分析的意义

研究消费者行为,以及消费者行为的影响因素及其购买决策过程,对于开展有效的市场营销活动至关重要。

旅游消费行为分析的意义有如下几个方面:

1.旅游消费者行为分析是了解市场的重要内容

旅游营销工作是从市场调研、搜集市场信息开始的,其中进行消费者行为分析,弄清楚影响消费者购买决策的主要影响因素,是了解旅游市场的重要内容。

2.旅游消费者行为分析是制订营销计划的基础

旅游消费者的购买行为受营销环境、营销活动以及自身因素的影响。因此,旅游营销人员只有在适应营销环境、符合旅游消费者购买行为特征的基础上制订营销计划,才能获得良好的营销效果。

罗德公共关系顾问有限公司发布的《2019中国奢华品报告》显示,内地受调查消费者2018年年平均境外旅行2.8次,香港受调查消费者为3.3次,购物是消费者选择旅游目的地的首要因素。香港消费者境外旅游与购物目的地首选是日本,内地消费者境外旅游与购物首选地是香港。

在旅游计划中,内地消费者近三成预算留给购物。26—35岁是综合消费最高的人群。在单品类购买上,内地21—25岁、香港46岁以上人群显示出更强劲的消费力。这表明内地市场奢侈品消费人群进一步年轻化,以及年轻人愿意并敢于消费的态度。香港46岁以上人群是该地区平均收入最高的人群,自然具有更高的购买力。

香港消费者看重提升生活品质,内地消费者将表现个人品位与提升生活品质并重。内地消费者对服装、珠宝最为青睐,购买者占七成。50%内地消费者和37%香港消费者计划在2019年增加服装方面的消费预算。

在线购物人群进一步扩大,内地为84%,香港为71%,"千禧一代"成为最常在网上购买奢侈品的群体。超七成内地消费者愿意除汽车外的所有品类在线消费,首选京东和天猫;香港消费者线上消费更关注价格,首选官方电商网站。数字化已影响约七成内地和六成香港奢侈品销售。尽管数字渠道已成中国奢侈品消费者获取品牌信息最重要渠道,但传统媒体电视、平面广告对驱动内地消费者购买奢侈品仍非常有效,香港消费者最看重口碑和平面广告。

(资料来源:董瑞强《〈2019中国奢华品报告〉:最受青睐旅游购物目的地》,经济观察网,2019-01-19。)

思考题: 根据以上材料,消费者选择旅游目的地的主要因素是什么?我国内地旅游消费者和我国香港地区消费者行为上各有什么特点,对内地开展出境旅游有何启示?

任务二　旅游消费行为影响因素分析

一、个体消费者影响因素分析

(一)内在驱动因素及其对旅游消费者类型的影响

1. 内在驱动因素概述

内在驱动因素主要包括动机、学习、信念与态度、知觉以及个性等心理因素。

1)动机

动机(motivation)通常是指引发一个人为满足自己的某种生理需要或心理意愿,而去做某件事情的内在驱动力。马斯洛需要层次理论认为,人的行为是一种理性选择,动机与需要之间存在密切的关联。因此,动机是需要的表现形式,一个人有什么样的需要,便会产生与之相应的行为动机。可见,人的行为是有迹可循且可以预知的。

英国伯莱因提出的最佳觉醒理论(最适理论)是对旅游动机的研究中常用人的理论。该理论认为,一个人在生活中总是会寻求对自己最适程度的刺激。

国际旅游学术界普遍认为,出游动机的产生从根本上讲是出于逃避紧张或摆脱压力的需要。实际上会派生出两种需要:一种是为了逃避过度紧张或刺激过度,从而获得解脱和放松的需要;另一种是为了摆脱惯常生活中的乏味无聊,从而寻求猎奇和刺激的需要。

2)学习

学习(learning)是人的一种基本能力,通常是指人们"基于经验而产生的行为更改或行为变化"。作为旅游消费者行为的内在驱动因素之一,学习指的是旅游消费者借以接收和领悟刺激因素的一种方式,也是旅游消费者获得旅游经验的一种途径。

经验获得可以来自自己外出旅游过程中的亲身经历,也可以来自他人对有关旅游经历的分享。在学习过程中,人们会形成对有关的旅游目的地或者旅游产品的看法及其习得标准,作为今后挑选出游目的地或挑选旅游产品的依据。

3)信念与态度

信念(belief)与态度(attitude)这两个概念颇为相似,但严格地讲,信念是指人们在生活中对某一事物的认识或想象。消费者对于某一旅游企业、旅游目的地或者旅游产品会有自己的认识。态度是指一个人对某人或某事物所持有的根深蒂固的看法。这一看法可能符合此人或该事物的真实情况,也有可能是偏见。态度的形成是一个漫长的过程,一旦形成便难以转变,但改变也是一个漫长的过程。

4)知觉

知觉(perception)亦称感知,指的是一个人通过对自己所接触的信息进行筛选,形成对某人或某事物的看法的认知过程,其间难免会受个人偏好和曲解等因素的影响。

5)个性

个性是指一个人经常的、稳定的、本质的心理特征的总和。通常可用自信、自主、顺从、保守、适应、交际等性格特征来描述。消费者各自独特的个性,构成了消费者千差万别的旅游购买行为。如喜欢与别人交谈、开玩笑、表情外露的人相对容易受售货员的宣传影响而购买旅游商品。

自我形象是个人对自己的能力、气质、个性等个性特征的自我评价。自我形象分为三种:个人希望自己应该怎样的理想形象;实际形象,即他如何看待自己;他认为别人如何看待自己的他人自我形象。自我形象也会影响其购买行为。

2.内在驱动因素影响下的旅游消费者类型

对各种内在驱动因素进行分析的主要目的是借以对旅游消费者进行类型划分。其中比较典型的分类有以下两种:

1)帕洛格分类

著名旅游咨询专家斯坦利·帕洛格,依据不同旅游消费者在所属心理类型上的差别,将旅游消费者划分为若干不同的类型,其中最基本的三种类型是依赖型旅游者、冒险型旅游者和中间型旅游者。对旅游消费者进行类型划分可以使旅游营销者能够根据旅游消费者的行为特点进行市场细分。

(1)依赖型旅游者。

依赖型旅游者的行为特点包括以下几个方面:

①天生不好动,不经常出游,出游则偏好自驾,会携带很多东西以方便生活、减少旅程忧虑;

②在旅游目的地停留天数较少,且停留期间往往会选择自己熟悉的娱乐活动;

③出游人均消费较低;

④偏爱前往开发程度高的旅游热点地区,以及温暖阳光的地方度假;

⑤前往陌生的地方时,倾向于参加旅行团前往;喜欢购买目的地标志性的纪念品;

⑥重游率高,不想费心选择新的目的地等。

(2)冒险型旅游者。

冒险型旅游者的行为特点包括以下几个方面:

①经常出游,喜欢远程旅游,外出偏好乘飞机抵达目的地,以缩短时间、减轻旅途疲劳,且能使在目的地停留时间相对增加;

②出游人均消费较高强烈偏好去环境独特、尚未充分开发、依然保留原始魅力的旅游目的地,不喜欢去旅游热点;

③愿意接受条件虽差但非同一般的住宿设施;

④偏好入乡随俗,会避开专为来访旅游者表演的节目;

⑤喜欢自助式旅游;

⑥旅游过程中表现活跃;

⑦购物倾向于选择当地的艺术品和工艺品;

⑧重游率低。

(3)中间型旅游者。

中间型旅游者在人格特征和行为方面的表现特点介于依赖型旅游者和冒险型旅游者之间。

根据帕洛格的理论,对新开发的旅游目的地来说,最先吸引来的主要是冒险型旅游者,随着该旅游目的地逐步进入成熟期,所吸引来的旅游者会转向依赖型的旅游者。

2)美国运通公司的分类

1989年,美国运通公司委托盖洛普公司开展出游行为专项调研后,将旅游者划分为冒险型、忧虑型、梦想型、节俭型和放纵型旅游者五种类型。

(1)冒险型旅游者。

冒险型旅游者的特点包括以下几个方面:

①有很强的独立性和自信心,喜欢尝试新奇的活动,乐于接触陌生的民族,喜欢体验不同的文化;

②受教育程度较高,经济条件比较富裕,外出旅游度假是重要的生活方式之一;

③此外,这类旅游消费者多为男性,并且比较年轻。

(2)忧虑型旅游者。

忧虑型旅游者的特点包括以下几个方面:

①对外出他乡的旅游多有顾虑,对自己应对问题的能力缺乏信心,一般惧怕乘飞机旅行;

②受教育程度较低,经济条件略差;

③是外出旅游次数最少的人群,这类旅游者多为女性,且年龄偏大。

(3)梦想型旅游者。

梦想型旅游者的特点包括以下几个方面:

①重视外出旅游,出游时往往抱有很多浪漫的幻想,前往某地目的地之前,会尽可能地了解该目的地的情况;

②旅游过程中追求娱乐、放松,而不是参与冒险;

③家庭收入和受教育程度多居中等水平,多为50岁以上的女性。

(4)节俭型旅游者。

节俭型旅游者的特点包括以下几个方面:

①出游是常用的休息放松途径,注重追求实惠,不会为认为不值得的特别设施和服

务花钱；

②以男性居多,年龄稍大,收入水平中等,受教育程度稍低。

(5)放纵型旅游者。

放纵型旅游者的特点包括以下几个方面：

①比较富有,愿意多花钱享用高档的旅游接待设施和服务,大多选择下榻豪华饭店；

②出游次数较多,仅次于冒险型旅游者；

③男女比例相当。

该分类的意义在于,帮助旅游营销者判断各类旅游者可能的出游格局及其对出游目的地的选择。

(二)外在驱动因素

主要分为文化因素、社会因素和个人因素三大类。

1. 文化因素

文化因素是影响最深远的影响因素,它影响社会的各个阶层,进而影响到每个人的行为和欲望。文化因素具体包括文化、亚文化和社会阶层等。

1)文化

文化对消费者的需求与购买行为有强烈而广泛的影响。如处于同一文化环境中的人们在消费需求与购买行为等方面有许多相似之处,而处于不同文化环境中的人们则在消费需求与购买行为等方面具有很大的差异。

2)亚文化

通常可以按民族、宗教、种族、地理等因素把消费者划分为不同的亚文化群体,每个群体的社会成员往往具有共同的价值观念、生活习俗和态度倾向。例如,东南亚佛教信徒较多,出游比较青睐佛教圣地类旅游景区。

3)社会阶层

社会阶层是指由具有相似社会经济地位、生活方式、价值观倾向和兴趣的人组成的群体和集团。可根据职业、收入来源、受教育的程度、财产数量、住房类型等可变因素,对人们在一定的社会经济结构中进行地位划分。不同阶层的人群在旅游消费内容、消费水准、消费偏好等方面存在着明显的区别。

2. 社会因素

经常影响消费者购买行为的相关群体有三类。

1)关系比较密切的相关群体

关系比较密切的相关群体,包括家庭成员、亲戚、朋友、同学、邻居、同事等。对消费者的旅游购买行为有深刻的、长期的影响。

2)关系一般的相关群体

关系一般的相关群体,包括各群众组织、社会团体、职业性协会等。受该团体中的各种规定的约束,成员气质、爱好相近,对某些特定旅游商品的态度和购买行为趋向一致。

3)无关系的相关群体

无关系的相关群体,包括受消费者欢迎和尊敬的明星、知名人士等。具有榜样的作用,其旅游消费行为会引起消费者的仿效,致使某旅游目的地的流行。

在消费品市场中,80%以上的购买活动是以家庭为中心开展的,家庭对消费者的购买行为和购买习惯的形成有重要影响。

老年人在中国家庭中有特殊的地位决定其在家庭购买决策中有着不可忽视的作用。老年人若文化素养较高,则在家庭购买决策中有较大的发言权,但随着年龄的增长实际购买能力下降,影响力也逐渐下降。

夫妻双方是家庭经济收入的主要来源,掌握着家庭经济权,对购买决策有着举足轻重的作用。

孩子在3岁以前,基本上各种商品的购买均由大人做主,但随着年龄的增长,购物决定意识逐渐增强,影响力也逐渐增大。

一个人一生中会担任许多角色,如一个男人会同时担任儿子、父亲、丈夫、公司经理等角色。在旅游消费选择时,往往会考虑自己的角色。每一种角色都有与之相对应的商品需求,例如,作为幼儿的父亲时,节假日会考虑去亲子度假地或者博物馆等场所,作为儿子,节假日会考虑待在家里陪双亲聊聊天,很少外出。

3. 个人因素

人们的消费与年龄、家庭生命周期有关。不同年龄段的人,对食物和服装等的需求是不同的。在不同生命周期阶段的家庭所需的旅游商品也是不同的。

家庭生命周期可划分为七个阶段:

1)单身阶段

单身阶段,一般是指年轻、独身,几乎没有经济负担,富有新观念的带头人。

他们有空闲时间,是新消费观念的带头人,是最具旅游潜力的群体,喜欢攀岩、探险、蹦极、背包游和自助游等新型旅游项目。

2)新婚阶段

新婚阶段,有空闲时间,购买力强,强调旅游中的浪漫气氛,享受二人世界,喜欢欣赏迷人的自然风光。

3)满巢阶段(Ⅰ)

满巢阶段(Ⅰ),一般指孩子6周岁以下的家庭,幼儿使家庭出行变得极为不便,即便出行也以短途短时旅游为主。

4)满巢阶段(Ⅱ)

满巢阶段(Ⅱ),一般指孩子6周岁以上的家庭,购买趋向理智型,受旅游广告等的刺激影响相对降低;热衷锻炼子女、教育子女类的旅游活动,多以主题公园、博物馆、纪念地、历史文化名城等为主,旅游方式多是全家出游。

5)满巢阶段(Ⅲ),指孩子已自立的家庭,该阶段重储蓄,购买冷静、理智;出游成员搭配比较灵活,旅游消费水平较高,购买能力较强。

6)空巢阶段

空巢阶段,收入较高,购买力达到高峰期,旅游娱乐及服务性消费支出增加,年迈以后多由子女安排外出旅游。

7)鳏寡阶段

鳏寡阶段,丧偶之后老人出游意愿较低,注重情感需要及安全保障。

一个人的职业也影响其消费模式。例如,文艺工作者一般喜欢标新立异、不落俗套、抽象、浪漫的旅游商品,是高档旅游消费品的主要消费群体。

经济状况好坏主要取决于可支配收入的水平、储蓄、资产、借贷能力、信贷习惯等。经济状况决定消费者能购买商品的种类和数量。如果某人有足够的可自由支配的收入和良好的信贷消费习惯,那么这个人可能是高档、时尚商品的购买者。

生活方式是一个人在生活中表现出来的活动、兴趣和观点的综合模式。来自同一社会阶层、同一亚文化群体,甚至同一职业的消费者,可能具有相同的生活方式,也可能具有不同的生活方式。

(三)购买情境因素

1. 旅游消费的风险性

1)风险性购买

风险性购买,即涉及购买金额较大、风险较高的旅游消费者购买。与短途旅游产品相比,购买远程旅游产品风险程度相对较高,购买者需花费较大的精力去收集尽可多的信息,并进行比较。

2)低风险性购买

低风险性购买指消费者对拟购买旅游产品有相当程度的了解,甚至有过亲身体验,因而该项购买基本上不存在风险。此时,几乎不用收集购买信息。

3)习惯性购买

习惯性购买,是指对自己经常购买并且开支不大的旅游产品,消费者往往会毫不犹豫地做出购买决策。做出购买决策主要是基于自己对该产品的了解,或者是基于自己过去使用该产品之后的满意度。

2. 旅游消费者的购买角色

家庭出游的购买决策很少由某一个家庭成员独立完成,通常都会有其他成员参与购买决策。其成员角色可分为五种:

1)提议者

提议者是全家成员中率先意识到有必要去满足某一出游意愿的那个人。他提出全家外出旅游的计划,并负责收集有关的信息。

2)影响者

影响者是在选择出游目的地方面提供推荐意见,并帮助收集有关信息,对购买决策会有一定的影响。

3)决策者

决策者是家庭中的权威人物,负责拍板决定该项购买。

4)购买者

购买者负责出面购买该旅游产品。

5)使用者

使用者是该项旅游产品的消费者。

二、组织消费者影响因素分析

组织购买会受到环境因素、组织因素、人际因素和个人因素等方面的影响。

(一)环境因素

环境因素是组织的外部环境,包括一个国家的经济前景、市场需求、技术发展变化、市场竞争、政治法律等情况。如果经济前景不佳,市场需求不振,组织购买者可能不仅不会增加投资,甚至会减少投资,降低采购量。

(二)组织因素

组织因素即组织本身的因素,包括企业的目标、政策、程序、组织结构、体制等。它们也会影响组织购买者的购买决策和购买行为。

(三)人际因素

组织的采购中心通常包括使用者、影响者、采购者、决定者和信息控制者,他们都参与购买决策过程。他们在组织中的地位、职权、说服力以及他们之间的相互关系也会影响产业购买者的购买决策和购买行为。

(四)个人因素

个人因素即各个参与者的年龄、收入、受教育程度、工作职位、个性、风险态度和文化等。这会影响参与者对要采购的用品及其供应商的感觉、看法,从而影响购买决策和购买行动。

阅读链接
组织采购中心的成员构成

案例分析

猫途鹰:全球旅行者行为调查

2016年10月25日,TripAdvisor(猫途鹰)发布了最新Trip Barometer全球旅行者调研结果,重点探究了在旅行规划和预定过程中影响旅行者行为的关键因素,揭示了六种旅行者类型和四种预订模式。该调查分析了全球36000余名旅行者的样本数据。

旅行者选择目的地最重要的三个因素分别是:文化、花费和气候。选择出行目的地的前五大影响因素包括:当地文化(31%)、住宿花费(22%)、天气(20%)、他人推荐(16%)和航班价格(16%)。

年轻的受访者更倾向根据他人推荐和价格选择目的地,而年长的受访者在选择目的地时更多是一种习惯性的选择,因为每年都会光顾某地而选择再次前往的比例达14%,高于18—34岁的受访群体(7%)。

根据受访者的旅行动机和决策行为,可分为六大类型:经济型、奢华型、社交型、独立型、研究型和习惯型。

经济型"充分利用假期",通常带孩子一起旅行,收入中等,主要年龄在25—34岁。他们格外看重猫途鹰、保姆服务和儿童俱乐部,且倾向于用智能手机做旅行规划。去海边度假是他们喜爱的方式之一。

奢华型"注重享受和消费",是拥有较高预算的高收入群体,常和伴侣一起出游。喜欢享受热情和阳光,预订酒店前会使用猫途鹰查看信息。海滩度假和城市观光受到他们的喜爱。

社交型"乐于与他人分享和互动",通常会选择与家人或朋友一起旅行,基本不会考虑独自出行,收入中上等,认为猫途鹰能够为他们提供新颖好玩的信息,且非常容易接受他人的推荐,并受口碑的影响。保姆服务,和儿童俱乐部受到有孩子家庭的青睐,而与朋友出游的群体更喜欢去海边度假。

独立型"走自己的路",喜欢独自旅行,完全由自己决定旅行中的一切安排。喜欢寻求冒险,重度依赖网络寻找各种体验。当地文化是选择目的地的重要因素,但气候对他们的影响不大。独立型旅行者的收入或高或低。

研究型"想要完美旅程",通常会花费很长时间研究目的地、当地活动、餐厅和酒店,从中找出最佳选择。愿意为特别的活动或体验花费额外的费用。高收入者,与伴侣一起旅行。

奢华型、社交型、独立型、研究型旅行者的年龄通常在25—49岁。习惯型"希望旅程简单轻松",倾向于多次去同一个目的地,因此用在做旅行规划上的时间很少。期望的旅行更多是放松,而不是玩乐,多为35-64岁的男士,收入偏低,且通常独自旅行。

根据受访者预订行为,可分为航班优先型、酒店优先型、综合考虑型和非常规型。

航班优先型(48%)旅行者首先预订航班并确定目的地,属于目的地导向型,多以体验目的地文化为主要旅行目的。

酒店优先型(29%)旅行者会首先根据价格预订酒店,再做其他计划,近半数此类预订者是安排周末短途旅行。

综合考虑型(10%)旅行者大多希望体验当地文化。关注目的地本身,也关注合适的价格。

非常规型(13%)旅行者做旅行规划的时间较短,很快就定好行程,大多数是商务和经验丰富的旅行者,且更倾向于多次前往同一个目的地。

年龄、性别及旅程的长短影响旅行者的决策时间。

55岁以上的旅行者通常在旅行出发前四个月就开始预订了,其中25%的人用一到两天做规划并进行预定。

18—34岁的旅行者倾向于晚一点才开始做旅行规划,其中只有15%的人会在一到两天之内就进行预定。男性旅行者做规划的时间通常比女性短,仅用一到两天做旅行规划的男性占24%,女性仅有14%,超过28%的女性会花超过一个月的时间做旅行规划。

(资料来源:《猫途鹰:全球旅行者最新行为调查数据报告》,迈点网。)

思考题:根据以上材料,旅行者的行为会受到哪些因素的影响?与消费者年龄有何关系?

任务三 旅游消费者购买行为分析

一、个体消费者购买行为分析

(一)购买决策的一般模式与行为选择模型

1. 消费者购买决策的一般模式

人类行为的一般模式是刺激—反应模式,简称 S-O-R(Stimulus 刺激-Organism 机体-Response 反应)模式,即"刺激—个体生理、心理—反应"。该模式表明消费者的购买行为是由刺激所引起的,这种刺激来自外部因素、消费者自身以及购买的情景,这些刺激对消费者的生理、心理产生影响,从而做出反应。行为主义心理学认为,人的行为是外部刺激作用的结果。行为是刺激的反应,当行为的结果能满足人们的需求时,人们就会倾向于行为"重复"。

2. 科特勒行为选择模型

菲利普·科特勒认为,消费者购买行为的反应受到营销和外部因素两方面的影响。而不同特征的消费者会产生不同的心理活动,消费者的决策过程,导致了一定的购买决定,最终形成了消费者对产品、品牌、经销商、购买时机、购买数量的选择(见图 4-1)。

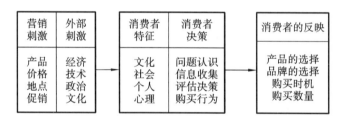

图 4-1 科特勒行为选择模型

(二)个体消费者购买决策过程

旅游消费者在各种因素的刺激下产生旅游动机,进而产生旅游需求,然后开始收集、筛选旅游产品信息,做出购买决策,实施购买,购后对旅游产品及其相关渠道做出评价,这样就完成了一次完整的购买决策过程。

在某种意义上,购买的过程就是旅游消费者不断进行决策的过程。典型的旅游消费者购买决策过程可以分为五个步骤,即认知需求—收集信息—判断评估—购买决策—购后行为(见图 4-2)。

图 4-2 旅游消费者购买决策过程

1. 认知需求

认知需求是旅游消费购买决策过程的开始,这种旅游需要可能是由内在的生理活动引起的,也可能是受到外界的某种刺激引起的。例如,看到某地的旅游广告而心生向往。

2. 收集信息

一般,旅游消费者可以从个人、商业、公共和经验方面收集信息。

1)个人方面

来自家庭、亲友、邻居、同事等个人方面的旅游信息可信度高,对旅游消费者的影响力最大,旅游消费者对其信任度最高,通常通过口碑效应进行传播。

2)商业方面

商业方面的旅游信息来源包括旅游广告、旅游推销员、旅游分销商等,且具有较强的诱导性或产品说明性,是旅游消费者信息的主要来源。

3)公共方面

公共方面的旅游信息包括旅游网站游客的游记、网络点评、照片和短视频等用户生成内容以及来自各大媒体的客观报道和消费者组织提供的有关信息,具有很强的导向作用。

4)经验方面

经验方面信息指旅游消费者从自己和亲友使用旅游产品过程中得到和积累的经验信息。

旅游营销者要弄清旅游消费者获取信息的来源及其作用程度,从而及时、准确、有效地向目标市场传递信息,促进旅游消费。

3. 判断评估

消费者还要对旅游产品的类别、品牌、价格、服务等信息进行分析、评估和选择。

针对判断评估,营销者需要注意以下几点:

第一,旅游产品性能是消费者所考虑的首要问题;

第二,不同消费者对旅游产品的性能重视程度不同,评估标准也不同;

第三,多数消费者的评选过程是将旅游产品同自己理想中的产品相比较。

另外,由于消费结构的不同,消费者对产品信息的比较结果会有较大的差异。

4. 购买决策

通过评价和选择后,旅游消费者形成对旅游产品的偏好和购买的意向,然后做出购买决策。市场行情新动向、他人的态度、接待人员的技巧等因素也会影响旅游消费者更换产品、改变计划或推迟计划等。

5. 购后行为

购后行为包括消费评价和重游意愿两个方面。旅游消费者通过自己与他人的体验和评判,产生满意、基本满意或不满意等感受,并对产品做出评价。满意程度与评价直接影响消费者的重游意愿和态度,推荐给其他旅游消费者后,形成连锁效应。

总之,研究和掌握旅游消费者的购买决策过程是市场营销成功的基础。有助于帮助旅游市场营销者获得满足旅游消费者需要的有用线索,制订有效的旅游市场营销计划。

二、组织消费者购买行为分析

组织消费者的购买行为和购买决策过程比个体消费者的要复杂得多。因为组织消费者的每一次购买都有一系列的购买决策。

(一) 组织消费者的购买类型

1. 直接重购

直接重购指组织的采购部门或采购中心根据过去和供应商打交道的经验,直接跟以往供应商重新订购以前采购过的同类产品。这种惯例性的购买,很简单,决策也最少。

因此,入选过的供应商应尽力保持产品质量和服务质量,并采取有效措施来提高采购者的满意度。未入选过的供应商要试图提供新产品或开展某种令顾客满意的新服务,以使采购者考虑从该供应商那里购买产品,或者设法先取得一部分供货权,之后逐步争取更多的订货份额。

2. 修正重购

修正重购指组织的采购部门为了更好地完成采购工作任务,部分改变要采购的某些产品的规格、价格等条件或供应商。这种购买比较复杂,参与购买决策的人较多,也给入选的供应商造成了威胁,给以往未入选的供货商提供了机会。这时,所有的企业都要加强沟通和促销的力度,争取成为供货商。

3. 全新采购

全新采购指组织第一次采购某种产品。新购的成本费用越高、风险越大,需要参与购买决策的人数和需要掌握的市场信息就越多。这种购买最复杂,要做出的购买决策最多,如产品规格、价格幅度、交货条件和时间、服务条件、支付条件、订购数量、可接受的供应商和选定的供应商等。因此,供货企业要派出精锐的推销小组,向顾客提供市场信息,帮助顾客解决疑难问题。

(二) 组织消费者的决策过程

供货商要熟悉组织消费者购买过程及各个阶段的情况,并采取适当措施满足顾客需要,才可能成为现实的供货商。组织消费者在购买过程中经历阶段的多少,取决于其购买行为的复杂程度。

全新采购要经过认识需要、确定需要、说明需要、物色供应商、征求建议、选择供应商、选择订货程序和评估合同履行八个阶段。直接重构只需要经过说明需要和评估合同履行两个阶段,修正重购必须要经过说明需要和评估合同履行两个阶段,有的可能还要经过其他六个阶段。

1. 认识需要

在全新购买和修正重购情况下,购买是从组织认识到要购买某种产品以满足企业的某种需要开始的。

认识需要来自内外两种刺激:

(1) 内部刺激。如企业生产需要更换供应商。

(2)外部刺激。如采购人员发现了更物美价廉的产品。

2. 确定需要

确定需要即确定所需品种的特征和数量。标准品种容易确定,复杂品种则需要采购人员、使用者、工程师等共同研究确定。此时,供货商营销人员要帮助采购商确定所需品种的特征和数量。

3. 说明需要

组织需要确定以后,要指定专家小组对所需品种进行价值分析。分析是为了投入最少的资源,取得最大的功效,以提高经营效益。

组织采购员进行价值分析,是调查研究本组织要采购的产品是否具备必要的功能。组织消费者专家小组对所需品种进行价值分析,并写出文字精练的技术说明,作为采购人员评判及取舍的标准。供货企业的市场营销人员进行价值分析,是为了向顾客说明其产品有良好的功能。

4. 物色供应商

在全新购买情况下,采购复杂的、价值高的品种,需要花较多时间物色供应商。供货企业也会想尽方法提高本公司的知名度和美誉度。

5. 征求建议

征求建议即组织消费者的采购经理邀请合格的供应商提出建议。如果采购复杂的、价值高的品种,采购经理应要求每个潜在的供应商都提交详细的书面建议。因此,供货企业的营销人员必须善于提交别出新意的建议书,以获得客户的信任,争取成交。

6. 选择供应商

选择供应商通常有传统做法、供应商营销两类做法。

1) 传统做法

采购中心根据供应商的产品质量、产品价格、信誉、经营灵活性、及时交货能力、技术服务情况等来评价和选择最有吸引力的供应商。采购中心在做最后决定以前,往往还要和那些比较中意的供应商谈判,争取较低的价格和更好的条件。最后,采购中心选定一个或几个供应商。许多精明的采购经理倾向于保留多个供应来源,以免受制于人,而且这样能对多个供应商进行比较。

2) 供应商营销

供应商营销包括确定严格的技术水平、财务状况、创新能力、商业信誉、质量观念等资格标准以选择优秀的供应商;争取那些效益优秀的供应商,使其成为自己的合作伙伴。因这种市场营销活动与产品流动方向是相反的,故也称为"逆向营销"。

7. 选择订货程序

选择订货程序即采购经理开订货单给选定的供应商,在订货单上列出技术说明、需要的数量、期望的交货期等。越来越多的组织倾向于签订一揽子合同,而不是定期采购。

供应商签订一揽子合同,与之建立长期供货关系,供应商承诺当有采购需要时即按照原来约定的价格和条件随时供货。这样,采购方就没有库存压力。因此一揽子合同又叫无库存采购计划。

8. 评估合同履行

采购经理最后还要向使用者征求意见,了解产品使用情况,检查和评价供应商合同的履行情况,并将其作为是否继续采购的主要依据。

(三)旅游中间商的购买类型与决策

旅游中间商的购买行为与购买决策同样受到环境因素、组织因素、和个人因素的影响。但旅游中间商的购买类型与决策有一些独特之处。

1.旅游中间商购买行为的主要类型

1)购买全新品种

购买全新品种即旅游中间商购买某种从未采购过的新品种。此时,拟购产品市场前景、买主需求强度、产品获利的可能性等都是影响购买的关键因素。

购买决策过程与组织全新购买一样包含从由认识需要到评估合同履行等八个阶段。

(1)选择最佳供货商。

当旅游中间商计划用自己的品牌销售产品或由于自身条件限制只能选择某一部分供应商的产品时,需要选出最优者作为供应商。

(2)寻求更优服务和条件。

寻求更优服务和条件即旅游中间商并不想更换供应商,但试图从原有供应商那里获得更为有利的供货条件,如更及时的供货、更合适的价格、更积极的广告支持与促销合作等。

2.旅游中间商的主要购买决策

旅游中间商的主要购买决策包括配货决策、供应商组合决策和供货条件决策。

1)配货决策

配货决策是指旅游中间商的产品组合决策,它是最基本、最重要的购买决策,会影响到供应商组合决策、旅游中间商的市场营销组合和顾客组合决策。

旅游中间商的配货战略主要有四种:

(1)独家配货,即旅游中间商决定只经营某一家供货商的旅游产品。

(2)专深配货,即旅游中间商决定经营许多家供货商生产的同类各种型号规格的旅游产品。

(3)广泛配货,即旅游中间商决定经营种类繁多、范围广,但尚未超出行业界限的旅游产品。

(4)杂乱配货,即旅游中间商决定经营范围广且没有关联的多种旅游产品。

2)供应商组合决策

供应商组合决策是指决定与那些供应商从事交换活动的决策。

3)供货条件决策

供货条件决策是指决定具体采购所要求的价格、交货期、相关服务及其他交易条件。

(四)政府购买行为与决策

政府采购行为在采购人、政府采购机构、招标代理机构和供应商方面都有一定的特殊性。

1. 采购人

采购人是指使用财政性资金采购物资或服务的国家机关、事业单位或其他社会组织。采用的资金是政府的财政资金,政府财政部门是政府采购的主管部门,负责管理和监督政府采购活动。采购必须严格遵循的采购报批审核制度、资金预算决算制度等。

2. 政府采购机构

政府采购机构是指政府设立的负责本级财政性资金采购和招标组织工作的专门机构。

3. 招标代理机构

招标代理机构是指依法取得招标代理资格,从事招标业务的社会中介组织。

4. 供应商

供应人是指与采购人可能签订或者已经签订采购合同的供应商或承包商,供应商或承包商有可能是个人或者组织。

案例分析

在线点评如何影响旅行者的决策?

在 2019 年,全球旅游规划和预订平台猫途鹰(Trip advisor)与 MORI 市场研究公司联合调查了来自全球 12 个区域市场的 2.3 万多名猫途鹰用户的在线点评使用情况,以及猫途鹰在用户预订酒店、餐厅和景点时发挥的作用。

调查结果显示:

1. 可靠、准确的点评引导旅行者做出旅行决策

"群体的智慧"仍是受访者访问猫途鹰的重要因素。针对酒店、餐厅和景点的点评,有超过 85% 的受访者表示,他们在猫途鹰平台阅读到的点评准确地反映了他们的体验;86% 的受访者认为,猫途鹰平台的点评内容让他们在做出预订决策时更加有信心。

2. 旅行者分享的点评可信度高

来自旅行者的点评是用户计划旅行的重要的信息来源之一。72% 的受访者总是或经常在阅读点评内容之后才确定旅行的酒店、饮食及游览线路。81% 的受访者在预订酒店之前总是或经常阅读点评;79% 的猫途鹰用户表示,当比较两家相似的酒店时,他们更有可能预订用户综合评分高的酒店;超过一半(52%)的用户表示不会预订没有任何点评的酒店。

3. 旅行者高度重视点评的时效性

点评的时效性是受访者在研究旅行计划时最重视的内容,他们希望阅读的点评内容是来自其他旅行者的新鲜观点,78% 的受访者表示会关注最新的点评内容。

4. "分享旅行美好体验"是旅行者撰写点评的主要动机

猫途鹰不仅仅是用户表达不满的平台。当被问及分享点评和旅行故事的主要动机时,87% 的受访者表示他们"想与其他旅行者分享自己旅行中的美妙体验";猫途鹰平台 2018 年的全球平均旅行者评分为 4.22 分(满分 5 分),也进一步支持了这个调查发现。

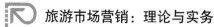

"猫途鹰对点评内容有最少字数限制和真实照片的要求,旅行者可以与更多人分享他们的故事,让猫途鹰平台的点评成为旅行规划中的真正向导。"

(资料来源:《猫途鹰最新研究:在线点评如何影响旅行者的决策?》旅讯网:https://www.travelweekly-china.com/76375? ct=。)

思考题:在线点评如何影响旅行者的决策?

 关键概念

消费市场　个体消费者　组织消费者　旅游消费行为　购买动机
内在驱动因素　帕洛格分类　外在驱动因素　购买情景因素
购买决策的一般模式　科特勒行为选择模型　个体消费者购买决策
组织消费者购买类型　组织消费者购买决策　旅游中间商购买类型
旅游中间商购买决策　政府采购行为与决策

 一、思考题

1. 简述影响个体消费者购买行为的主要因素。
2. 简述影响组织消费者购买行为的主要因素。
3. 简述家庭生命周期不同阶段的购买特点。
4. 简述旅游消费行为的特点。
5. 论述社会环境对个体消费者和组织消费者购买行为的影响。
6. 简述消费者的购买决策过程,通过个人旅游消费过程,进行举例说明。
7. 简述旅游消费行为的研究内容。
8. 个体消费者刺激—反应模型包括哪些构成部分?试用旅游个人消费行为加以说明。
9. 比较个体消费者与组织消费者的影响因素。
10. 比较个体消费者与组织消费者的购买决策过程。

 二、能力训练

1. 请以你或你家最近的一次旅游购买活动为例,分析购买该旅游产品的心路历程,写一篇不少于400字的分析报告。

目的:掌握个体消费者购买的影响因素、购买类型与购买决策过程。

要求:熟悉个体消费者购买的影响因素、购买类型与购买决策过程,并能撰写实践分析报告。

2. 红星旅行社是一家专业从事大学生旅游服务的公司,主要服务于各大城市的大

学城,因为大学城学生集中,出游需求类似,有些大学城离城市中心区较远,到机场、车站、码头有公交车但是在节假日异常拥挤。对于学生一族来说叫出租车或者专车的价格又偏高。红星旅行社拟满足大学城学生的旅行需求。为大学生们提供优质的产品和服务,因此企业需要一份在校大学生的旅游消费与旅行分析报告,为制定相关产品与开发策略提供参考依据。

任务:各小组自选大学城收集资料,并进行大学生旅游消费行为分析,写出分析报告并在全班交流。

项目五
旅游市场营销战略

项目目标

知识目标:1.理解旅游市场细分的理论依据、标准和方法。
2.掌握旅游目标市场选择的策略、过程。
3.掌握旅游目标市场营销战略及其影响因素。
4.掌握旅游市场定位的方式、步骤与战略。
能力目标:1.培养旅游市场细分的分析能力。
2.培养选择目标市场的能力。
3.培养市场定位的能力。
素质目标:通过学习,培养学生在旅游市场细分、选出合适旅游目标市场、进行准确的旅游市场定位方面的能力与素质。

项目任务

1.对所在地某旅游企业进行市场调研,收集其旅游市场细分的依据、标准和方法,为其制定旅游市场细分优化方案。
2.在旅游市场细分的基础上,为所选企业选择目标市场,确定目标市场策略,撰写目标市场选择意向书。
3.在目标市场选择的基础上,根据市场定位的原则、步骤、方法和定位策略,为所选企业确定市场定位。

案例导入

携程在亲子游市场上开展"深耕细作"

2013年,随着明星亲子真人秀《爸爸去哪儿》的连锁效应已经波及拍摄目的地、景点、旅行社等旅游市场。携程旅行网迅速与湖南卫视达成合作,成为《爸爸去哪儿》"亲子旅行合作伙伴",上线多条包括在节目中出现的滑沙、观赏天鹅湖、入住彝族乡村客栈等元素在内的亲子旅游产品线路,践行"跟着节目去旅行"。借此推出的《爸爸去哪儿》系列亲子旅游产品,携程把亲子游作为一个重要的旅游主题和细分市场,依托携程的用户群体和利用线下旅行社不具备的网络传播优势,通过产品与服务创新深入开发亲子游市场。

由于新冠肺炎疫情的影响,国内旅游行业发生了变化,短途周边游成为游客选择的主流,短途亲子乐园也迎来了新的增长机会。2020年6月29日,携程联合融创文旅打造以"快乐从这一夏开启"为主题的携程旅游超级品牌日融创文旅专场活动。活动覆盖了成都、广州、无锡、合肥、昆明、南昌、青岛、西双版纳、哈尔滨9个城市的融创乐园、海世界、水世界、雪世界,提供诸多夏日新鲜玩法,同时在价格上最低达到了4.3折。

2020年7月2日,融创文旅集团跃居携程全国景区票量第一名,较去年同期日均票量增长了336%。可见,携程连同融创文旅,深耕短途亲子客群,多业态联动运营,抢占到了更大的市场占有率。同时,携程全球玩乐平台正在不断加强与景区的合作,在最大程度上控制服务质量,降低成本,加上7天×24小时的客服支持,让游客享受到实惠的价格、优质的服务。

(资料来源:根据网络资料整理而成。)

任务一 掌握旅游市场细分的方法

一、旅游市场细分内涵

(一)旅游市场细分的概念

1956年,美国市场营销学家温德尔·R.史密斯(Wendell R. Smith),首次提出市场细分的概念。

市场细分是指企业根据选定的标准或因素,将一个错综复杂的异质市场划分成若干个具有相同或相似需求的同质市场,进而确定企业目标市场的活动过程。它可以使企业有效地分配和使用有限资源,进行各种有意义的营销活动,并向市场提供独特的服务、产品及相关的营销组合。

理论上,还存在无市场细分和完全市场细分两种极端方式。

无市场细分是忽视消费需求差异,不对市场进行任何划分。

完全市场细分是指将市场中的每一位消费者都划分为一个独立的子市场,根据每位消费者的不同需求生产产品。

理论上讲,只有一些小规模的市场才能进行完全的市场细分,但这对企业而言是不经济的。完全市场细分是"定制旅游"兴起和发展的基础。

旅游市场细分是旅游营销者根据游客在人员特征、需要、利益追求、购买习惯等方面的差异,将整体市场划分为若干不同消费者群体的过程。每一个独立的旅游消费者群体就是一个旅游细分市场。一个旅游细分市场内部的旅游消费者之间在需求、欲望、消费习惯等方面具有相似性。不同细分市场之间消费者在需求、欲望和对营销因素的反应等方面都具有明显差异。

(二)旅游市场细分的必要性

旅游营销者面对的是成千上万的消费者,他们的需要和欲望是千差万别且不断变化的。面对这样庞大的旅游市场,鉴于市场需求的差异性、企业资源的有限性、企业经营的择优性,没有哪个目的地或企业能满足全部消费者的需要。因此,有必要将旅游消费者市场依据不同的消费特点细分为若干个群体,将需求基本相同的消费者看作一个细分市场。以便于掌握不同旅游消费群体特征,这对开拓旅游市场、开发旅游资源、研发旅游产品等具有十分重要的意义。

(三)旅游市场细分的作用

1. 有利于旅游企业寻找新的市场机会,选择合适的目标市场

受社会文化环境、地理因素、个性、价值观念、收入水平等因素的影响,旅游者对旅游产品的品种、数量、价格和服务有着不同的需求与偏好,旅游市场具有十分鲜明且仍在发展的异质特征。通过市场细分,旅游企业可以对每一个细分市场的购买潜力、满足程度、竞争等情况进行对比分析,找出新的有利的市场机会。这要求旅游企业要对市场机会与自身实力进行比较和评估,从而选择合适的目标市场。

旅游市场机会的大小必须与旅游企业自身的经营实力相匹配。否则难以形成自身的竞争优势,满足旅游企业的生存与发展需要。

2. 有利于旅游企业针对性地研发产品或服务

旅游企业选出适合自己的目标市场后,根据旅游消费者的需求特点,有针对性地研发旅游新产品或旅游服务,满足旅游消费者的需求。旅游消费者的需求是在不断变化的,旅游企业还要针对旅游消费者的需求变化对旅游产品或服务做出调整。

3. 有利于旅游企业开展针对性的营销

第一,细分的旅游市场比较具体,比较容易了解旅游消费者的旅游消费行为、购买习惯等信息,旅游企业可以集中人、财、物及资源进入自己的目标市场,制定灵活的营销策略和竞争策略。

第二,在细分的旅游市场上,信息能够得到及时反馈,一旦旅游消费者的需求和旅游市场格局发生了变化,旅游企业可以迅速调整其营销策略和竞争策略。

二、旅游市场细分的标准和原则

(一)旅游市场细分的标准

旅游市场细分的标准即用以进行市场细分的有关变量,如地理区域、人口统计、旅游消费者心理和行为等变量,它们是市场进行细分的依据。

旅游企业可根据单个因素或多个因素对市场进行细分,选用的市场细分标准越单一,细分出来的子市场就越少,每一个子市场的容量就越大;相反,选用的市场细分标准越多,细分出来的子市场就越多,每一个子市场的容量就越小。

1. 根据地理区域变量细分

旅游企业按照综合地理区域、客源地与旅游目的地的空间距离、自然地理、气候条件、人口密度、经济地理环境等变量细分旅游市场。

1）综合地理区域

综合地理区域是依据旅游客源地与旅游目的地之间自然环境差异进行旅游市场细分的标准。如，依据国境范围可细分为国际旅游市场、国内旅游市场。

2）客源地与旅游目的地的空间距离

依据客源地与旅游目的地的空间距离可将旅游市场细分为近程旅游市场、中程旅游市场和远程旅游市场。也可以分为省内市场、周边省市市场和远距离省市市场。

3）自然地理

依据自然地理可将旅游市场细分为高山、海岸、沙漠、森林、草原等旅游市场。

4）气候条件

依据气候条件可将旅游市场细分为热带、亚热带、温带和寒带等旅游区。同时，由于气温的差异，加上自然地理和气候条件的差异，产生了夏季避暑旅游市场和冬季避寒旅游市场。

5）人口密度

根据人口密度可将旅游市场细分为都市旅游市场、郊区旅游市场和乡村旅游市场。长期生活在人口密度较大的都市地区的人们易于对人口密度小的郊区旅游市场、乡村旅游市场产生兴趣；反之，长期生活在人口密度较小的郊区、乡村地区的人们易于对人口密度大的都市旅游市场产生兴趣。一般，人口多、密度大、空间小的地区由于生活节奏或压力更大，外出旅游的需求更强烈。

6）经济地理环境

依据经济地理环境可将旅游市场细分为经济发达地区旅游市场、发展中地区旅游市场与欠发达地区旅游市场。

2. 根据人口统计变量细分

人口统计变量是指人的性别、年龄、健康状况、职业、婚姻、文化水平、收入、社会阶层、国籍、种族和宗教等变量，旅游需求与人口统计学变量密切相关，这些因素具有容易衡量和获取的特点，因此常被作为市场细分的重要依据。

1）根据年龄结构划分

根据旅游者的年龄结构可分为儿童旅游市场、青年旅游市场、中年旅游市场和老年旅游市场。在不同的年龄阶段，由于生理、性格、爱好的变化，旅游消费者在时间、收入、旅游经验等方面具有较大的差异，对旅游产品的需求往往有很大的差别（见表5-1）

表5-1 各年龄段旅游市场特点

市　　场	特　　点
儿童旅游市场	需要家人陪伴；热衷选择教育性强、娱乐性强、能扩大视野的旅游项目；十分注重食宿卫生与安全保障
青年旅游市场	空闲时间较多，经济负担较小，旅游愿望强烈；精力旺盛，标新立异，喜欢刺激、新奇、冒险、时尚的旅游产品；流行自助游、背包游等
中年旅游市场	旅游经验较丰富，头脑冷静理智，不易受外界因素的影响；生活富裕，旅游潜力大；商务旅游、度假旅游、短途旅游居多；旅游消费水平较高，逗留时间一般较短

续表

市　　场	特　　点
老年旅游市场	时间充足、收入稳定、旅游可能性很大；拥有怀旧情结，喜欢运动量小的活动，对价格敏感度较高，尽量安排游程节奏缓慢、品牌熟悉度高、性价比高的观光型旅游

2）根据性别划分

根据性别，旅游市场可划分为男性旅游市场和女性旅游市场。男性和女性在旅游产品需求与偏好上有很大不同。

3）根据家庭生命周期划分

依据家庭生命周期，旅游市场可分为单身阶段、新婚阶段、满巢阶段、空巢阶段和鳏寡阶段旅游市场。其中满巢阶段又可以细分为满巢阶段（Ⅰ）、满巢阶段（Ⅱ）、满巢阶段（Ⅲ）。家庭是社会的细胞，也是消费的基本单位，在不同阶段，家庭购买力、家庭人员对旅游产品的兴趣与偏好会有较大差别。

4）根据收入水平划分

依据收入水平，可将旅游市场划分为高收入者旅游市场、中等收入者旅游市场和低收入者旅游市场。收入水平不仅影响旅游消费者购买旅游产品的品质，还会影响其购买行为和购买习惯。一般，收入水平较高的旅游者出游的距离较远，旅游时间较长，消费也较高。

5）依据职业划分

依据职业，可将旅游市场划分为专业人员和技术人员旅游市场、管理人员旅游市场、公司职员旅游市场、农民旅游市场、学生旅游市场、自由职业者旅游市场、失业者旅游市场等。从事不同职业的人由于职业特点及收入的不同，其消费需求差异也很大。

6）根据受教育程度划分

依据旅游者受教育程度，可将旅游市场分为研究生旅游市场、大学生旅游市场、中学生旅游市场、小学生旅游市场等。受教育程度对旅游消费者个人兴趣、生活方式、文化素养、价值观念、审美偏爱等方面都会有较大影响，从而对其旅游产品的需求、购买行为及购买习惯产生影响。

3. 根据心理变量细分

心理变量是指旅游者的生活方式、性格、心理价值倾向和个性等。它们能提供更深刻的信息，以理解旅游消费者的行为，制定合理的营销策略。

1）根据生活方式细分

生活方式是指个人的活动兴趣、态度模式等，它影响人们对旅游产品的兴趣和态度。

结合旅游消费者的生活方式和个性特征，可将旅游市场细分为舒适安宁型、活跃开放型、探险猎奇型、历史考究型、观光旅游型、宗教朝圣型、观念超前型等旅游市场。

依据生活开放程度可分为保守型和自由型的旅游市场。

依据价值取向可分为奋发型和颓废型的旅游市场。

阅读链接

中国老年消费者的特征

阅读链接

高端酒店里的女性专用楼层

依据个人与社会的关系可分为进步的和守旧的旅游市场。

2）根据性格细分

性格是一个人对现实的稳定态度和习惯化了的行为方式。它包括个人的心理活动倾向、心理价值观倾向和个性等。

根据旅游消费者心理活动倾向，可以把旅游者划分为内向型和外向型的旅游者。

（1）内向型旅游者。

内向型旅游者由于性格沉稳，处事谨慎，不太适应不熟悉的环境和新事物，一般喜欢和亲友一同出游。旅游节目应是轻松、舒缓、安全的。旅游过程中关注细节问题，对此类旅游者，提供详细的旅游说明是很必要的。

（2）外向型旅游者。

外向型旅游者通常活泼开朗，能迅速适应环境，快速地结交朋友，对新鲜事物感兴趣，不喜欢按部就班的旅游，喜欢有自己自由活动的时间。对此类旅游者，在旅游合同中预留一定的弹性和退改空间是很重要的，以防这类旅游者对所定旅游线路不满而做更改或退定。

3）根据心理价值观倾向细分

根据心理价值观倾向，可以把旅游者划分为习惯型、理智型、冲动型、想象型、时髦型与节俭型（见表 5-2）。

表 5-2　不同心理价值观倾向的旅游消费需求特点

性　　格	旅游消费需求特点
习惯型	偏爱某些熟悉与信任的旅游产品。购买定向性强，且反复购买，不太受时尚流行的影响
理智型	理智冷静，不易被外来因素左右，注重了解和比较旅游产品的性价比，对旅游活动预先计划周密，行程安排得当
冲动型	容易受促销的刺激和购物环境的影响；购买前并没有明确目标，从个人兴趣出发，追求新的旅游产品
想象型	感情丰富，购物过程易受感情因素的影响；注重旅游产品的美学价值和旅游过程中的审美体验
时髦型	易受相关群体、流行时尚的影响；喜欢显示身份和凸显个性的旅游方式；喜欢新颖、冒险、时尚的旅游产品
节俭型	对价格敏感度较高；喜欢性价比高的旅游产品；购买时会货比三家

4）根据个性细分

个性是由多层次、多侧面的心理特征结合构成的个人的整体性精神面貌，不同个性的旅游者具有不同的旅游消费需求特点（见表 5-3）。

表 5-3　不同个性的旅游者消费需求特点

个　　性	旅游消费需求特点
急躁型	旅游消费比较冲动；喜欢新奇的、场面热闹且富于挑战性的旅游活动；旅游接待时要敏捷迅速，不与之争辩，在适当时候应提醒他们不要遗落行李物品

续表

个 性	旅游消费需求特点
活泼型	喜欢变化大、花样多、参与性强的旅游活动。旅游接待时要办事迅速、说话简捷，尽可能主动交往、主动介绍
稳重型	喜欢环境清幽雅致、节奏舒缓、日程安排周详的旅游活动。旅游接待时语速要适当放慢，重点之处重复一下，但不宜过多主动交谈，切勿催促
沉静型	喜欢有深刻文化内涵和表现手法细腻的旅游产品，不喜过于喧闹、激烈的旅游活动。旅游接待时要有耐心，多加关照

4. 根据行为变量细分

根据行为变量细分是旅游企业按照旅游者对产品的了解程度、态度、反应等行为对旅游市场进行细分。行为变量包括旅游目的、追求的利益、购买时间、购买方式、待购状态，以及出游者的情况、态度、出游次数、忠诚程度等，行为因素是细分市场的重要标准，随着经济的发展，这一标准的重要性显得愈发重要。

1）根据旅游目的细分

根据旅游目的，可将旅游市场分为观光、度假、休闲、商务、购物、会议、探亲、访友、宗教、探险、游学、体育等旅游细分市场。

2）根据追求的利益细分

根据追求的利益，可将旅游市场分为追求经济实惠、追求时髦、追求安全、追求刺激、追求新奇、追求豪华、追求健康等旅游细分市场。

3）根据购买时间、方式细分

根据购买时间、方式可将旅游市场分为日常购买、特别购买、节日购买、规则购买、不规则购买等旅游细分市场。

4）根据营销因素的敏感度细分

根据营销因素的敏感度，可将旅游市场分为对服务敏感、对广告敏感、对价格敏感等旅游细分市场。

5）根据待购状态细分

根据待购状态，可将旅游市场分为不知晓者、感兴趣者、计划出游者等旅游细分市场。

6）根据出游者情况细分

根据出游者情况，可将旅游市场分为从未旅游者、曾经旅游者、潜在旅游者、初次旅游者、经常旅游者等旅游细分市场。

7）根据态度细分

根据态度可将旅游市场分为狂热、喜欢、无所谓、不喜欢、敌视旅游者等旅游细分市场。

8）根据出游次数细分

根据出游次数，可将旅游市场细分为旅游者、中度旅游者、大量旅游者等旅游细分市场。

9）根据忠诚程度细分

根据忠诚程度，可将旅游市场细分为完全忠诚者、适度忠诚者、无品牌忠诚者等旅游细分市场。

10) 根据购买时机细分

根据购买时机,可将旅游市场细分为旅游淡季、旅游旺季、旅游平季等旅游细分市场。

11) 根据购买方式细分

根据购买方式可分为团体旅游市场和散客旅游市场。

(二) 旅游市场细分的原则

旅游市场细分的依据很多,根据不同的需要可以选择不同的细分标准进行细分,但需要注意以下原则:

1. 旅游市场细分标准和旅游细分市场具有可识别性(identifiability)

要求旅游市场细分标准要清晰、可识别,细分后的子市场之间具有显著的差异性,子市场内部的消费者之间具有清晰的共同特点,对某一旅游产品或服务有相同的利益追求。

2. 旅游细分市场具有可测性(measurable)

要求细分后的子市场要能够测量和评估其人群规模和购买潜力,这样才有利于旅游企业调整经营目标和营销策略,满足细分市场的需要。

3. 旅游细分市场具有规模性(substantial)

要求细分后的子市场要有足够大的规模,能够为旅游企业带来足够大或令人满意的投资回报,以支持旅游企业的生存和发展。

4. 旅游细分市场具有可影响性(accessible)

要求细分后的子市场能够通过营销传播和销售活动有效地对该人群施加影响。

5. 旅游细分市场具有持久性(durable)

要求细分后的子市场具有稳定性和持久性,具备长期的发展潜力。

6. 旅游细分市场具有内聚性(cohesion)

要求细分后的子市场在人群特征上能够清楚识别,相对独立。

此外,在旅游市场细分的过程中,旅游企业应根据本单位的具体情况,选用真正具有实际意义的市场细分依据进行细分,不宜机械地照搬其他单位的细分依据或经验。旅游市场细分工作的有效开展,往往都是将多项依据结合起来使用,很少是单独使用某一项依据。且对于所采用的市场细分依据,需注意根据环境的变化情况进行适时修订。

三、旅游市场细分的方式

(一) 单一变量细分法

单一变量细分法,即从与旅游者需求差异紧密相关的多种变量中,选出最重要的一个变量因素,并据其对旅游市场进行细分。如旅游主题公园的很多刺激性游乐设施按照1.2米的身高做市场细分。

(二) 综合变量细分法

综合变量细分法,即从与旅游者需求差异紧密相关的多种变量中,选出最重要的两

阅读链接

文化深度游和露营消费热

种及两种以上的变量,并据其对旅游市场进行细分。如采用收入、年龄等因素将旅游市场进行细分。

(三)系列变量细分法

考虑与旅游者需求差异相关的各种因素,各因素之间在内涵上有从属关系,因此,将旅游市场按照由大到小、由粗到细的顺序依次进行细分的方法称为系列因素细分法(见图5-1)。

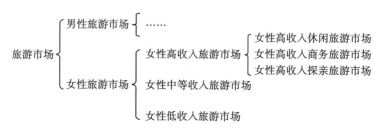

图 5-1　旅游市场系列变量细分法示意图

(资料来源:陈国柱《旅游市场营销学》,天津大学出版社。)

例如可依据"性别—收入—动机"等标准对旅游市场依次进行细分。依次可以分为男性旅游市场和女性旅游市场;结合收入,可将女性市场分为女性高收入旅游市场、女性中等收入旅游市场和女性低收入旅游市场;进一步结合动机,可将女性高收入旅游市场分为女性高收入休闲旅游市场、女性高收入商务旅游市场和女性高收入探亲旅游市场等。

(四)主导因素排列法

当一个市场的细分存在众多影响因素时,可从消费者的特征中寻找和确定主导因素,然后与其他因素有机地集合起来,对市场进行细分。如节假日时间的长短和旅游消费者收入的高低是影响旅游线路长短的主要因素。

四、旅游市场细分的步骤

第一步　确定旅游市场范围。

根据旅游消费者的需求情况、旅游企业的营销目标以及经营旅游产品的特性来确定旅游营销活动的市场范围。

如全国连锁知名亲子游乐旅游区可将旅游市场范围确定为距离景区空间距离为动车约 5 小时车程的范围;区域性亲子游乐旅游区可将旅游市场范围确定为距离景区驾车约 3 小时车程的范围。

第二步　列举潜在旅游消费者的基本需求。

确定旅游产品市场范围以后,旅游企业的营销人员可以对潜在旅游消费者的基本需求进行列举,并进行一定的估算。

第三步　分析潜在旅游消费者的不同需求。

旅游企业可以根据影响旅游消费者需求的各种不同因素,向不同的潜在旅游消费者了解这些因素对他们的影响程度,从这些因素对消费者的影响程度,可以分析不同潜在旅游消费者的不同需求。

第四步 剔除不合要求、无用的细分市场。

某种意义上说,消费者的共同需求是所有消费者对旅游企业的基本要求,也是旅游企业在产品决策时的重要依据。它重要,但不能作为旅游市场细分的基础。只有那些不同的需求才可能成为细分市场的标准,所以,这一步实质就是要找出对旅游企业有用的能够进行市场细分的客观标准,剔除不合要求、无用的细分市场。

第五步 为各细分市场命名。

旅游企业可以给每个细分市场命名,以反映各细分市场的特点。

第六步 确定细分后各子市场的特点。

旅游企业应该对各细分市场进行深入的调查与分析,以确定掌握它们的特点,确定各个子市场的类型,为旅游企业的营销活动设计提供依据。

第七步 测量各细分市场大小。

测量各细分市场的容量大小,主要测量购买者数量、购买力和购买动机三个因素,其中,潜在旅游消费者的数量与其购买能力的大小决定了旅游企业未来的销售潜力。为企业目标市场的选择奠定了基础。

案例分析

熟年一族的精彩生活

熟年,泛指年龄介于45岁至64岁之间的族群。与传统意义上的老年人相比,"活力熟年"主要有四大不同之处。

其一,经济水平更高。中国整体经济水平提升,"熟年族"伴随时代的发展,个人经济情况较好,具有一定的经济实力,晚年生活更为富足。

其二,身体状态更好。伴随医疗科技的发展以及医保服务的普及,中国人平均寿命增长,同龄下的身体状态要健康许多,有更多的精力。

其三,代际压力更低。调查显示,38.2%的"熟年"人群不希望和子女住在一起,只需要他们定期来探望即可。受国家政策影响,多数"熟年"家庭只有一个子女,而受晚婚晚育风气的影响,老年人含饴弄孙的年龄被推迟,拥有了不少属于自己的时间。

其四,后喻时代影响。伴随科技水平的发展,老年人的社交方式从写信、打电话、发短信,发展到了微信、抖音等众多新媒体。

60岁以上人口超过10%,65岁以上人口超过7%,即可被认为进入老龄化社会。2020年中国已经进入了"老年化"社会,"熟年族"的生活引起了社会各界的关注。

鉴于熟年人士的"慢旅行"特征,2017年广州悦龄旅行社有限公司正式成立,精心策划"熟年族"主题游和定制旅游服务,由专业的旅行顾问根据熟年人士的喜好和需求定制行程,提供个性化的服务,提高客户对旅行产品和相应服务的参与度和满意度。

2019年爱奇艺在App store上线了短视频软件"锦视",内容从广场舞教学、养生指南延展到时政新闻与休闲娱乐。

今日头条、趣头条等新闻资讯平台,以及西瓜、火山小视频等短视频平台也在银发群体的娱乐生活中分得一杯羹。

2020年成都玄鸟科技整合了海内外资源，建立了专门面向中老年人线上消费的电商平台——夕洋记，成为"潮爷""潮奶""熟年族"而生的电商平台。

（资料来源：根据网络资料整理而成。）

思考题：为什么各大公司，纷纷上线熟年电商平台？

任务二　选择旅游目标市场

一、旅游目标市场的概念

旅游企业在市场细分的基础上，所选择的作为营销活动领域的那部分细分市场，是旅游企业的目标消费群体，也是旅游产品的销售对象。

旅游目标市场选择是指旅游企业根据要求和标准，从渴望用产品或服务去满足需要的市场中，选择某些子市场作为经营目标的决策过程。

二、旅游目标市场选择的条件与步骤

1. 旅游目标市场选择的条件

理想的旅游目标市场须具备以下条件：

1）要有一定的购买力和足够的营业额

所选的目标市场如果缺少必要的购买力，就不会产生足够的销售量，旅游企业就不能获取应有的经营效益，就不符合企业的盈利性原则。

2）要有未满足的需求和充分的发展潜力

如果所选的目标市场现有需求容量极其有限，并且潜在的需求也不诱人的话，恐怕旅游企业很难从中求得生存与发展。

3）旅游企业有能力满足目标市场的需求

所选的目标市场必须是旅游企业有能力占领并能满足其目标消费者需求的，因此需分析旅游企业的目标与能力。

4）本企业具有竞争优势

所选的目标市场必须是本企业具有竞争优势的市场，不能是已经充满竞争者或者已被其他企业牢牢控制住的市场。否则，旅游企业就不能有效地占领目标市场，以致在竞争中严重受挫，甚至失败。

2. 选择目标市场的步骤

第一，明确营销目标。选择目标市场，首先要弄清旅游企业的营销目标，营销目标不清楚，就不能做到有的放矢。

第二,确定细分标准。营销目标明确后,要选择适当的市场细分标准及其具体因素,这主要是把旅游企业的经营条件、旅游产品的特性及其需求特性等结合起来考虑,可以用一个标准、两个标准或多个标准,具体用多少个标准旅游企业可根据实际需要确定。

第三,划分原有市场。用所选定的市场细分标准,将原有的整体市场分割为一个个子市场。

第四,比较细分市场。对所分出的一个个子市场加以比较评判,看哪些细分市场对旅游企业有利。

第五,确定最佳目标市场。在分析比较的基础上,确定最佳的细分市场为目标市场。

第六,选定目标市场策略。根据目标市场的特点,确定要采用的市场策略。

三、评估细分市场

1. 细分市场的规模和增长程度

在选择目标市场时,旅游企业首先要弄清潜在细分市场的规模及增长程度是否恰当。

所谓恰当规模,是相对而言的。一般,大企业应选择销售量较大的细分市场,小企业则通常会避免选择那些大市场,原因有二:

一是较大的细分市场需要资源太大;

二是这些较大的细分市场对大企业太有吸引力,小企业拥有的资源有限,在有限的资源条件下与大企业竞争的压力太大。

在细分市场中,企业都希望自己的销售额和利润不断增长,于是都以最快的速度打入这一市场,这样一来,竞争加剧,反而使它们的利润降低,因此要辩证地考虑这一问题。

2. 细分市场的结构吸引力

细分市场的结构吸引力是对该市场利润的期望值,它受同行业竞争者、潜在竞争者、替代品竞争者、购买者竞争力量和供应商竞争力量的威胁。

3. 旅游市场营销的目标与资源

第一,该市场细分是否符合旅游企业的经营目标。

第二,对适合旅游企业经营目标的细分市场,旅游企业要评估自己的生产能力以及拥有的各种资源和技术能否满足该细分市场。

四、选择旅游目标市场

评估细分市场后,旅游企业必须做出决策,确定进入那些子市场。一般,旅游企业有五种可供考虑的市场模式(见图5-2)。

1. 密集单一市场

密集单一市场即旅游企业选择一个细分市场作为目标市场,开展集中营销。这种模式更加了解本目标市场的需要,能集中优势力量,降低成本,提高企业和产品的知名

阅读链接

波特五力分析模型

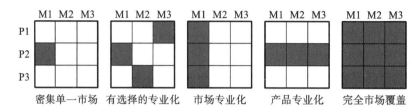

图 5-2 五种目标市场模式

度,能快速地在此领域树立起特别的声誉,巩固市场地位。另外,旅游企业通过生产、销售和促销的专业化分工,获得规模经济效益。但也存在较大风险,一旦所选择的市场出现不景气的情况,旅游企业则会面临倒闭。

2. 有选择的专业化

有选择的专业化即旅游企业选择若干个在客观上都有吸引力,符合旅游企业目标和资源的细分市场作为目标市场,但各个细分市场之间很少或根本没有任何联系。为不同的群体提供不同类型的旅游产品,不同细分市场配有不同的营销组合,尽力满足不同旅游消费群体的各种需求。

旅游企业的每个细分市场都有可能盈利,有利于分散旅游企业的经营风险,即使某个细分市场失去吸引力,旅游企业仍能在其他细分市场上获利。

3. 市场专业化

市场专业化即旅游企业专门为某类旅游消费群体提供需要和服务。通过这种模式,可以发展和利用企业与顾客之间的关系,降低交易成本,从而使企业在这个顾客群体中获得良好的声誉,还可以成为企业向该旅游消费群体推销新产品的有效渠道。一旦顾客的需求发生变化,企业就会面临风险。

4. 产品专业化

产品专业化指旅游企业向各类旅游消费者集中提供一种旅游产品和服务。旅游企业通过这种模式,可以在某种产品上树立很高的声誉,可以拥有优势的资源,降低成本,开展规模化经营。一旦新产品出现,旅游企业会面临危机。

5. 完全市场覆盖

完全市场覆盖指旅游企业为各种旅游消费群体提供他们所需要的各种产品或服务,用不同的产品和服务覆盖所有类别的消费者。通过这种模式,可以增加品牌曝光机会,扩大市场占有率。只有大企业才有实力采用完全市场覆盖模式。

五、旅游目标市场营销策略及其影响因素

确定了目标市场后,就要确定以何种策略进入目标市场。

(一)旅游企业目标市场营销策略

一般,旅游企业目标市场营销策略包括无差异营销策略、差异性营销策略和集中性营销策略三种(见图 5-3)。

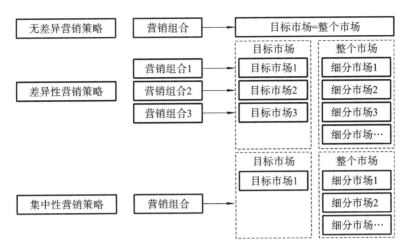

图 5-3 旅游企业目标市场营销策略

1. 无差异营销策略

无差异营销策略即把市场看成一个没有需求差异的整体,只考虑消费者需求上的共同点,运用单一的旅游市场营销策略开拓市场。其理论基础是成本的经济性。

生产单一产品,可以减少生产与储运成本;可以节省促销费用;可以减少旅游企业在市场调研、产品开发、制定各种营销组合方案等方面的营销投入。

规模效应显著,易于形成垄断性的旅游产品的声势和地位等优点;市场适应能力差,对多数产品不适合,增加了旅游企业的经营风险等缺点。

适用条件是旅游企业面对的市场是同质市场或近似同质市场;产品需求广泛,能大量销售;有广泛的销售渠道;产品在消费者中有广泛的影响;旅游企业有独特的生产诀窍且有规模生产的能力。

2. 差异性营销策略

选择两个或两个以上的子市场作为目标市场,针对每个不同的细分市场提供不同的旅游产品组合,提供不同营销方案的营销策略。

该策略的优点有品种多,有利于针对性地满足不同旅游消费者的需要,促进销售;旅游企业经营多个细分市场,在一定程度上可以分散旅游企业的经营风险;一旦旅游企业在多个细分市场上获得成功,有助于树立旅游企业的形象和提高市场占有率等。

缺点有因为针对不同的细分市场分别生产产品和开展独立的营销而增加了生产成本、管理成本与营销成本;使旅游企业管理难度加大;由于多元化分散经营,旅游企业的资源配置不能有效集中。

适用条件是旅游市场需求差异大;旅游企业有较好的策划、管理与营销能力;旅游企业的实力比较雄厚。

3. 集中性营销策略

根据自身的资源及实力只选择一个或少数几个细分市场作为目标市场,集中全部营销力量进行高度专业化经营,为满足特定的需求服务。

采用此策略的企业不是追求在一个大市场中角逐,而是力求在一个或几个子市场中占有较大份额。

其指导思想是"与其四处出击收效甚微,不如突破一点取得成功"。

其优点有能够更充分地利用旅游企业资源,建立巩固的市场地位。

缺点有目标市场区域相对较小,旅游企业发展受到限制;经营风险较大,一旦目标市场突然发生变化,如强大竞争对手进入、新的更有吸引力的替代品出现,都可能使旅游企业陷入困境。

适用条件是资源力量有限的中小旅游企业。受财力、技术等方面因素制约,整体市场无力与大企业抗衡,但如果集中资源优势在大企业尚未顾及或建立绝对优势的某个或某几个细分市场进行竞争,成功的可能性更大。

综上,三种目标市场营销策略各有利弊,旅游企业到底应采取哪一种策略,应综合考虑多种因素再做出慎重选择。

(二)影响旅游目标市场营销策略选择的因素

1. 企业资源或实力

如果旅游企业资源充足、供应能力强、实力雄厚、经营管理水平高,有能力覆盖整个市场,可采用无差异性营销策略或差异性营销策略;如果资源不足、实力有限,最好采用集中性营销策略。

2. 产品特点

产品特点包括产品的品质、性能、使用寿命、规格、式样等。如果企业所生产的旅游产品差异性小,属于市场上的同质产品,一般采用无差异性营销策略;如果企业所生产的旅游产品差异性大,属于异质产品,最好采用差异性营销或集中性营销策略。

3. 市场特性

市场特性包括市场需求、消费者购买行为等。如果旅游消费者需要、购买方式、营销刺激反应大体相同,市场是同质的,就可以采用无差异性营销策略;如果消费者需要、购买方式、营销刺激反应有较大的差异,市场是异质的,则宜采用差异性营销策略或集中性营销策略。

4. 产品所处的生命周期阶段

产品的生命周期包括投入期、成长期、成熟期、衰退期。投入期,市场上的产品少,竞争者也少,可采用无差异性营销,可以进一步通过扩大市场来探测市场需求和潜在需求,从而进一步促进产品的深化开拓。在成长期和成熟期,进入市场的产品增多,竞争者也随之增多,应采用差异性营销策略。进入衰退期,为保持原有市场份额,可延长产品生命周期,应以集中性营销策略为主。

5. 竞争者的状况和策略

当产品供不应求或者竞争者较少时,旅游企业可采用无差异性营销策略;反之,当产品种类丰富且竞争者较多时,旅游企业应采用差异性营销策略或集中性营销策略。同时,旅游企业所采取的目标市场营销策略应该与竞争对手有所区别。当竞争对手采用无差异营销策略时,本企业就可采用差异性营销策略。

阅读链接

开元酒店集团细分目标市场

案例分析

瑞幸咖啡的市场细分与目标市场选择

瑞幸咖啡经营饮品及食品系列,除咖啡、茶饮外,瑞幸咖啡与路易达孚合作销售NFC果汁,并出售轻食、坚果、零食和其他周边产品。

与此同时,瑞幸咖啡进军智能无人零售行业,携手全球顶级供应商,以"从咖啡开始,让瑞幸成为人们日常生活的一部分"为愿景,致力为客户提供高品质、高性价比、高便利性的服务。

2019年,瑞幸咖啡登陆纳斯达克,成为世界范围内从公司成立到IPO(公开募股)最快的公司。2020年,其因虚假交易正式停牌,并进行退市备案。人们以为瑞幸咖啡不过昙花一现,但瑞幸咖啡越挫越勇,门店不仅正常营业,而且已经不再赔钱,开始有盈利了!2020年,瑞幸咖啡公众号粉丝已经突破2000万,远远超过星巴克。瑞幸的营销模式也发生了变化,从之前的1.8折券、2.8折券,基本变成了4.8折券、抵用金或者满减券。

观察人士认为瑞幸的造假事件,只是涉及了资本端,并没有动摇到经营端瑞幸的根本。

截至2021年末,瑞幸咖啡门店总数已达到6024家,比星巴克多了700多家,顾客回头率达50%以上。成为中国最大的连锁咖啡品牌之一。

瑞幸一直在产品创新上下重注。资料显示,2021年瑞幸咖啡共推出了113款全新现制饮品,远超当红的新消费品牌和头部的快消品牌,不断调动消费者品尝的激情,持续带给消费者新鲜感。但打造爆品的能力更依赖对消费者的及时洞察和供应链能力,爆款会被保留再慢慢成为经典款。比如,厚乳拿铁、生椰系列等都是瑞幸的爆款产品。此前推出的丝绒拿铁也创造了9天突破270万杯的业绩,成为名副其实的"断货王"。

瑞幸咖啡用精准的品牌定位细分了人群,将目标市场确定为中高端顾客,其特色优势是快捷便利,容易为社会各阶层的大多数人所接受。很多上班族即使工作再忙生活再累也可以轻松便利地喝到瑞幸咖啡。

瑞幸咖啡在试营业时就和美团、饿了么等外卖商家合作,建立了快捷便利的营销模式。针对不同"阵营"的品牌,要形成自己的差异化壁垒,找到不同消费场景细分切割,加大渗透。

2021年瑞幸咖啡用采购自埃塞俄比亚的精品花魁咖啡豆,打造出精品咖啡花魁5.0系列咖啡。目前瑞幸做到了快速响应和原料稳定供应,基本上能实现全国6000多家门店统一出品。符合年轻新的消费需求,加码产品创新,不断打造爆款,提高新鲜感和消费黏性。

(资料来源:根据网络资料整理而成。)

思考题:瑞幸咖啡的成功与其目标市场的选择有何关系?

任务三　确定旅游市场定位

一、旅游市场定位含义与作用

(一)旅游市场定位的概念

美国营销学家阿尔·里斯和杰克·特劳特提出了"市场定位"一词,旅游市场定位指企业根据竞争者现有旅游产品在市场上所处的位置,针对旅游消费者对该类产品的某些特征或属性的重视程度,为本企业旅游产品塑造与众不同的鲜明形象,传递给消费者,并为该产品在市场上确立适当的地位。其实质就是在客户心中树立旅游产品独特的形象和地位。

市场定位可分为对现有产品的再定位和对潜在产品的预定位。

1. 再定位

再定位可能导致产品名称、价格和包装的改变,但改变这些的目的是保证产品在潜在消费者的心目中留下值得购买的印象。

2. 预定位

预定位要求营销者必须从零开始,使产品特色确实符合所选择的目标市场。

公司在进行市场定位时,一方面要了解竞争对手的产品特色,另一方面要研究消费者对该产品的各种属性的重视程度,综合分析后,再确定本公司产品的特色和独特形象。

(二)旅游市场定位的作用

1. 有利于突出需求差异,塑造旅游企业及产品形象

企业可以在自己选定的市场范围内,满足一部分消费者的需要。企业把需求大致相同的消费者划分到同一个群体,并提供相应的产品或服务,以满足该消费群体的特殊需求,有利于旅游企业树立并传递企业与产品形象。

2. 有利于旅游企业营销组合策略的制定与执行

市场定位是旅游企业营销组合策略制定与执行的基础,通过细分市场,选择合适的目标市场,进行准确的市场定位,有利于确定旅游企业的经营方向、营销策略的内容与资源的配置,有利于营销人员制定营销组合策略并执行。

3. 有利于突出经营特色,旅游企业形成竞争优势

旅游企业根据目标顾客群的消费需要和企业自身情况,为产品在市场上确定一个明确的、区别于竞争者的、符合目标顾客群特殊需要的位置,突出了旅游企业的经营特色,有利于形成旅游企业的竞争优势。

二、旅游市场定位的方式

(一)产品导向

产品功能是消费者购买产品的前提,产品的质量、成本、特征、性能、可靠性、用处等都可以形成产品的内在特色,都可以作为旅游企业市场定位的依据。

以产品特色为导向的市场定位是指利用旅游产品本身具备的优势和特色,结合顾客的消费心理进行品牌定位,以建立产品品牌在目标消费者心目中的形象,包括产品功效定位、产品品质定位、产品价格定位等。如"桂林山水甲天下"就属于产品品质导向定位。

(二)旅游企业(目的地)导向

旅游企业(目的地)导向指从企业(目的地)形象、品牌塑造方面进行定位,包括旅游企业(目的地)的企业文化、价值观念,员工的能力、知识、可信度等方面。例如,广西金秀瑶族自治县的旅游市场定位为"世界瑶都——中国金秀",立足金秀县地处大瑶山区,是全国第一个瑶族自治县,是世界瑶族支系最多、瑶族文化和民俗风情保持得十分完整的自治县。

(三)目标市场导向

目标市场导向指根据旅游企业目标顾客群的需要和要求,对品牌进行定位,它瞄准的是消费者,首先要明确目标顾客群希望得到什么样的产品和利益,然后考虑旅游企业是否能满足消费者的需求。

这类市场定位包括从使用者角度定位、从使用场合定位、从消费者购买目的定位和从消费者生活方式定位等。

(四)竞争导向

从竞争对手出发,根据市场竞争情况进行市场定位,其目的是凸显品牌的差异性,拉开或拉近与竞争对手的距离,确定旅游企业相对于竞争者的市场位置。

常见的定位策略有领先定位、比附定位、对比定位、空隙定位和重新定位。如,苏州乐园的口号曾经是"去迪士尼太远,去苏州乐园",采用的就是比附定位。北京的形象宣传口号从"东方古都,长城故乡",到"新北京,新奥运",到"回味奥运,圆梦首都",再到"幸福包容,激情活力",体现了北京市场定位的不断变化。

三、旅游市场定位的步骤

(一)确定定位层次

确定定位层次即明确所要定位的客体是行业、公司、产品组合,还是特定的产品或服务。例如,华住集团将汉庭酒店定位为"标准经济酒店",致力于为商旅客人提供便捷的住宿体验;将全季酒店定位为"中档酒店",致力于为智慧、练达的精英型商旅客人提供最优质地段选择;将禧玥酒店定位为"全新朴适高档酒店",致力于为高端白领人士打造"满心禧悦"的酒店生活新方式。

(二)识别重要属性,确认本企业的竞争优势

识别是目标市场顾客购买决策的重要因素,是要定位的客体应该或者必须具备的属性,或是目标市场消费群体具有的某些重要特征。例如,春秋航空调查发现,在民航市场上,客人除了追求安全、快捷之外,也非常注重"机票的经济性",于是将春秋航空定位为"人人都坐得起的飞机"。

(三)选择本企业的相对优势

阿尔·里斯和杰克·特劳特曾提出三种定位选择:
一是强化现有位置,避免正面打击冲突。
二是寻找市场空缺,获取先占优势。
三是给竞争者重新定位,使竞争对手让出现有的位置。
企业根据实际情况做出定位选择,并对其进行评估,确保其定位满足唯一、可行且有意义的条件。
对此,企业可以通过对与竞争对手的对比,选择自己在战略管理、研究开发、采购、生产、营销、财务、产品等方面具有的相对优势。

(四)传播市场定位,明确显示独特的竞争优势

市场定位最终需要通过各种市场沟通手段(如广告、员工的行为举止、服务的态度等)传递出去,并为顾客所认同。事实上,成功的定位取决于内外协调一致,整体的内部和外部的营销策略。
2007年山东确定了"好客山东"宣传的形象定位,并通过电视、网络与报纸杂志媒体的广告宣传:"观世博游山东"事件,宾馆茶杯、飞机、动车实物宣传树立的旅游形象,在全国一炮而红,经过不断强化,在全国人民心中树立了良好的"好客"形象。

四、旅游市场定位的传播

旅游市场定位传播过程中要注意传播的相对独立性、真实性、动态性和传播渠道的多样性,不让旅游企业的定位在传播过程中被扭曲、失真,在传播过程中促进其定位和塑造。

(一)传播的相对独立性

旅游企业形象定位的传播具有相对独立性,既可以超前也可以滞后,利用得好,可以促进旅游企业的发展。例如,一个企业把自己的远景规划、对社会的贡献、对公众的保证公之于众,让社会公众了解后,对该企业寄予很大的期望。这种期望会激励企业及员工不断努力。

(二)传播的真实性

市场定位的传播必须真实有效,一旦出现信息偏差,将对企业形象产生很大的影响。如在建设阶段宣传自己是高档奢华酒店,开业后只是一个中档偏上的酒店,顾客就

会十分失望,同时也对酒店形象树立十分不利。

(三)传播的动态性

传播的动态性即使经过多次论证和实验的,也需要根据实际情况对传播计划进行不断的调整。同时,在传播过程中还要充分发挥主动性和创造性。

(四)传播渠道的多样性

要注意传播渠道的多样性,形成线上、线下全线覆盖,传统媒体、网络媒体和新媒体,虚拟媒体和实物媒体,官方媒体和自媒体全覆盖,尽可能地扩大社会公众的知晓度。

案例分析

"网红"开元森泊的定位与传播

2019年,开元森泊度假乐园开业不久就成了"网红",频频刷爆社交网络。在抖音、微博、小红书等平台上关于"森泊打卡"的精华内容,平均每月就新增1000篇,明星杨颖前去"遛娃",并在小红书上分享了森泊出游体验,收获了5000多条点赞。有趣的是,很多传播火爆的内容并不来自明星或者"大号",如一位宝妈晒的森泊树屋照片在小红书上收获了2万多条点赞;一位员工随手拍的粉色造浪池视频播放量也超过了300多万,火爆的森泊也引起了很多同行和媒体的广泛热议,他们称开元森泊为2019年江浙沪亲子游市场最强劲的"黑马"。

爆火的开元森泊萌芽于创始人陈妙林先生在环法骑行过程中对欧洲短途度假产品的思考,希望能打造一个真正适合中国人的一站式度假产品。然后,开始进行大量的市场调研和产品实践。

2016年,开元推出了以开元芳草地为代表的自然生态乡村度假酒店,率先尝试特色小木屋、草屋、帐篷等创意度假住宿产品,配以相关的游乐配套设施,受到了一二线周边中产家庭及团队游客的极大青睐,这让开元看到了国内休闲旅游市场的潜力,尤其是亲子游、周边游等细分市场的潜力,为打造"开元森泊度假乐园"项目积累了一定的经验。

另据统计:2018年我国人均出游已达4次,国内旅游人数超过55亿人次,旅游总收入超过5万亿元。市场的急速增长不断印证开元对于旅游趋势的前瞻预测,对森泊项目的定位和标签也越来越清晰:那就是以亲自然体验为核心,打造一个真正适合中国家庭的短途休闲度假目的地,为广大游客创造一种全新的休闲度假生活方式。

开元森泊用户画像为30—39岁已婚已育的女性,为给这些客群提供更精准的服务,杭州森泊和莫干山森泊都在飞猪上设立了自己的官方店铺,建有专门的数字营销团队,在线上营销的费用也有更多的倾斜,旗舰店虽然独立运营,但会员权益、自媒体用户画像分析等系统仍是相互打通的,这让开元森泊在2019年"双11"购物节中,实现1分钟之内成交400套、第一天售卖套餐破5000套的骄人业绩,霸屏了亲子酒店排行、江浙沪度假村排行等所有"双11"榜单,2020年"双11"购物节再次刷新业绩,取得了7337万多的销售额,打造了2个千万级单品,10个百万级单品。

(资料来源:《传承与创新:开元旅业创始人陈妙林首次深度解读开元森泊度假乐园》

及开元集团官方网站相关资料整理,搜狐网,https://www.sohu.com/a/359516616_120385844。)

思考题:"网红"开元森泊的旅游市场定位是什么?是如何定位出来的?

关键概念

市场细分　地理区域变量　人口统计变量　旅游消费者心理变量　行为变量
单一变量细分法　综合变量细分法　系列变量细分法　主导因素排列法
旅游目标市场　市场定位　产品导向　目标市场导向　竞争导向　旅游企业导向

一、思考题

1. 简述旅游市场细分的含义和必要性。
2. 对旅游市场进行细分时应注意遵循的原则有哪些?
3. 简述旅游市场细分的方式。
4. 简述旅游目标市场的选择依据。
5. 简述旅游企业在选择目标市场策略时,应注意考虑哪些因素?
6. 简述市场定位的含义及作用。
7. 列举旅游市场定位的方式,并举例说明。
8. 辨析无差异营销策略、差异性营销策略和集中性营销策略的适用条件。

二、能力训练

1. 对学校所在城市的某旅游企业消费群体进行市场调研,收集其市场细分的数据,确定其市场细分的标准和方式,为其制定市场细分的优化方案并提交。

目的:通过实训帮助学生掌握市场细分的标准、方式与市场细分方案的制定技能,培养学生团队合作精神。

2. 在上一题目的基础上,为该旅游企业选择目标市场,确定目标市场策略,撰写目标市场选择意向书并提交。

目的:通过实训帮助学生掌握目标市场选择的条件、步骤,目标市场营销策略及其影响因素,培养学生团队合作精神。

3. 在上一题目的基础上,根据市场定位的原则、步骤、方法和定位策略,为其确定市场定位方案并提交。

目的:通过实训帮助学生掌握市场定位的原则、步骤、方法和定位策略。

项目六 旅游产品策略

项目目标

知识目标：1. 理解旅游产品、单项产品、整体产品等基本概念。
2. 掌握旅游产品生命周期及其相应的营销方式与策略。
3. 熟悉旅游新产品的类型和开发步骤。
4. 掌握旅游产品品牌策略。
5. 掌握旅游产品组合策略。

能力目标：1. 具有根据生命周期理论制定营销策略的能力。
2. 具有旅游新产品设计开发能力。
3. 具有旅游产品的产品品牌塑造能力。
4. 具有制定旅游产品最佳组合策略的能力。

素质目标：通过学习旅游产品的内涵与特点、生命周期理论、新产品类型与开发步骤、旅游产品品牌与组合策略，培养学生旅游产品创新的意识与能力、品牌策划与管理能力、旅游产品整体设计与管理能力。

项目任务

1. 对某旅游产品进行生命周期分析，并为其提出延长或重振战略。
2. 对某旅游产品品类进行调查分析，结合企业内外部的情况，为其制定旅游新产品开发策略、旅游新产品组合策略以及旅游新产品品牌策略。

旅游综合度假体

三亚亚特兰蒂斯始建于2014年，于2018年正式营业。开业一年半后，累计经营收入超过14亿元。三亚亚特兰蒂斯是国内唯一七星级酒店，包括1314间高级海景房，有高品质的餐饮服务，是中国较大的天然海水水族馆之一，总面积约为20万平方米的水世界，超过5000平方米的可供开展会展活动和其他娱乐活动的空间，是集酒店、餐饮、特色海洋文化体验、会展、购物、娱乐等多种业态于一体的度假区。

三亚亚特兰蒂斯项目与国内传统景区最大的不同在于"一站式服务"形式。这种形式的优势如下：

（1）强化服务属性，消费者享受程度升级。主要娱乐活动与服务人员关联度高，更能凸显服务优势,而通过与游客大量的触点,相关人员能够通过优质的服务不断优化客户的体验感。

(2)休闲度假属性强,消费集中。三亚亚特兰蒂斯项目将游客的消费留在体内,能够受益于旅游的多个环节的消费。

(3)受自然资源限制较小,灵活度高,可复制。

三亚亚特兰蒂斯项目以自建项目为主要消费点,以自然条件(气候、环境)为辅。因此,在项目选址上,其灵活度较自然观光景区更高。对品牌而言,也有利于其异地复制扩张,进一步加强品牌影响力。

三亚亚特兰蒂斯是复星"生态圈"的一环。除去三亚亚特兰蒂斯,复星旅文旗下还拥有高端一价全包式度假胜地服务提供商 Club Med、旅游目的地专业运营商爱必侬、文化和娱乐活动提供商泛秀、国际亲子玩学俱乐部 Miniversity(迷你营)等,复星旅文还投资了世界上历史久远的领先旅游集团 Thomas Cook。通过资本运作,复星旅文已经构建出以家庭亲子为核心产品的旅游生态圈。多个产品在其中发挥协同效应,已经形成了以优质的旅游目的地为核心载体,内嵌丰富的产品及服务,打通旅游出行多个环节的家庭亲子休闲度假一体化生态系统。对三亚亚特兰蒂斯项目而言,受到了生态体系的多重支持:

(1)爱必侬目前负责管理部分签约的棠岸项目度假单位,给予消费者更多的选择空间;

(2)泛秀开发出的产品"C秀"丰富了三亚亚特兰蒂斯的产品阵容,增加夜间活动项目;

(3)迷你营为儿童提供各种室内和室外主题活动以及亲子活动,加强三亚亚特兰蒂斯的"亲子"属性;

(4)渠道导流,Foliday 平台也给予三亚亚特兰蒂斯有力的渠道支持。

(资料来源:贺燕青《亚特兰蒂斯是中国旅游升级的现象级产品》,新浪财经—自媒体综合,2019-09-20。)

任务一　认识旅游产品的内涵

一、旅游产品的概念

1. 旅游产品的概念与分类

从供给者角度来说,旅游产品是旅游经营者凭借一定的旅游资源和设施,向旅游者提供满足其在旅游过程中综合需要的全部服务;从需求者角度来说,旅游产品是旅游者支付一定的金钱、时间和精力所获得的满足其旅游欲望的经历。

旅游产品有时候指单项旅游产品或整体旅游产品。单项旅游产品是旅游企业向旅游市场提供的产品和服务。整体旅游产品是指旅游者在旅游活动中所需要的各种接待条件和相关服务的总和。

旅游产品有时候指广义旅游产品或狭义旅游产品。广义的旅游产品是旅游经营者在旅游市场上销售的各种产品服务的总和,其核心是吃、住、行、游、购、娱。狭义的旅游产品是指由物质生产部门生产,由商业劳动者所销售的物品。如旅游工艺品或纪念品。

旅游产品组合是广义旅游产品中的一部分,旅游产品组合是指对实现旅游活动所需要的旅游产品各构成要素进行科学组合,以时间和空间为主线制订旅游计划和设计旅游线路,安排相应的游览景点、导游服务、食宿、购物、娱乐、旅游交通等。

2. 旅游产品的特点

1)组合的连续性

在旅游过程中需要食、住、行、游、购、娱等各项服务的连续提供,因此为了给游客比较好的体验,旅游业供给要配套供应、环环紧扣。

2)购买的租借性

旅游买卖交易并不发生产品或服务所有权的转移,只是使用权的转移,因此,旅游产品或服务的"出售"实质是租借,因此旅游营销过程应注重顾客体验,强化旅游者的感受,吸引旅游消费者二次购买。

3)价值的时效性

旅游产品和服务只有在旅游者的消费现场,才能实现其价值和使用价值。因此,旅游营销者应充分发挥营销策略的作用,以游客需要为出发点,有计划地组织各项经营活动,促使游客购买并及时消费,才能实现旅游产品或服务的价值。

4)使用价值的无形感受性

因为旅游产品的主要功能是提供给旅游者一种无形的感受。因此,旅游企业和旅游目的地要开发独具特色的旅游产品,为旅游者提供完美的服务和高质量的体验,提升旅游产品的形象。

二、整体旅游产品概念

产品整体概念是现代市场营销学的一个重要理论。以往,产品整体包括核心产品、形式产品、延伸产品(见图6-1),后来菲利普·科特勒等学者提出五层次整体产品概念,具体包括核心产品、形式产品、期望产品、延伸产品和潜在产品五层次(见图6-2),在三层次理论的基础上增加了期望产品层次和潜在产品层次,备受青睐。

1. 核心产品

核心产品是产品的本质,是顾客追求的最基本的实际效用和利益。旅游者购买旅游产品是为了得到它所提供的"观赏和享用"或"操作和表现"的实际利益,满足自己旅游感受和旅游体验的需要,吃、住、行、游、购、娱六大要素构成了旅游产品的核心层次。

2. 形式产品

形式产品是核心产品借以实现的形式或目标市场需求借以满足的特定形式,包括

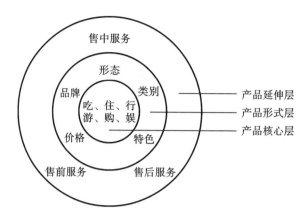

图 6-1　旅游产品三层次示意图

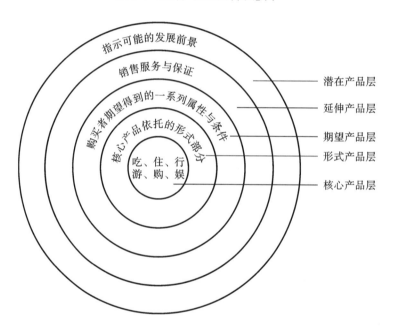

图 6-2　旅游产品五层次示意图

品牌、品质、特色、形态、风格、声誉等,是核心产品层的载体、实现形式、具体表现形态,是产品出现在市场上的面貌,是满足顾客需求的实体内容的总和,属于旅游产品的第二个层次。

3. 延伸产品

产品延伸层是旅游产品所包含的附加服务和利益部分,包括付款条件、推销方式、优惠条件等,能把本企业产品与其他旅游企业产品进一步区分开来。

4. 期望产品

期望产品是指消费者购买旅游产品时希望得到的与产品密切相关的一整套属性和条件。

5. 潜在产品

潜在产品是指最终产品的潜在状态,也是旅游产品未来的发展前景。

案例分析

海底捞又一"逆天"服务曝光

海底捞真是越来越"疯狂"了。免费美甲、无限量小零食、甩面、变脸、擦鞋、辅导作业、代打游戏、唱生日歌……很多人都在思索,一家火锅店到底还能"不务正业"到何种地步。

2021年,广东清远的一家海底捞,又推出了"免费洗头"的服务。专门隔出来一个小房间,里面有洗头床、镜子、毛巾等,还有专业的理发小哥。据说不但洗得专业又舒服,吹的发型也特别好看。去外面随便洗个头发、做个美甲,没百十来块下不来,吃顿火锅还能免费做,这波不亏。除了洗头之外,海底捞永远都在尝试年轻人个性化消费需求的新风口。

武汉的一家海底捞,推出了9.9元自配奶茶,吸引了无数奶茶爱好者打卡。奶茶可选的配料有脆啵啵、烧仙草、椰果、珍珠、芋圆等。茶底口味有嗨派奶茶、嗨派奶绿、蜜桃果茶、葡萄果茶四种,冷热自选。小料区更是有豆乳粉、抹茶粉、可可粉、花生碎等可供选择。价格便宜又可以自己个性化定制。

墨尔本的一家海底捞,甚至为客人推出了"剧本杀"套餐。对于"90后"和"00后",边吃火锅边玩剧本杀,简直不要太有意思。就是在这样不断的尝试下,海底捞股价大涨超过10%,创出了上市两年多以来的新高。

有人会说,服务再好有什么用,火锅的味道挺一般的。事实上,海底捞也从来没有标榜过自己的火锅有多好吃,在品牌创立之初,就希望通过服务实现差异化,而服务的差异化正是体现在满足客人需求之内,不断地为客人提供期望产品或潜在产品,满足客人多样化的需要。

(资料来源:《海底捞又一"逆天"服务曝光:永远不要低估,高手做事有多拼》,https://mp.wei×in.qq.com/s/t×AWc7Nvqt×KgLn×q22TJA,2021-02-17。)

思考题:海底捞推出的各种服务属于整体旅游产品的哪个层次?

任务二 掌握旅游产品生命周期策略

一、旅游产品生命周期概述

(一)旅游产品生命周期理论

旅游产品生命周期是指旅游产品从进入市场到被市场淘汰的过程,是旅游产品在市场上停留的整个过程,是由需求与技术的生产周期所决定的。此理论源于1980年加拿大旅游学家R. W. Butler对旅游地生命周期模型的描述。

理论上,旅游产品的生命周期可分为投入期、成长期、成熟期和衰退期四个阶段。

(二)旅游产品生命周期曲线

旅游产品生命周期曲线如图6-3、图6-4、图6-5、图6-6所示。

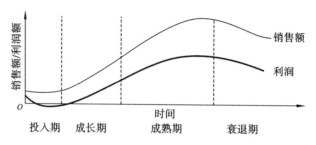

图6-3 典型的旅游产品生命周期呈S形正态分布曲线图

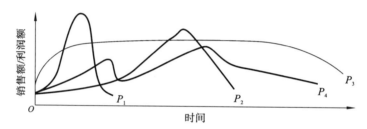

图6-4 不同旅游产品的生命周期曲线图

如图6-4所示,P_1是"成长—顿挫型"旅游产品生命周期曲线,这类旅游产品生命周期短,销售量很大。代表时尚型旅游产品,如春游、秋游、节日游。

P_2是"缓慢爬升型"旅游产品生命周期曲线,这类旅游产品开发费用高,成熟期很短。代表超前型旅游产品,如出境游、太空游。

P_3是"市场稳定型"旅游产品生命周期曲线,这类旅游产品介入期和发展期较短,成熟期相对较长,销售量的变动比较有规律。代表常规旅游产品,如观光旅游、度假旅游。

P_4是"波动型"旅游产品生命周期曲线,这类旅游产品波动性大,存在多个成长期和衰退期。代表季节性旅游产品。曲线随着季节的变动而变动。

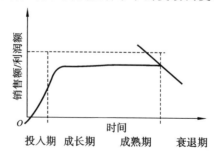

图6-5 最佳的旅游产品生命周期分布曲线图

图 6-5 是最佳的旅游产品生命周期分布曲线,具有投入期极短、成长期较短、成熟期很长、衰退期非常缓慢等特点。这种类型的旅游产品研制开发费用较低,产品销售额,增加了利润增长迅速,初期即可获得较大利润;成熟期长,实质上延长了获利期,增加了利润数额;衰退期非常缓慢,销售和利润逐渐下降,而不是突然跌落。

图 6-6 是不理想的旅游产品生命周期分布曲线,其特点有:投入期和成长期长,成熟期短,衰退快,意味着旅游企业产品开发周期时间长,投入成本高,成熟期短,能获利润的时间和数额有限。

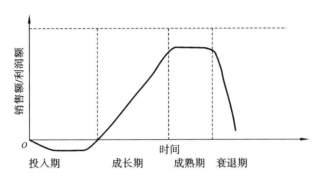

图 6-6　不理想的旅游产品生命周期分布曲线

(三)旅游产品生命周期的划分方法

1.销售额对时间的弹性划分法

销售额对时间的弹性划分法是根据销售量的变化值与销售时间的变化值之比划分产品生命周期的方法。计算公式如下:

$$E_t = (Q_1 - Q_0)/(t_1 - t_0)$$

式中:

$(Q_1 - Q_0)$——销售量的变化值;

$(t_1 - t_0)$——销售时间的变化值。

产品生命周期的划分标准如下:

投入期(Ⅰ),E_t 的取值范围为$[0,1]$;

成长期(Ⅱ),E_t 的取值范围为$[0.1,\infty]$;

成熟期(Ⅲ),E_t 的取值范围为$[0,0.1]$;

衰退期(Ⅳ),E_t 的取值范围为$[-\infty,0]$。

2.销售增长率划分法

销售增长率是指企业本年销售增长额与上年销售额之比,反映销售的增减变动情况,是评价企业成长状况和发展能力、产品生命周期的重要指标。

计算公式如下:

$$\rho = \frac{Q_1 - Q_0}{Q_1} \times 100\%$$

式中:

ρ——销售增长率;

Q_0——本期销售额;

Q_1——上期销售额。

产品生命周期的划分标准如下：

投入期（Ⅰ），ρ 的取值范围为 $[0,1]$；

成长期（Ⅱ），ρ 的取值范围为 $[0.1,\infty]$；

成熟期（Ⅲ），ρ 的取值范围为 $[0,0.1]$；

衰退期（Ⅳ），ρ 的取值范围为 $[-\infty,0]$。

3. 产品普及率法

产品普及率是产品在某一地区人口或家庭的平均普及率，用产品普及率来判断该产品处于生命周期阶段的方法，即产品普及率法。

计算公式如下：

$$普及率(P)=社会持有量/人口总数\times 100\%$$

$$普及率(P)=社会持有量/家庭户数\times 100\%$$

$$社会持有量=历年生产累计量+历年进口累计量-历年出口累计量-历年购买累计量$$

产品生命周期的划分标准如下：

投入期（Ⅰ），ρ 的取值范围为 $[0,0.05]$；

成长期（Ⅱ），ρ 的取值范围为 $[0.05,0.5]$；

成熟期（Ⅲ），ρ 的取值范围为 $[0.5,0.9]$；

衰退期（Ⅳ），ρ 的取值范围为 $[0.9,1]$。

二、旅游产品生命周期的特点与营销策略

旅游产品在各生命周期阶段的特点不同，市场营销策略也不同。

（一）投入期旅游产品的特点及其营销策略

在不同生命周期阶段，竞争者数量、顾客类型、销售额、单位成本和利润均呈现不同的特征或特点。

旅游产品刚进入市场，产品知名度不高，顾客对产品还不了解，只有少数追求新奇的先锋型顾客购买；销售额增长缓慢且不稳定；由于前期投资和广告费较多，利润微薄，也可能会出现亏损。该阶段同行竞争者相对较少。鉴于此，其营销重点是扩大市场面，因为新产品投入市场，顾客对产品还不了解，因此需要加大促销力度，扩展产品销路，扩大市场面。

产品策略的重点是提高品质，继续改进产品，力求尽快做好产品定型。促销策略的重点是提高产品知名度。旅游企业需要进行大量的广告宣传和促销工作。产品宣传的特点是产品给旅游者带来的利益，以期尽快使顾客包括中间商了解和认识产品，提高产品知名度，打开销路占领市场。

产品分销策略的重点是广泛性渠道策略，这阶段大部分中间商的代理态度不明朗，旅游企业还无法判断何种分销渠道为最佳选择，所以采用广泛性渠道策略有利于旅游企业迅速扩大市场面。价格策略则需要相机而定。大多旅游产品在投入期都采取高价策略，以弥补较高的生产成本和推销费用。但高价策略必然会导致潜在竞争者的进入，

旅游企业应随着销量的增加而适时降价。

(二)旅游产品的特点及其营销策略

旅游产品逐渐被消费者接受,大众型顾客开始购买;市场逐步扩大,已具备大批量生产的条件,销售增长率快速上升,企业利润大幅度提高;销售额迅速上涨,利润增长较快;随着旅游产品销售量的增长,产品单位成本下降,企业盈利增长;更多的竞争对手开始进入该市场,展开激烈的竞争。

鉴于此,其成长期的市场营销策略重点是增加市场渗透,这时大量的新顾客开始购买,产品大批量生产,利润也迅速增长,企业纷纷进入市场并参与竞争,销售增长率快速上升,企业要降低产品价格,进行市场渗透。

产品策略的重点是打造名优品质的产品,旅游企业需要根据产品反馈信息及时发现和纠正产品的不足,进一步完善和改进产品的品质,创立企业的名牌产品,提高产品的竞争能力,满足顾客更广泛的需求。

促销策略的重点是塑造优质产品形象,需要把广告宣传的重心放在争取潜在顾客和增强旅游消费者对旅游产品的信任感上,宣传重点是建立产品形象,树立产品名牌,维系老顾客,吸引新顾客。分销策略的重点是选择性渠道策略,旅游企业需要选出对生产商和产品销售都有利的中间渠道,并对选定的中间商给予相应的优惠。

价格策略的重点是渗透定价策略,旅游企业需要以较低的价格迅速渗透市场,给予一定优惠以激发那些对价格比较敏感的消费者产生购买动机和采取购买行动,较大地提高市场占有率,并以合理的价格防止竞争者进入市场。

(三)成熟期旅游产品的特点及其营销策略

成熟期是旅游产品的主要销售阶段。

(1)旅游产品成为名牌产品或老牌产品,产品质量稳定。

(2)消费者更趋大众化,连保守型人士也愿意购买。

(3)产品销售额逐渐达到高峰而趋于缓慢增长,甚至开始下降;竞争者纷纷加入市场竞争,市场开始达到饱和,旅游企业间的竞争处于最激烈的阶段。

(4)旅游产品价格有所下降,营销费用增加,因此利润增长达到顶峰后,增长停滞甚至开始下降。

鉴于此,其市场营销策略重点是维护市场,进入成熟期,竞争逐渐加剧,市场需求趋向饱和,潜在的顾客已经很少,促销费用增加,此时旅游企业应该维护和保持自己的市场份额,获得最大利润。

产品策略重点是差异化策略,旅游企业需要对旅游市场进一步细分,以寻找新的旅游目标市场,旅游企业应集中力量改进产品质量,提高服务水平,增加产品的附加值,通过差异化的产品来赢得竞争优势。

促销策略重点是塑造知名企业形象,成熟期的旅游品牌已得到受众的认可,品牌发展与运营平稳,此时应采用持续型广告投放策略,持续传播重在提高顾客品牌忠诚度,塑造知名企业形象。

分销策略重点是积极疏通营销渠道,旅游企业需要认真评价旅游中间商,为中间商培训推销人员,针对绩效显著的中间商给予奖励,旅游企业的分销渠道由选择性渠道策略向专营性渠道策略转变。

价格策略重点是竞争定价,旅游企业为了在市场中取得竞争优势,可以采用绝对低价策略扩大市场占有率,也可以人为地运用高额定价来突出企业产品的形象。

(四)衰退期旅游产品的特点及其营销策略

在衰退期,旅游产品已无法满足人们不断变化的需求。
(1)一些怀旧型客人才肯光顾购买;
(2)销售量锐减,销售增长率出现负数;
(3)单位成本快速上升,利润迅速下降甚至发生亏损;
(4)许多旅游企业在市场竞争中被淘汰,退出了旅游市场;
(5)产品逐渐被市场中出现的新产品或替代产品替代。

鉴于此,其市场营销策略重点是收缩市场,随着新产品或替代产品出现,顾客的消费习惯发生改变而转向其他产品,从而使产品的销售额和利润迅速下降。

产品策略重点是维持品质,若现有的产品出现销量突然下降的情况,要进行全面分析,找出原因,对症下药,使销量得以恢复,也可以积极进行产品的更新换代,了解旅游者的消费心理和现代旅游追求个性化、多样化、参与自助的特点,开发新的旅游产品。

衰退期企业放弃策略包括迅速放弃、撤退、淘汰疲软产品、逐步放弃,自然淘汰策略,其中自然淘汰策略又包括继续策略、集中策略、收缩策略和榨取策略。

促销策略重点是塑造知名企业,减少促销成本。分销策略重点是选择式与专营式分销策略,保留最忠诚的中间商。价格策略重点是驱逐定价与维持定价,保持原有价格或降价。

三、延长旅游产品生命周期策略

(一)产品改革策略

产品改革策略即通过对处于生命周期不同阶段的旅游产品进行改进并推广。其中,每进行一方面的改进都相当于刺激了一个新增长点,都有可能吸引、保持及扩大旅游市场,从而延长旅游产品的生命周期,旅游产品改革策略的产品生命周期分布曲线如图 6-7 所示。

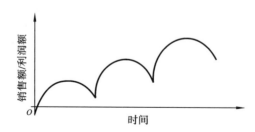

图 6-7 旅游产品改革策略的产品生命周期分布曲线图

(二)升级换代策略

根据市场上不断涌现的旅游新需求,不断开发旅游新产品,不断实现旅游产品的升级换代,开发二代旅游新产品,再到三代旅游新产品,进行产品生命周期的战略转移。

旅游产品一般都会经历由传统的观光旅游产品到主题观光旅游产品,再到非观光旅游产品升级换代的过程,换代旅游新产品意味着旅游产品在向高级阶段发展。

(三)市场改变策略

市场改变策略即为原有产品寻找新的使用者,开发新市场,也可以对产品进行重新定位,以便吸引更大的或者增长更快的细分市场,从而使旅游产品的生命周期获得延长。

(四)市场营销组合改进策略

市场营销组合改进策略指对可控的营销组合因素加以改变,使旅游产品焕发新的生机,从而使产品的生命周期获得延长。

案例分析

上海锦江乐园旅游生命周期的延长

1985年开业的上海锦江乐园游乐场景属于典型的主题公园,属于改革开放以后中国的第一批游乐园,是一代上海人心底最美的回忆。1995年,国家实行每周双休制,叠加地铁一号线一期建成开通,锦江乐园创下年接待量230余万人次的惊人业绩。但从1996年开始国内主题公园大开发的浪潮中,面对不断涌现出来的"新势力",锦江乐园显得有些力不从心。

首先,其先天条件不足——面积仅170亩,无后续设备更新拓展空间。

其次,国企背景带来助力,同时也在体制机制上束缚了它转型。

2002年,锦江乐园面临着连年亏损,经费紧张、人员冗余等一系列管理问题。尽管此后随着市场需求增大,锦江乐园一度扭亏为盈,但竞争力和影响力的下降已是不争事实。

锦江乐园地处上海中心城区,锦江乐园靠近地铁站,离徐家汇仅3公里,周围多是居民区,有得天独厚的地理优势,背靠国内规模最大的综合性旅游企业集团——锦江集团,在餐饮方面有重要优势。

为开辟发展新路,2014年开始,在锦江集团的支持下,锦江乐园开始实施平台化战略。从最初引进"士林夜市",到逐步引进台南花园夜市、西安夜市、成都"宽窄巷子"等夜市品牌,以及本土夜市小吃……平台越做越大,名气也越来越响,全国各地慕名而来谈合作的夜市品牌也越来越多。夜市成为锦江乐园老树抽新芽的突破点,每天都有市民慕名而去。2020年国庆期间,锦江乐园夜市每天不到17点,已是人头攒动。不少摊位刚摆好就已被慕名而来的游客"包围",如海鲜煎、空中飞场、牛排等

阅读链接

2019年莫干山森泊3折开业特惠公告

"网红"美食摊点后更是排着长龙。游客们在夜市吃完小吃,大多会选择再买上一张锦江乐园门票,在园内兜兜转转。游乐园本身与夜市相得益彰,相互引流,形成良性循环,走出了一条老牌主题公园换赛道转型的新路子。

(资料来源:根据CTPI主题公园研究院《老牌主题公园怎样延长生命周期?》整理,搜狐网,https://www.sohu.com/a/426238784_100019943,2020-05-21。)

思考题:上海锦江乐园是怎样延长生命周期的?

任务三 制定旅游新产品开发策略

一、旅游新产品的含义

旅游新产品包括旅游生产者初次设计生产的旅游原创新产品,也包括对原有的旅游产品做了重大改进并与原有旅游产品存在一定差异的改进型旅游新产品。

二、旅游新产品的类型

(一)改进型旅游新产品

改进型旅游新产品指同现有旅游产品相比,在原理、构成、方法、手段等方面有显著改进和提高,能给消费者带来某种新满足和新利益的产品。

(二)仿制型旅游新产品

仿制型旅游新产品指对旅游市场上已经存在的畅销产品做局部改进和创新,但总体属仿制性质。

(三)换代型旅游新产品

换代型旅游新产品指在原有旅游产品的基础上做出重大变革,充分利用其基础设施和基本设想,局部采用新的科技成果,使旅游产品的性能有重大改进,设计出更新换代的新产品。

(四)全新型旅游新产品

全新型旅游新产品是指采用新原理、新设计、新方法生产的市场上前所未有的旅游产品。全新型旅游新产品包括新开辟的旅游线路、新开发的旅游景点、新推出的特色旅游项目等。全新型旅游产品是能够满足消费者新需求的新产品,其开发周期较长,所需投资较多,而且风险较大。

三、开发旅游新产品的一般程序

(一)收集创意

旅游企业可以围绕企业长期的发展战略和市场定位来确定新产品开发的重点,收集旅游新产品的创意和构思。新产品创意和构思来源于顾客、先进的科研成果、竞争对手、营销中介、企业内部相关人员。

(二)筛选创意

收到若干旅游新产品的创意后,旅游企业应根据自身的战略发展目标和资源条件对创意进行评审与选择。一般从产品的可销售性、生产能力、市场吸引力和获利能力等方面进行评价与筛选,创意评分因素表见表6-1。

表6-1 旅游新产品创意评分因素表

创意评分因素		加权分	创意评分等级										得分
			10	9	8	7	6	5	4	3	2	1	
可销售性	a.企业的产品销售能力												
	b.对现有产品销售的影响												
	c.与现有产品系列的关系												
	d.与现有销售渠道的关系												
	e.周围环境的允许生产能力												
生产能力	a.生产技术专长												
	b.必需的生产知识和人员												
	c.原料来源												
市场吸引力	a.市场容量												
	b.市场占有率												
	c.今后五年的市场增长率												
	d.竞争者的威胁												
	e.进入市场的难易程度												
	f.预计可获得的最终用户获利能力												
获利能力	a.投资回收的可能性												
	b.今后五年的盈利可能性												
合计													

注:0—4分为平庸创意,4.1—7.5分为一般创意,7.6—10分为优秀创意。

(三)生成新产品概念

产品概念是指从消费者的角度用文字、图形、模型等对构思做详尽描述,形成产品的概念,并广泛征求意见,尽可能早地发现和放弃错误的构想,以便将资源集中在有开发前途的产品上。

征求意见的主要内容包括产品概念是否简单明了,容易理解;产品带来的利益是什么;产品能否给消费者带来便利,满足消费者需要;市场上是否已有其他功能类似的产品;产品价格是否合理;消费者的购买意愿是什么;目标消费人群有哪些;购买时间;使用时间;使用频率等。

(四)初拟市场营销战略

初拟市场营销战略包括描述目标市场的规模、结构,消费者的购买行为和特点;产品的市场定位以及短期的销售量;概述产品在第一年的预期价格、分销渠道、策略及营销预算;概述较长时期的销售额和利润目标,以及不同阶段的市场营销组合策略等。

(五)商业分析

既要防止因对好创意的潜在价值估计不足而失去机会,又要防止因误选缺乏营销前途的设想而失败。商业分析包括预测销售额,预测目标市场的规模、结构与行为,预测消费者对产品的需求量以及产品销售量;推算成本,推算新产品的生产成本和营销成本;推算利润,推算出该产品的盈利水平和投资回收期。

(六)新产品研制

将新产品概念研制成一个或几个模型,理想的样品包括体现了产品概念报告书中所描述的关键属性;在正常使用情况下,该产品能安全地发挥其功能;该产品能以预计的制造成本生产出来。

(七)产品试销

把一种产品小批量地投放到经过挑选的、具有代表性的小型市场试销售,以检验旅游者可能的反应,目的是使新产品失败的风险最小化。

(八)正式投放

新产品试销效果良好,符合预期的要求,就可投放市场。要确定适当的投放时间和投放地区。如果新产品是旧产品的替代品,应等旧产品的存货被处理得差不多的时候再将新产品投放市场,以免对旧产品形成太大冲击;如果新产品属于季节性产品,就应在销售季节来临前投放市场。

一般是先在主要地区的市场推出,取得立足点,然后再扩大到其他地区。根据罗杰斯模式,最有潜力的消费者群体总是最早或较早采用新产品,以后会大量使用的是具有一定的传播影响力的价格敏感度较低的人群。

四、影响旅游新产品开发成败的因素

(一)旅游新产品开发成功的企业条件

第一,与客户保持密切联系。管理者必须了解他们的客户,并懂得客户的真正需求。

第二，跨部门沟通交流。新产品开发成功的无数案例表明，创新是企业各主要部门之间信息高效沟通的结果。

第三，跨部门的合作团队。成功的产品创新无一例外都是企业内跨部门合作团队成员共同努力的结果，而不是依靠某个人的力量。

(二)旅游新产品失败的营销原因

新产品开发结束后，有许多营销因素需要特别注意，它们可能导致新产品扩散失败。这些原因包括：

第一，旅游新产品的差异点传递不明晰。旅游新产品要想打败竞争产品，关键在于与众不同的差异点，即能给游客带来独特利益的卓越特性，并且旅游企业需要将该特性成功传达给消费者。

第二，旅游目标市场与产品的界定不精准。在开发新产品之前，需要明确地识别出目标市场、顾客需要与新产品特性。

第三，旅游目标市场吸引力太小。每个新产品经理都在努力寻求高速增长且潜力巨大的目标市场。但是现实中，目标市场的规模往往太小或者竞争激烈，无法保障必需的投资回报。

第四，旅游市场营销组合实施不力。再好的新产品设计、扩散计划都需要强有力的实际行动和具体实施作为保证。习近平总书记提出"形势决定任务，行动决定成效"。在营销实践中，品牌名称、包装、定价、促销和分销等营销组合实施不力，往往是造成新产品扩散失败的重要原因。

第五，时间安排不合理。旅游产品推出的时间过早、过迟或者正好赶上消费者需求急剧改变，都会对新产品的推广造成致命的打击。

第六，旅游营销渠道成本过高。新产品研发本来就会耗费大量的资金，如果渠道成本过高也会导致部分旅游企业因经济实力不够而导致新产品扩散受阻。

黄鹤楼雪糕上市

黄鹤楼雪糕，于2021年4月4日在黄鹤楼公园上市。雪糕造型为缩小版黄鹤楼，看着颜值很高、仙气飘飘。雪糕有巧克力味和酸奶黄桃味两种，售价为15元。

据报道，因为其形状逼真，许多游客前往景区购买雪糕，并与黄鹤楼合影打卡。雪糕开售之日，3000只雪糕在下午2时便已售罄。

(资料来源:《武汉黄鹤楼雪糕明日上市，快来"唆仙气"》，《长江日报》，2021-04-04；《武汉黄鹤楼雪糕日售3000只 你会去打卡吗》，https://3w.huanqiu.com/a/c36dc8/42cq2ldourH？agt=8？p_a0958f72c4ef5cbd5ba69e87464168291。)

思考题：黄鹤楼雪糕属于什么类型的旅游产品？

阅读链接

走向3.0：新时代实景演出的升级换代与高质量发展

任务四　制定旅游产品品牌策略

习近平总书记对品牌建设问题历来高度重视。2014年，习近平在河南考察时指出，要推动中国制造向中国创造转变、中国速度向中国质量转变、中国产品向中国品牌转变。2016年，中央经济工作会议指出，要"狠抓农产品标准化生产、品牌创建"。对于现代旅游企业来说，品牌日益成为生存和成功的核心要素之一。

一、旅游产品品牌的内涵

（一）旅游产品品牌的含义、作用与管理要求

1.旅游产品品牌的含义

旅游产品品牌是识别销售者的产品或服务，与竞争对手的产品或服务区别开来的商业名称及标志。品牌由文字、标记、符号、图案和颜色等组成的，包括品牌名称、品牌标志和商标。其中品牌名称是指产品品牌中可用语言表达的部分，如"故宫博物院""华住"等。

品牌标志是指产品品牌中可被识别但不能用语言表达的部分，包括符号、图案或专门设计的颜色、字体等。品牌不单要有本身的概念、理念，还要形成品牌口号和品牌传播方式，如动画传播、动漫传播、视频传播、微信微博传播、俏皮话等文字游戏传播等。在西方，品牌或品牌的一部分在政府有关部门依法注册后，称为"商标"；在我国，品牌等于商标，包括注册商标和未注册商标。

2.旅游产品品牌的作用

品牌是旅游产品的标志与灵魂，它代表的是旅游产品的核心吸引力。对消费者而言，品牌代表产品有一定的质量和特色，便于选购，有利于提高购买率；借助品牌，游客可以得到相应的服务便利；品牌有利于保护消费者权益，选购上当时便于追查责任、索赔和更换等；好的品牌对消费者具有很大的吸引力，有利于消费者形成品牌偏好，满足消费者的精神需求。

对生产者而言，品牌有助于市场细分，进而进行市场定位；有助于稳定产品的价格，降低价格弹性，减少经营风险；有助于产品的销售和占领市场；有助于新产品开发，节约新产品市场投入成本；有助于企业抵御竞争者的攻击，保持竞争优势。可口可乐公司总裁伍德拉夫曾说，即使可口可乐工厂在一夜之间烧光，只要可口可乐的品牌还在，可口可乐就能迅速恢复生产。可见品牌价值之大。对社会而言，品牌可促进产品质量的不断提高，品牌可加强社会的创新精神，商标专用权可保护企业间公平竞争。

3.旅游产品品牌管理要求

首先，旅游企业必须就品牌定位问题与顾客进行持续的沟通交流。品牌的维护单靠广告是很难成功的，还必须善于借助顾客的品牌体验来彰显品牌特色和优势。口碑

传播、社交媒体、官方网站、微信、微博都可以成为与顾客沟通交流的渠道。

其次,旅游企业必须加强内部品牌建设,加强内部营销,倡导营销文化,强化市场导向,动员全体员工践行"以顾客为中心"的理念,借助内部沟通机制让员工理解品牌,培养员工对品牌的激情。

最后,旅游企业需要定期审核品牌的优势和劣势,以确认品牌定位是否合理有效,确保企业品牌能够提供顾客所重视的全部利益,确保企业品牌能够得到适当而持续的支持,并根据市场竞争形势的变化及时进行品牌重新定位。

(二)品牌资产的内涵

1. 品牌资产的含义

品牌资产是品牌对顾客影响力的体现。品牌引起顾客对其旅游企业产品及其营销策略产生反应,对顾客产品偏好和顾客忠诚产生影响。忠诚的顾客为旅游企业带来的利润总和是隐含在品牌资产之下的顾客资产(customer equity)。

企业可从四个顾客感知维度测量品牌的价值和优势:

(1)差异化,即是什么因素使得该品牌独树一帜。

(2)关联度,即顾客感知的产品满足其需要的程度。

(3)品牌知识,即顾客对该品牌的了解程度。

(4)重视程度,即顾客关心、重视、敬重该品牌的程度。

品牌价值是一个品牌所具有的财务价值,即在某一个时间,运用类似有形资产的评估方法,针对品牌的属性、品质、档次、品位、文化等计算出品牌的价值金额。

2. 品牌资产的构成

品牌资产是一个系统概念,它由一系列因素构成,如图6-8所示。

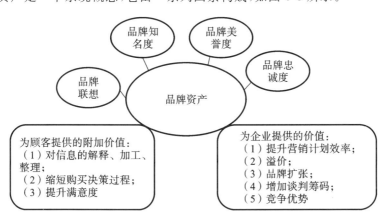

图 6-8 品牌资产系统

(资料来源:Aaker D A. Managing Brand Equity Capitalizing on the Value of a Brand Name[M]. New York:Free Press,1991.)

品牌名称和品牌标志是品牌资产的物质载体,品牌知名度、品牌美誉度、品牌联想和品牌忠诚度是品牌资产的有机构成,为消费者和旅游企业提供附加利益是品牌资产的实质内容。

(1)品牌知名度。

品牌知名度是指某品牌被公众知晓、了解的程度,它表明品牌在市场上被多少或多大比例的消费者所知晓,是一个量的指标,反映顾客关系的广度。同时,也是评价品牌社会影响大小的指标。

知名度的大小是相对的,名牌是知名度相对较高的品牌。品牌知名度一般分为四个层次:无知名度(unaware of brand)、提示知名度(aided awareness)、未提示知名度(unaided awareness)和顶端知名度(top of mind)。品牌管理的角度,一般考虑后三个方面。它们呈金字塔形,层次越高越难实现。品牌知名度的价值在于让人们由熟悉而引发好感并产生品牌联想;暗示某种承诺,成为选购的对象,弱化竞争品牌的影响。

(2)品牌美誉度。

品牌美誉度是指某品牌获得公众信任、支持和赞许的程度,它是一个质的指标,反映某品牌社会影响的好坏。品牌美誉度的资产价值体现在口碑效应上,即通过人们的口头或书面称赞,一传十,十传百,引发源源不断的销售。

(3)品牌忠诚度。

消费者在一段时间甚至很长时间内重复选择某一品牌,并积极推荐他人购买,这称为品牌忠诚。品牌忠诚度是顾客对品牌感情的量度,反映出一个顾客转向另一个品牌的可能程度,是企业重要的竞争优势。

品牌忠诚度是一项战略性资产,如果对它进行恰当的经营开发,就会降低旅游企业的营销成本,增强渠道谈判力,吸引新顾客,减少竞争威胁。

忠诚的消费者一般会对所选择的品牌产生一种眷恋感,这种感觉一旦产生就很难发生转移,会给竞争对手进入市场带来很大的阻力,会削弱竞争者的获利潜力,那么该品牌抵御竞争产品攻击的能力会大大增强。

品牌的忠诚度可从通过几个方面进行测量,即顾客重复购买次数、顾客购买挑选时间、顾客对价格的敏感程度、自愿搜寻等。自愿搜寻指当首要目标不可得时,消费者选择次选商品的可能性,也称作"不接受替代品"。

(4)品牌联想。

联想是一种重要的心理现象和心理活动,心理联想是事物之间的不同联系在人脑中的反映,品牌联想是消费者想到某一品牌时能记起的与品牌相关的信息。品牌联想大致可分为三个层次:品牌属性联想、品牌利益联想、品牌态度。

品牌属性联想是指对品牌产品或服务特色的联想,比如消费者认为产品或服务是什么。品牌利益联想是指消费者感知的某一品牌产品或服务属性给他带来的价值和意义。

品牌利益联想又可分为功能利益联想、象征利益联想和体验利益联想。功能利益是指产品或服务提供给消费者的内在利益,是消费者购买该产品或服务最基本的动机。象征利益是指产品或服务能提供给消费者的相对外在利益,可以满足消费者的社交需要、自尊需要等一些高层次的需要,与产品或服务无关属性相匹配。体验利益指消费者消费产品或服务后的感受,它既与产品或服务相关属性相匹配,又与产品或服务无关属性相匹配,这些利益能使消费者获得愉悦感或者某种刺激。品牌态度是最高层次也是最抽象的品牌联想。它是消费者对品牌的总体评价和选择。

品牌态度通常建立在品牌属性和品牌利益上。如消费者对酒店的态度建立在它的位置、客房、外观设计、服务质量、娱乐设施、食品质量、安全性和收费上。品牌态度幅度较宽,从厌恶到喜欢等都是品牌的态度,品牌态度一旦形成是难以改变的。品牌联想具有包括帮助处理信息、品牌联想引发个人传播、产生差异化、提供购买理由和促进品牌延伸在内的丰富价值。美好、积极的品牌联想意味着品牌被接受、认可、喜爱,有竞争力,成功。

对顾客建立品牌购买倾向的关键因素包括品牌是否有意义、是否差异化、是否突出,它们可以使消费者产生积极的购买倾向,选择该品牌而不是其他品牌,愿意为该品牌支付更高的代价,执着地惠顾该品牌或决定未来购买该品牌。由此便会给旅游企业带来财务绩效,表现为势力、溢价和潜力三项评价指标的提升。势力是品牌未来的市场份额。溢价是品牌与同类产品相比在同等价格水平上的增加值。潜力是指该品牌市场份额提升的概率。品牌联想要善于将品牌与其他因素联系起来,从而形成品牌资产。这里所涉及的因素包括:企业自身(品牌战略等)、国家或地理区域(产品原产地认证等)、分销渠道、其他品牌(联合品牌、成分品牌和延伸产品等)、人物形象(许可等)、代言人(背书等)、文体活动(赞助等)、第三方评价(颁奖、获奖、点评等)、事件营销和公益营销展示品牌联想的各种因素。

品牌建设是一个自下而上的渐进管理过程。

首先,企业要确保顾客识别和认知品牌,并将其与特定品类或需求相关联。

其次,企业要从战略上将大量无形资产和有形资产与顾客心智有机地联系起来,借助品牌联想使消费者建立起对品牌的清晰认知,了解品牌与其他同类品牌的异同点。

再次,依据顾客与品牌相关的判断和感受,引导和激发顾客的适当反应。

最后,将顾客的品牌反应转化为强烈的顾客忠诚。

这种品牌建设模型可称为品牌共鸣模型,如图 6-9 所示。该模型包含上述四个步骤和品牌建设六个模块构成的图形,图形的左边是品牌建设的理性路径,右边是品牌建设的感性路径。

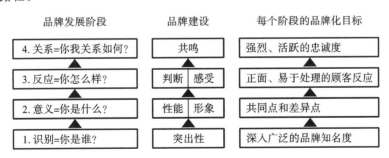

图 6-9 品牌共鸣模型

3.品牌价值链

品牌价值链是一种评价品牌资产来源和产出的结构化方法,描述了营销活动创造品牌价值的基本路径,如图 6-10 所示。该理论认为品牌价值的创造始于旅游企业针对现实顾客和潜在顾客的营销方案及其投资。针对特定目标市场的需求现状及其未来趋势,企业制定周密的营销方案,在产品开发、渠道建设、促销传播等各方面进行投资。这些努力和投入会改变顾客对品牌的想法和感觉(顾客心智)。顾客心智会影响顾客购买行为以及对营销组合因素的反应方式,产生不同的意识、联想、态度、依恋和行动,进而影响到企业品牌溢价、市场份额、盈利能力等。投资方会从品牌的市场绩效指标评估该品牌给股东带来的价值。方案乘数、顾客乘数和市场乘数可以增加或减少该品牌从一个阶段流向另一个阶段的价值。方案乘数决定营销方案影响顾客心智的能力,是方案投资质量的函数。顾客乘数决定顾客心智创造的价值对市场绩效的影响程度,其影响因素包括竞争反应(其他竞争品牌的营销投资的数量和质量效果如何)、渠道支持(各中间商投入的品牌支援和销售情况如何)、顾客规模(受品牌吸引的顾客有多少、能否带来利润)等。市场乘数决定品牌的市场绩效所呈现的价值借由股东价值体现出来的程度,它取决于财务分析者和投资者的行为。

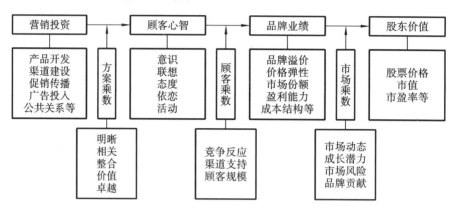

图 6-10　品牌价值链的基本路径

(三)旅游产品品牌设计要求

1. 新颖美观

旅游产品品牌要构思新颖、别致有趣、简单鲜明、美观大方,才能引起消费者的注意,在消费者心中树立良好的企业形象和商品形象,激发购买欲望。

2. 体现商品特色

旅游产品品牌充分体现商品的性质、特点和风格,是品牌设计成功的基础。只有体现商品特色的品牌,才能对顾客产生吸引力。

3. 与目标市场相适应

旅游企业的一切活动都是围绕目标市场进行的,旅游产品的品牌也不例外。商品的名称、图案、色彩、发音等在设计时,要符合目标市场风俗习惯、审美观点、语言风格等方面的要求,才能为消费者所接受。

4. 符合法律规范

《中华人民共和国商标法》规定下列标志不得作为商标使用:

(1)同中华人民共和国的国家名称、国旗、国徽、国歌、军旗、军徽、军歌、勋章等相同或者近似的,以及同中央国家机关的名称、标志、所在地特定地点的名称或者标志性建筑物的名称、图形相同的。

(2)同外国的国家名称、国旗、国徽、军旗等相同或者近似的,但经该国政府同意的除外。

(3)同政府间国际组织的名称、旗帜、徽记等相同或者近似的,但经该组织同意或者不易误导公众的除外。

(4)与表明实施控制、予以保证的官方标志、检验印记相同或者近似的,但经授权的除外。

(5)同"红十字""红新月"的名称、标志相同或者近似的。

(6)带有民族歧视性的。

(7)带有欺骗性,容易使公众对商品的质量等特点或者产地产生误认的。

(8)有害于社会主义道德风尚或者有其他不良影响的。

案例分析

"清新福建"是福建省的旅游形象推广品牌。其标志如下图所示。

原"清新福建"logo

升级后的"福文化＋清新福建＋全福游"组合 logo

据官方介绍,"清新福建"标识提取代表福建丰富旅游资源和清新福建特色的"绿水、青山、阳光、空气、海洋、水仙花"等元素,组合成"福"字图形。整体标志清新自然,将清新福建的内涵和特质淋漓尽致地表现出来。"福"字作为主元素图形,体现出福建作为全国唯一的以"福"为名的省份,凸显"福"文化,寓意"福山""福水""福气",省内大众对"福"文化有着高度的心理认同和文化认同。

整体标志符号化,识别度高,且具有唯一性和独特性,并进行了商标注册。2022年,升级为"福文化＋清新福建＋全福游"组合logo,供全省各地文化和旅游系统规范使用。"清新福建"的旅游形象定位既有福建生态、文化层面的清新,又有新时代精神清新;再加上前几年全国雾霾特别严重,所以"清新福建"形成了一种强烈的反差,跟市场需求形成很好的呼应,所以它很快脱颖而出,得到广泛的好评。

旅游品牌营销不仅要考虑品牌形象,还得考虑产品支撑,"清新福建"的品牌体系是由"清新产品"支撑的,比如"清新福建四季行""清新福建四大特色游""清新福建特色商品""清新福建空气指数"等,尤其是福建选了50个景区,把每天的空气质量在互联网上发布,社会反响特别好。另外,福建还依托微信、微博等平台,利用微电影方式,整合传统媒体,策划诸多线下节庆活动,用全媒体营销来支撑"清新福建"这个新形象、新概念,统筹全省,打营销组合拳,树立福建省"清新福建"的品牌形象。

在"清新福建"总体旅游形象定位的影响下,福建省内的各设区市与综合实验区根据区域特色,形成了自己的城市品牌。如福州"温泉古都·有福之州"、厦门"清新福建·美丽厦门"、漳州"清新福建 花样漳州"、泉州"清新福建 海丝泉州"、三明"清新福建 悠然三明"、莆田"妈祖圣地 美丽莆田"、南平"清新福建 快乐武夷"、龙岩"清新福建，欢乐龙岩"、宁德"清新福建 绿色宁德"、平潭综合实验区"清新福建 平潭蓝"。然后各市、区、县也分别打造自己的城市品牌，形成亮丽的城市名片体系。

(资料来源：根据《"清新福建"LOGO下载》,福文化及文旅品牌组合规范使用等资料整理而成，http://wlt.fujian.gov.cn/wldt/ppxc/202002/t20200210_5192832.htm, 2022-05-09。)

思考题：
(1)请客观评价福建的品牌标识。
(2)旅游产品品牌设计有哪些需要注意的方面？

二、旅游产品品牌策略选择

(一)旅游品牌策略的内容

1. 品牌有无策略

根据是否用品牌可分为用品牌和不用品牌两类。

1)用品牌

有品牌的旅游产品更容易得到游客的信任，帮助旅游企业获得诸多利益，因此，一般旅游产品都用品牌。但品牌建设和管理也会使增加企业成本。

2)不用品牌

在以下特殊情况下，旅游企业会考虑不用品牌：本企业产品与其他商品没有显著差别；一次性销售的商品；考虑节省成本的商品；消费者长期习惯于无品牌的商品等。

2. 品牌归属决策

品牌可以归属于制造商、中间商、零售商等企业或个人。品牌归属决策就是确定品牌归谁所有的问题。

1)制造商品牌

制造商品牌即制造商决定使用自己的品牌。制造商是品牌产品的创造者，是营销渠道的源头和中心。需要注意的是，制造商不等同于生产商，生产商是商品的生产者，它可以只为自己生产商品，也可以为多个制造商生产产品，生产商也可以创立自己的品牌，因此一个制造商可以有多个生产商。

2)中间商品牌

制造商决定将自己的产品卖给中间商，中间商将产品打上自己的商标，再把产品卖出去，称为中间商品牌。

3)零售商品牌

由特定零售渠道所经营的品牌称为零售商品牌。

4)特许品牌

特许品牌是指品牌拥有者或其特许人以一种契约方式将品牌使用权授权给使用

者,允许使用者在一定时期和地域范围内使用特许品牌进行经营的方式。

3. 品牌名称策略

品牌名称决策是指为新产品选择特定名称的决策。其具体策略包括个别品牌名称、统一品牌名称、分类品牌名称、统分品牌名称。

1) 个别品牌名称

个别品牌名称即企业决定企业名称与所有产品名称均使用不同名称,不同产品分别形成自己的个别品牌。

2) 统一品牌名称

统一品牌名称即企业决定企业名称与所有产品名称均使用同一名称,形成统一品牌。

3) 分类品牌名称

分类品牌名称即企业决定各产品线分别采用各自的统一品牌。

4) 统分品牌名称

统分品牌名称即企业名称与个别品牌名称并用,企业决定其各种不同的产品分别使用不同的品牌名称,但各种产品的品牌名称前面必须冠以企业名称。

(二)旅游品牌发展策略

旅游品牌发展策略即旅游企业根据自身实力、行业特点、市场的发展、产品特征等要素,选择合适的品牌发展战略。旅游品牌发展策略有产品线扩展策略、品牌扩展策略、多品牌策略、新品牌策略和联合品牌策略。

1. 产品线扩展策略

产品线扩展策略即企业现有的产品线使用同一品牌,当该产品线增加新产品时,仍沿用原有的品牌,拓展产品线的宽度。

产品线扩展表现为现有产品的局部改进,如增加新的功能、包装、款式和风格等。产品线扩展的原因是多方面的,如可以充分利用过剩的生产能力;满足新的消费者的需要;率先成为全产品线的公司以填补市场的空隙、与竞争者推出的新产品竞争或得到更多的货架位置。

产品线扩展有利于满足不同细分市场的需求;有利于增强本企业产品的竞争力;可以防御竞争者的袭击。产品线扩展也可能会淡化品牌原有的个性和形象,增加消费者认识和选择的难度,可能难以冲抵扩展产品的开发和促销成本,可能会让消费者误认为是同一种产品线中新老产品自相残杀的局面。

2. 品牌扩展策略

品牌扩展策略即将一个现有的品牌名称用到一个与原来产品不相关的新产品开发上。品牌扩展是实现品牌无形资产转移和发展的途径。

品牌扩展有利于加快新产品的定位,保证新产品投资决策快捷、准确;有助于减少新产品的市场风险,如缩短消费者认知、认同、接受、信任新产品的过程,防范新产品的市场风险,降低新产品推广的成本费用;有助于强化品牌效应,增加品牌这一无形资产的经济价值;能够增强核心品牌的形象,提高整体品牌组合的投资效益。

品牌扩展也有一定的弊端:有可能对强势品牌的形象起到巩固或削弱的作用。如果品牌扩展运用不当,原有强势品牌所代表的形象就会弱化;会导致消费者对产品认知的飘忽不定;淡化品牌特性。当扩展品牌的产品在市场竞争中处于绝对优势时,消费者就会把原强势品牌的心理定位转移到扩展品牌上,这样就在无形中削弱了原强势品牌的优势与特性。

总体而言,品牌扩展一方面在新产品上实现了品牌资产的转移,另一方面又以新产品形象延续了品牌寿命,因而成为企业的现实选择。

3. 多品牌策略

多品牌策略即一个企业发展到一定程度后,利用自己创建起来的一个知名品牌延伸开发出多个相互独立又存在一定的关联品牌的策略。其实施有两个特点:一是不同的品牌针对不同的目标市场,二是品牌的经营具有相对的独立性。

一般来说,拥有行业领先品牌或行业挑战品牌的企业推行多品牌策略成功的机会相对较大。行业领先品牌企业推行多品牌策略的目的是谋求更大的市场份额,拉大与其他品牌的距离,努力成为行业领导者。尽管行业领先品牌没有强大到可以垄断市场的地步,但在品牌知名度、市场份额等方面有领先优势。行业挑战品牌靠单一品牌的力量,很难追上并超越比其更具优势的领先品牌。但同时拥有几个定位和消费诉求各不相同的品牌,则不仅可以在更大程度上占有市场份额,还可以给领先品牌带来群狼环伺的威胁。因此,行业挑战品牌推行多品牌策略的目的就是:以多敌少,打败领先品牌,成为领先品牌。

多品牌策略有利于加强企业的灵活性;有利于完善企业危机管理机制;有利于扩大市场份额;有利于企业适应市场的差异性。多品牌策略的运作,需要完善的跨部门协调体制,需要高质量的品牌管理专业人才,要有一定规模的品牌建设资源,多品牌战略在人才竞争、企业预警系统钝化、更加复杂烦琐企业公关、产品定位不准等方面存在一定的弊端。

4. 新品牌策略

新品牌策略是一种为新产品设计新品牌的策略。当企业在新产品类别中推出一个产品时,它可能发现原有的品牌名称不合适,或者对新产品来说有更好更合适的品牌名称,这时企业需要设计新品牌。但新品牌的推出需要花费较高的成本。

5. 联合品牌策略

联合品牌策略也称双重品牌,指将两个或更多的品牌组合用于一个共同的产品,联合开展营销活动。

联合品牌可以从现有目标市场挖掘出更多的销售额,为新的客户和渠道开发更多的机会,减少新产品推出的成本,提升市场的接受速度。如瑞幸咖啡和椰树椰汁推出的椰云拿铁,一经上市就成为年轻人拍照打卡的爆款,朋友圈、小红书等社交平台也掀起了椰云拿铁的热潮。

成分品牌是联合品牌的一个特例,能够为材料、成分、零件等创造品牌资产。如果主产品的品牌不够强势,成分品牌则可以增进其差异化,彰显其高质量。

联合品牌的优点在于结合了不同公司的优势,提高各自品牌的知名度,可以增强产品的竞争力,扩大销售,降低促销费用,但联合品牌策略的使用也存在一定风险:长期使用时,双方公司可能受益不均,甚至产生危及一方的长期利益的现象,产生借助他人力量为他人作嫁衣的结果。同时,联合品牌的知名度、美誉度各有高低,高知名度和高美誉度的品牌可能因为联名品牌而降低自己在消费者心目中的形象,从而降低公司抗风险的能力。

(三)旅游品牌更新策略

旅游品牌更新策略主要包括形象更新、重新定位和管理创新等。

1. 形象更新

形象更新即品牌不断创新形象,适应旅游消费者心理的变化,从而在旅游消费者心目中形成新的印象的过程。旅游目的地的形象定位、产品特色定位、直接竞争定位等策略随着市场竞争情况和消费者生活方式的变化而变化。形象更新不仅可以使原有的品牌产品焕发生机,而且可以在原有市场和新的市场产生更加广泛的吸引力,向着更加适应国际旅游潮流的方向转变。

形象更新有以下两种情况:

(1)消费观念变化导致旅游企业积极调整品牌策略,塑造新形象。如随着环保意识的增强,当旅游消费者开始把无公害消费作为选择商品、品牌的标准,旅游企业可采用迎头而上的战略,更新品牌形象为环保形象。

(2)市场调整。旅游企业要开发新市场,就需要为新市场塑造新形象,如在21世纪来临前,新加坡旅游促进局为体现新加坡传统和现代兼备、东西方文化交融的特点,反映新加坡旅游业的无限资源,将新加坡的旅游形象定位为"Singapore Live"(朝气蓬勃新加坡)。进入21世纪后,随着国际旅游客源市场发生重大变化,新加坡旅游促进局将新加坡的旅游形象更新为"Live It Up in Singapore"(尽情享受新加坡)和"New Asia"(新亚洲)。

2. 重新定位

重新定位即旅游企业建立品牌之后往往会根据市场需求和竞争形势的变化而不断完善、改进、调整自己的品牌定位,以便企业更好地生存和发展,也可称为品牌修正、品牌再定位。一般来说,品牌定位可在三个层次上展开:

(1)品牌定位的最低层次,基于产品属性的品牌定位。产品属性很容易被竞争者模仿。基于产品属性的品牌定位在产品更新换代以后,需要重新进行定位。

(2)品牌定位的较高层次,基于某种顾客利益的品牌定位。能关注到顾客渴求的利益,有利于顾客对品牌产生兴趣和忠诚。

(3)品牌定位的最高层次,基于信念和价值层面的品牌定位,在更高的情感层次上锁定顾客。这种品牌定位能够产生强大的情感影响力,激发广大顾客产生超乎寻常的品牌忠诚。

企业有时会因时代特征、社会文化的变化而修正定位或再定位。此时,需考虑将品牌转移到另一个细分市场所需要的成本,一般,再定位的跨度越大,所需成本越高。要考虑品牌定位于新位置后可能产生的收益,收益大小是由某一目标市场的消费者人数、消费者的平均购买率、同一细分市场竞争者的数量和实力,以及在该细分市场上为品牌修正或再定位要付出的代价决定。如,2002年云南大理白族自治州根据"风、花、雪、月"四景、"风花雪月"的美丽传说、大理人浪漫的天性与安然自得的生活节奏,将品牌形

阅读链接

复星旅文旗下品牌

象"五朵金花的故乡"重新定位为"风花雪月,自在大理",使得大理的游客总数从每年的300万左右,自2003年游客总数增长至500多万,这说明了市场对大理新品牌形象的认可。

3. 管理创新

管理创新是指以企业生存的核心内容来指导品牌的维系与培养,它含有多项内容,如与品牌有关的观念创新、技术创新、制度创新以及管理过程创新等。

案例分析

广西旅游形象定位的更新

广西旅游形象旧的logo是由用线条勾勒的山水＋"遍行天下 心仪广西"的旅游口号＋广西的拼音(GUAGNXI)＋中国的英文(CHINA)构成。凸显了广西的山水。

广西旅游形象新的logo整体由广西的拼音＋海水＋广西地理轮廓＋广西简称(桂)＋"秀甲天下 壮美广西"的旅游口号等构成。其中拼音融合了广西当地文化的图形元素,如"G"中有壮族铜鼓图案,"a"里面的是绣球,"n"是桂林象鼻山的轮廓,"x"是宁明花山石壁画中的人形。新logo有丰富的颜色,排版也更显活泼,整体凸显了广西独特的山水资源和壮族文化,体现了自然与人文的融合,更能代表广西文化和旅游的气质特征。

广西旅游形象的旧logo

广西旅游形象的新logo

改革开放以来,因山水而闻名的桂林成为入境游的热门目的地,跻身中国入境游一线旅游城市。然而,广西的山水之美,不仅仅在桂林。南宁的大明山、青秀山,大新德天瀑布,钦州三娘湾,北海银滩、涠洲岛,百色天坑群等景观,也诠释着自然造化的奥妙和多元的审美情趣。当"绿水青山就是金山银山"成为发展共识和生态资源价值转化的实践路径,优质山水就愈加显得稀缺而珍贵。这些山水奇观之中居住着壮、汉、瑶、苗、侗等12个少数民族,各族人民一起创造的壮美文化,成为广西最具辨识度和竞争力的标识。"秀甲天下"的自然山水＋"壮美"的文化瑰宝重构了精美的广西画卷。2019年"秀甲天下 壮美广西"旅游口号的正式提出,表现了广西的独特之美与审美之境,彰显了广西文化与旅游的内涵和价值理念,凸显了地方特色,暗合了时代精神。山水之间,唯广西可壮美;壮美之词,唯广西可匹配。

(资料来源:根据《广西启用全新的旅游品牌LOGO》等资料整理而成,https://www.logonews.cn/guangxi-travel-new-logo.html,2022-05-05。)

思考题:

(1)广西旅游形象定位修正的原因是什么?

(2)新的广西旅游形象定位有哪些特点?

任务五　制定旅游产品组合策略

一、旅游产品组合的概念

旅游产品组合是旅游企业提供给市场的全部产品线和产品项目的组合。具体指旅游企业根据旅游消费者的需求、旅游企业的生产能力、旅游企业的目标市场、竞争企业的状况等要素,对不同规格、不同档次的旅游产品进行科学整合与组合搭配,使其更能适应旅游市场的需求,实现旅游企业的最大经济效益。旅游产品组合涉及以下几方面概念。

(1)产品线,指产品组合中的某一产品大类,是一组密切相关的产品。

(2)产品项目,指产品线中不同品种、规格、质量和价格的特定产品。

(3)产品组合的宽度(广度),指企业拥有的不同产品线的数量。

(4)产品组合的长度,指企业在产品线中包含的产品项目总数。

(5)产品组合的深度,指产品线中的每一种产品有多少个品种。

(6)产品组合的关联度,指企业各个产品线在最终用途、生产条件和分销渠道等方面的相关程度。

二、旅游产品组合的常用策略

旅游产品组合策略是旅游企业经营者根据自身目标、资源条件以及市场需要和竞争状况,对旅游产品组合的宽度、深度和关联度进行最佳决策。

1. 旅游产品组合的宽度策略

旅游产品组合的宽度即旅游企业生产或经营旅游产品线的总数,即具有相似的功能,能满足同类旅游者需求的一系列旅游产品的总数。旅游产品线多者为宽,少者为窄。

2. 旅游产品组合的长度策略

旅游产品组合的长度即指一条旅游产品线中包含旅游产品项目的总数。旅游产品项目多者为长,少者为短。

3. 旅游产品组合的深度策略

旅游产品组合的深度是指旅游产品线中的每一产品项目的品种总数。旅游产品项目品种多者为深,品种少者为浅。

4. 旅游产品组合的关联性策略

旅游产品组合的关联性是指旅游企业的各个旅游产品线,在最终用途、生产条件、分销渠道、满足旅游者需求等方面存在的相关程度。

三、旅游产品组合策略的改变

(一)扩大旅游产品组合策略

旅游企业通过增加旅游产品组合的宽度、深度等方式来满足不同旅游者的需求,增强旅游企业的应变能力和竞争能力。

一是增加旅游产品线,扩大经营范围,包括向下延伸、向上延伸和双向延伸三类,向下延伸即原生产高档产品向中低档产品扩展;向上延伸即原生产中低档产品向高档产品扩展;双向延伸,即原生产中档产品向高档和低档产品两个方向扩展。

二是在原有旅游产品线中增加新的旅游产品项目。

三是充分利用企业人、财、物等资源扩大旅游产品组合,从多方面满足旅游者的需求。该策略具有可以减少旅游市场变化带来的风险,增强旅游企业的竞争能力的优点,但也具有经营成本较高、易使旅游企业资源分散的缺点。

(二)缩减旅游产品组合策略

旅游企业通过缩减旅游产品线、减少旅游产品线中的旅游产品项目数,实行集中化或专业化的经营策略。

一是根据需求,取消过时的、利润减少的旅游产品线。

二是取消旅游产品线中部分利润低的旅游产品项目。该策略的好处是可使旅游企业集中资源生产和经营获利多的旅游产品线与旅游产品项目,加快资金周转,减少销售费用,提高旅游产品质量。

当旅游市场需求发生变化时,旅游企业会因生产或经营的旅游产品线或产品项目减少而陷入被动,加大旅游企业的经营风险。

(三)改进现有旅游产品策略

旅游企业根据旅游市场的需求,有计划、有选择地对现有的旅游产品加以改进。该策略具有少周转、见效快、风险小的优点。既能使旅游产品组合向深度发展,又能提高旅游产品的声誉,取得较高的市场占有率。

(四)增加高档旅游产品策略

旅游企业在原有的旅游产品线中增加高档旅游产品项目,以提高旅游企业和产品的知名度与美誉度。该策略不但能满足旅游者对高档旅游产品的需求,也能带动现有低档旅游产品的销售,从而增加旅游企业的经济效益。但是,靠增加高档旅游产品策略改变旅游产品在旅游者心目中的地位是十分困难的,稍有不慎就会影响旅游企业现有旅游产品的市场声誉,给旅游企业带来一定的经营风险。

四、优化产品组合的分析方法

(一)产品线销售额和利润分析法

产品线销售额和利润分析法是通过分析、评价现行产品线上不同产品项目所提供的销售额和利润水平,来优化产品组合的方法。

(二)产品项目市场地位分析法

产品项目市场地位分析法是通过将产品线中各产品项目与竞争者的同类产品作对比分析,来全面衡量本公司各产品项目的市场地位,从而确定或调整公司产品组合的分析方法。

(三)产品—市场战略矩阵分析法

根据产品—市场战略矩阵分析图,可以形成九个象限,形成九个战略(图6-11)。

在原有市场,根据现有产品、相关产品和全新产品分别制定出市场渗透战略、产品发展战略、产品革新战略。市场渗透战略是根据旅游企业现有产品和现有市场所制定的战略;产品发展战略是根据企业原有市场和相关产品所制定的战略,相关产品主要是指其他企业已经开发而本企业正准备投入生产的新产品;产品革新战略是企业在原有目标市场上推出新一代产品的战略。

市场＼产品	现有产品	相关产品	全新产品
原有市场	市场渗透战略	产品发展战略	产品革新战略
相关市场	市场发展战略	多角化经营战略	产品发明战略
新兴市场	市场转移战略	市场创新战略	全方位创新战略

图 6-11　产品—市场战略矩阵分析图

在相关市场,根据现有产品、相关产品和全新产品分别制定出市场发展战略、多角化经营战略、产品发明战略。市场发展战略是根据现有产品和相关市场组合而制定的战略;多角化经营战略是指旅游企业利用现有资源和优势,向不同行业的其他业务发展的战略,可分为技术关系多角化、市场关系多角化和复合关系多角化;产品发明战略是要求旅游企业发明别的企业从未推出过的新产品,并进入已经成熟的市场的战略。

在新兴市场,根据现有产品、相关产品和全新产品分别制定出市场转移战略、市场创造战略、全方位创新战略。市场转移战略是指旅游企业将现有产品投入别的企业尚未进入的或刚刚开始形成的市场的战略;市场创造战略是指企业在新兴市场上投放别的企业已经在成熟市场上经营的产品的战略;全方位创新战略是市场创造战略和产品发明战略的组合。

(四)波士顿矩阵法

波士顿矩阵法也称四象限评价法,是根据市场增长率和相对市场占有率两个指标构建企业矩阵,主要用于对企业产品分析、优化和对企业内各战略资源进行配置决策。它是波士顿咨询公司(BCG)于1970年提出的一种规划企业产品组合的方法(见图6-12)。

1. 问题型产品特点及营销策略

问题型产品指高增长、低市场份额的旅游产品。一般处于产品生命周期的投入期,处于最差的现金流量状态,因为高增长需要大量投资,占有率低则表明能够回收的资金有限。它虽有高成长率,但是现阶段竞争力较弱,市场占有率不高,因此未来不确定性高。此时旅游企业应采取强化分销网络,控制广告宣传费用的营销策略,这类旅游产品

旅游市场营销：理论与实务

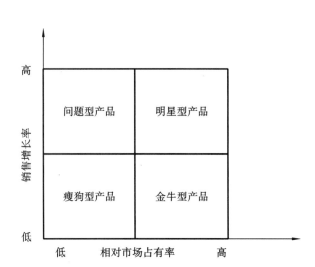

图 6-12　波士顿矩阵图

将会成为明星型产品。

2. 明星型产品特点及营销策略

明星型产品指高增长、高市场份额的旅游产品。一般处于产品生命周期的成长期，处于迅速发展的市场中，并且具有很大的市场份额，市场潜力大。它是企业资源耗费和获利的主要阶段。旅游企业需要大量资金来扶植其快速增长。应当优先保证资源供给，扩大生产能力，提高竞争力，促使销售量迅速增长，等它销售量增长率变低后即可转为厚利产品。此时，企业应该采取的营销策略是及时降低产品价格、争取市场占有率。

3. 金牛型产品特点及营销策略

金牛型产品指低增长、高市场份额的旅游产品。通常处于成熟的低速增长阶段，市场已经成熟，企业不必大量投资以扩展市场规模，同时作为市场中的领导者，因享有规模经济和高边际利润的优点而给企业带来大量现金流，因此也被称为金牛产品或摇钱树产品。但产品未来的增长前景是有限的，旅游企业应采用稳定战略，维持这类产品的现有地位并努力改进，提高盈利，延长其使用寿命。

4. 瘦狗型产品特点及营销策略

瘦狗型产品指低增长、低市场份额的旅游产品。一般处于产品的衰退期，竞争力低，占有率下降，这类产品不能产生大量的现金，常常是微利甚至是亏损的，旅游企业应有计划地予以淘汰，同时开发新产品，开辟新市场。

中国旅游业的"焦作现象"

所谓"焦作现象"就是河南焦作市以发展自然山水旅游，代替将要枯竭的煤炭资源开发，实现社会经济全面转型，并取得成功的现象。

1998 年，焦作市以云台山为突破口，以焦作山水资源为抓手，通过强力实施旅游带动战略，使焦作旅游业在短时间内实现了从无到有、从小到大、从弱到强的变化。焦作市修武县首先想到开发云台山旅游来盘活当地经济发展。由于没有资金没有贷款，县政府研究决定，自己集资搞旅游，通过召开动员大会，全县上下的党政干部职工拿工资入股，这就是轰动一时的焦作筹资开发景区事件。

1999年，依托云台山，焦作做出大力发展旅游业的决策；2000年，确立焦作山水旅游定位；2001年，完成"焦作山水"旅游新格局的构建；2001年，两个旅游黄金周期间，在河南少林寺、龙门石窟等40多个监测点，游客人数与门票收入之冠却被昔日名不见经传的焦作云台山摘得；2002年，全市掀起创优高潮；2003年"焦作山水""云台山"被评为中国旅游知名品牌，通过国家旅游局创优验收；正式申报云台山世界地质公园；2004年，联合国教科文组织正式将云台山世界地质公园列入世界首批地质公园。从1999年到2004年，焦作市旅游接待人数、门票收入、综合收入三项经济指标呈现出持续增长的态势，游客人数和门票收入连续五个黄金周位居河南省第一，其中云台山园区连续六个黄金周位居河南省第一。

焦作发展旅游业以来，全市国内生产总值年均增长11.85%，地方财政收入年均增长21.5%。全市接待游客数从1999年的51万人次增长到2019年的5858.52万人次。1999年旅游企业由不足50家发展到2019年建成国家A级以上旅游区27个，其中国家5A级旅游景区3个；星级饭店24家，其中五星级1家；旅行社90家；旅游从业人员30万人。"煤城"焦作市，以其独特的山水风光成为中原大地上一个新的热点旅游地区。

焦作把旅游业放到了一个很重要的地位，沿着由"黑色印象"向"绿色主题"的思路发展，成功打造了"焦作山水""云台山意境""太极拳"三大具有国际影响力的主题品牌，通过以旅游产业带动传统产业升级，加快城市化发展战略的实施等途径来实现经济发展转型，打造了一个具有国际旅游目的地的旅游城市。

这一切缘于品牌的驱动效应。在中国旅游城市尚没有品牌营销意识的2000年，焦作确定以云台山为核心品牌统领的"以点带面"的营销策略，将云台山定位为"云台山水，峡谷极品"的观光型景区，并根据云台山交通便利、区位优势明显的特点，把促销重点放在距离300公里以内、600公里以外的一级和二级市场。采取由近及远，由西到东，由北向南，由低端到高端，由国内到国外的递进式推广营销模式。焦作旅游开创了多渠道品牌营销模式。旅游部门组织旅游宣传"大篷车"，先后奔赴河北石家庄等周边6省10多个地市，开展了大规模、持续化、系统化品牌营销和产品、线路促销活动。焦作市还尝试开通专列、包机等带动战略，从周边到沿海，从境内到境外，不断巩固客源市场，扩大在目标市场的影响力。焦作影视城吸引了《秦始皇》《汉光武帝刘秀》《貂蝉》等几十部影视剧目拍摄制作。温县陈家沟巧借"中国•焦作第六届国际太极拳会"的东风，将陈家沟太极文化旅游节办得风风火火、热热闹闹。武修县邀请中央二套围绕"万里黄河第一观——嘉应观"拍摄的电视专题片已远播海内外。中央电视台、凤凰卫视、中国旅游报等国内主流新闻媒体几乎都推出了焦作旅游风光专题片和长篇报道。

（资料来源：《中国旅游业的"焦作现象"——中国旅游营销新价值时代》，https://www.guayunfan.com/lilun/40840.html，2022-04-16；《2019年焦作市国民经济和社会发展统计公报》，https://tjj.jiaozuo.gov.cn/template/html/Z_021206_2021058527.htm。）

思考题：中国旅游业的"焦作现象"对旅游产品策略有何启示？

关键概念

旅游产品　整体旅游产品　旅游产品生命周期　旅游新产品　品牌　品牌化　品牌战略　旅游产品组合　波士顿矩阵　品牌资产　品牌知名度　品牌承诺　品牌美誉度　品牌忠诚　品牌联想　品牌态度　多品牌　联合品牌　自愿搜寻　品牌价值链

 一、思考题

1. 简述整体旅游产品概念。
2. 辨析旅游产品投入期、成长期、成熟期的不同营销策略。
3. 对比改进型旅游新产品、创新型旅游新产品和仿制型旅游产品,并举例说明。
4. 简述新产品的概念,论述新产品开发的程序。
5. 辨析产品组合的宽度、深度和长度。以某一旅游企业为例进行说明。
6. 你如何理解产品整体概念的五个层次？以某一旅游产品进行举例说明。
7. 辨析个别品牌名称策略的优势。
8. 品牌资产由哪些因素构成？品牌价值是如何计算出来的？
9. 举例说明旅游企业应如何借助品牌共鸣模型来实施品牌建设？
10. 品牌联想如何提升品牌资产？品牌价值链理论带给我们哪些启示？

 二、能力训练

1. 了解并思考某一家旅游企业的品牌策略。
2. 选择一款旅游产品,分析其旅游产品生命周期及其营销策略。
3. 选择一家有代表性的旅游企业进行调研,分析其产品策略,并完善其产品组合策略。
4. 选取一家旅行社,用波士顿矩阵法对其产品组合进行分析。
5. 材料分析

从 2004 年 3 月 20 日以来,每当夜幕降临,漓江之上一场以山峰为背景,以江面为舞台的中国首部大型山水实景演出《印象·刘三姐》便在全球最大的天然剧场如时上演。

《印象·刘三姐》开创了山水实景演出的新模式。1.654 平方千米的漓江水域是演出舞台,广袤无际的天穹形成自然幕布,周围 12 座拔地而起的山峰构成背景图画,突破了传统的"一个舞台三面墙"的剧场概念。演出巧借晴、烟、雨、雾等自然景观,利用山峰屏障及回声形成天然的立体声效果,配以变幻莫测的灯光,通过舞台艺术、环境艺术、行为艺术的组合,给人以全新的视听冲击,展示出如梦如诗、亦真亦幻的艺术情景,构成天人合一的美妙境界。

《印象·刘三姐》在演员的选用上大胆创新,600多人的庞大演出阵容中无一名专业演员,而是选用300多名当地渔民和200多名张艺谋漓江艺术学校的学生。这种方式,既使观众看到了本色演出,也在一定程度上解决了附近农村劳动力过剩、劳力低廉等问题,还提高了学生的实训能力和表演能力。

《印象·刘三姐》填补了阳朔没有大型高质量的夜间文化项目的空白,为促进当地经济增长和繁荣旅游市场做出了积极贡献。该项目给阳朔创造了大量的就业机会,带动了阳朔乃至桂林旅游、房地产、餐饮、宾馆、娱乐、音像制品、运输等行业的发展,形成了一条比较完整的旅游文化产业链。《印象·刘三姐》成为文化与旅游结合的典范,引发了全国性的实景演出建设热潮。河南的《大宋·东京梦华印》、云南的《印象·丽江》等在中国遍地开花。

如今经过多年沉淀的《印象·刘三姐》已经成为中国实景演出的一面旗帜,世界实景演出的"领先者",它创造了在同一地点同一台演出长年不断,持续进行的新模式,深受中外游客的欢迎,成为具有很强生命力的文化旅游精品。

(资料来源:根据相关网络资料整理。)

思考题:
(1)《印象·刘三姐》的产品创新表现在哪些方面?
(2)《印象·刘三姐》是如何实现产品创新的?
(3)《印象·刘三姐》在产品组合方面运用了哪些策略?

6.假设你的校园是一个A级旅游景区,作为高校性质的景区,研学旅行受到社会的普遍关注,请你针对校园研学旅行市场设计一份2日游旅游产品策划书。要求有主题线路旅游产品、各种单项旅游产品,并说明设计依据和创新点。

7.请根据开发旅游新产品的一般程序策划一款新的旅游产品。

项目七 旅游产品价格策略

知识目标：1. 理解旅游产品价格的概念。
2. 掌握旅游产品定价的步骤与影响因素。
3. 掌握旅游产品定价方法。
4. 掌握旅游产品定价策略。

能力目标：运用定价方法和策略为旅游产品进行合理定价的能力。

素质目标：通过学习旅游产品价格定价的步骤、影响因素、定价的方法与策略，培养学生运用定价方法、步骤和策略为旅游产品进行合理定价的能力与素质。

1. 自选定价方法，为某类或某个旅游产品制定价格，并说明定价策略与适用条件。
2. 为某类旅游产品或某个旅游产品制定一个小长假折扣价。

案例导入

河南洛阳老君山景区持续推出"一元午餐"，赢得好评

自 2017 年起老君山景区在游客歇脚、聚集的半山腰推出"一元午餐"。在吃、住、行、游、购、娱的旅游六要素中，"吃"排第一位。但吃饭难、吃饭贵、饭难吃等仍是备受游客关注的旅游问题。在河南洛阳老君山景区就餐区入口，景区并未设人值守，但游客纷纷自觉投币、自助找零。主食是当地特色的玉米糊涂面，配餐包括黄瓜、圣女果、鹌鹑蛋等，"一元午餐"虽说不算丰盛，但足够让疲惫的游客填饱肚子。吃过"一元午餐"的游客也越来越多，2020 年"十一"假期共售出 2.3 万份，但餐费收入反而多出了 458 元。景区与游客以心换心，让善意不断传递。有人质疑，一元钱的价格是不是亏本生意？据介绍，景区食材多购自周边农户，成本并不高，如果有亏损，则由景区补贴。老君山景区从游客的角度出发，设身处地改进服务，主动提供便宜卫生的饭菜，在寒冷的天气里让游客暖身更暖心。这份"暖意"，换来游客的十分热情，以及全社会的更多关注。这份口碑的价值，远超景区为此可能付出的成本。

（资料来源：《河南洛阳老君山景区"一元午餐"值得借鉴》，《人民日报》，2020-11-30。）

任务一 识别旅游产品定价的主要因素

一、旅游产品价格概述

(一)旅游产品价格的概念

对游客而言,旅游产品价格是为满足自身旅游需要而购买旅游产品的开支;对旅游企业而言,旅游产品价格是为弥补旅游产品的社会必要劳动而确定的旅游销售价格;对旅游消费者和旅游企业双方而言,旅游产品价格是旅游产品的交换价格。旅游产品价格包括单项旅游产品的价格和组合旅游产品的价格。

1. 单项旅游产品

单项旅游产品是旅游住宿、餐饮、交通、娱乐、购物等中的某一项,它由成本和盈利两部分构成。

2. 组合旅游产品

组合旅游产品的价格由购进成本、旅游企业的自身经营成本和利润构成。

旅游定价方法的正确与否,关系着旅游者的接受程度,关系着旅游企业目标的实现与否,关系着旅游业的经济效益能否提高。

(二)旅游产品价格的特点

1. 综合性

旅游产品价格的综合性由旅游产品的综合性决定的。

第一,旅游产品价格是旅游活动中食、住、行、游、购、娱等价格的综合表现。

第二,旅游产品是由各种旅游资源、旅游设施和旅游服务构成的,旅游产品价格也是旅游资源、旅游设施和旅游服务价值的综合补偿。

第二,旅游产品是由众多相关行业和相关部门共同生产的,旅游产品价格也是对相关行业和相关部门劳动价值的补偿。

2. 季节性

旅游产品受季节的影响比较大。在旅游淡季,游客的数量减少,为使不能储存的旅游产品销售出去,应充分发挥价格杠杆的调节作用,实行淡季降价销售,有时甚至可以低于成本的价格销售;在旅游旺季,可适当提价,以满足景区生态承载量,控制无法满足的需求量。

3. 垄断性

文物、古迹、名胜、风景、风情等旅游资源由于其特殊的历史、社会和自然因素,既不可能再生产,又不可能用现代劳动创造出无法弥补的历史价值,因此在旅游产品价格上表现为一种垄断性。

4. 高弹性

旅游需求的高弹性与旅游供给的相对稳定性之间的矛盾，造成相同旅游产品在不同时间里价格差异较大，从而使旅游价格具有较高的弹性。

5. 多重组合性

旅游价格体系是由一系列相互联系、相互制约的旅游产品价格所形成的有机整体，从而形成了旅游价格的多重组合性的特点，并使旅游产品在不同时间存在不同的旅游价格。

二、影响旅游产品定价的因素

旅游产品的定价受到来自旅游企业内部和外部等多种因素的影响，根据旅游企业是否可以对其进行控制或规避，可分为可控因素和不可控因素。

（一）旅游企业可控因素

旅游企业可控因素一般是指旅游企业内部影响产品价格的各种因素，主要包括以下几个方面。

1. 企业发展战略

企业发展战略是企业一切行动的指南，旅游企业在市场经营中的定价策略必须依据企业的经营发展战略而定。诚如习近平总书记指出：正确的战略需要正确的战术来落实和执行，落实才能见成效。例如，为适应企业战略发展的需要，新产品一般会采取较高的产品价格定价策略，以增加销售额。同时，旅游企业产品定位战略也影响旅游产品的定价决策，价格是产品形象的重要代表，优质产品的价格相对较价格高。

2. 旅游企业营销目标

旅游企业会根据不断变化的旅游市场需求和自身实力状况来制定企业总目标以及营销目标，旅游企业产品价格的制定需要考虑企业总目标以及营销目标。旅游企业若以塑造领导品牌与优质形象为目标，一般采用高价策略，且极少降价；若以尽早收回投资为目标，所确定的旅游产品的价格往往会远高于成本；若以获取理想利润为目标，企业会制定较高的价格；若以稳定市场为目标，应该以稳定的价格来获取合理的利润；若以市场占有率为目标，会制定尽可能低的价格或优惠价来扩大市场占有率；若以维持生存为目标，则会制定大规模的价格折扣，其价格可能只能弥补可变成本和一部分固定成本。

3. 旅游产品品质和特色

产品特色、产品声誉、产品的独立性、产品的市场定位等会直接对产品定价产生影响。一般情况下，具有独特性的，能够在消费者心目中具有与众不同的地位的，市场认知形象好的旅游产品或服务，适合选择高定价策略；而品质一般、市场认知形象一般的旅游产品或服务适合选择中低价定价策略。在旅游产品生命周期的不同阶段，旅游企业应制定不同的价格。投入期为扩大市场消费者对产品的认知和了解，应制定较低的价格以促使产品进入市场;但如果产品是高品质稀缺产品,则应该采取高定价策略,以树立优质优价的产品形象。

4. 旅游产品成本

旅游产品成本由旅游产品的生产过程和流通过程所花费的物质消耗与支付的劳动报酬所形成,它包括固定成本和变动成本,是影响旅游产品定价决策的一个重要因素。旅游企业在确定旅游产品的价格时,要使总成本得到补偿并获取利润,旅游产品的价格就要高于旅游产品的总成本。如果旅游产品的定价低于总成本,那么企业就会亏损,导致企业其他的一切营销和发展目标也无法实现。

5. 非价格竞争策略

非价格竞争策略有很多形式,如加强促销、疏通销售渠道、提升服务品质、提供辅助产品或额外利益、打造产品特色等,这些非价格竞争策略有助于提升产品的价格。

(二)旅游企业不可控因素

旅游企业不可控因素间接地影响旅游企业的产品定价。

1. 宏观经济状况

物价因素、汇率因素等宏观经济状况对旅游产品价格有一定影响。旅游目的地通货膨胀会造成旅游企业产品的生产成本、经营费用的增加,从而迫使旅游企业提高旅游产品的价格,则有可能导致旅游者人数减少。汇率变动对旅游产品价格有显著的影响,若外国货币升值,对海外旅游者有利,有利于促进海外旅游者人数的增加;若旅游目的地国家的货币升值,就有可能造成入境旅游者人数减少。

2. 政府宏观管理

政府的宏观管理,主要是运用税收政策、货币供给、物价政策、财税政策等手段对旅游产品价格进行调控的。为维护市场秩序,规范市场行为,限制旅游企业不正当竞争或牟取暴利,维护旅游企业和旅游者的利益,政府以行政、法律手段制定旅游产品的最高和最低限价。企业在产品定价上虽有自主权,但不能违反政府的有关政策与法规。

3. 旅游市场需求

首先,旅游企业对产品的定价应随着需求程度的变化而调整。而旅游市场需求与旅游产品价格的关系主要通过旅游产品的需求弹性来反映,不同类型旅游产品的需求弹性也不同。一般,旅游景点产品、旅游购物、旅游娱乐的需求弹性相对较高,旅游企业可用降价来刺激旅游需求,扩大销售;而旅游餐饮、旅游住宿、旅游交通的需求弹性相对较低,价格的变动对旅游者的需求变化无太大影响。

其次,旅游者的消费观念和对旅游产品价值的理解也对旅游产品定价有较大的影响,这也是市场上"低团费""零团费"屡禁不止的原因之一。

4. 市场竞争状况

旅游市场竞争状况是影响旅游产品定价的重要因素。在市场供大于求、客源竞争激烈的情况下,除非本企业产品具有不可替代的特色,其常规产品的定价应略低于竞争者的同类产品。

任务二　选择旅游产品定价步骤与方法

一、旅游产品定价的步骤

(一)确定定价目标

确定定价目标指旅游企业在制定或调整旅游产品价格时所要达到的预期目标。它是旅游企业营销目标的基础,也是旅游企业定价方法选择和价格策略制定的依据。旅游企业的定价目标有提高市场占有率、应对和防止竞争、塑造领导品牌与优质形象、取得适当投资利润率、使当期利润最大化和维护市场和谐等作用。

1. 以提高市场占有率为目标

事实证明,高的旅游产品市场占有率,可以帮助旅游企业取得规模效应,降低成本,增加利润。因此,提高市场占有率是旅游企业常用的定价目标。一般以提高市场占有率为目标会采取低价格策略,以维持和扩大旅游产品的市场销售量,为提高旅游企业利润提供可靠的保证。

2. 以应对或防止竞争为目标

为了应对或防止竞争,旅游企业往往以市场上有决定性影响力的竞争对手的价格为依据来制定旅游产品的价格。这往往要求旅游企业采取与竞争对手差不多的价格,加上其他的非价格竞争因素来开展市场竞争,因为削价竞争可能会使旅游企业两败俱伤,同时会破坏正常的旅游市场供求格局;提高价格则很有可能不被市场接受。

3. 以塑造领导品牌与优质形象为目标

为了塑造领导品牌与优质形象,旅游企业通常会采用高价策略。因为消费者常以价格来判断质量,为了提高潜在消费者的认知价值,创造高品质的形象,企业会把价格定成高价。这是著名企业和名牌商品常用的定价方法。

4. 以取得适当投资利润率为目标

取得适当的投资利润率是旅游企业的经营目标与营销目标,这要求旅游企业在制定旅游产品价格时必须考虑旅游产品的投资总额与旅游产品价格之间的关系,旅游产品价格的高低往往取决于旅游企业确定的投资收益率的高低。

5. 以当期利润最大化为目标

当期利润最大化是指企业通过制定较高的价格来迅速获取最大限度的销售利润,也是旅游企业常见的经营目标之一。以当期利润最大化为目标适用于在旅游市场上享有很高声誉的旅游产品,在旅游市场竞争中处于绝对有利地位的旅游产品,旅游消费者需求很强烈的旅游产品。

6. 以维护市场和谐为目标

旅游企业为了维护市场和谐、稳定市场、保护自己,一般会制定稳定的价格,规避价格战带来的不利影响,保持稳定的利润,树立良好的旅游企业形象。在旅游产品的市场竞争和供求关系比较正常的情况下,旅游企业一般不会轻易提高或降低旅游产品的价格,在获得合理利润的同时稳定市场。

(二)测定需求量

需求量是指在一定时期内,在各种可能的价格水平下,人们愿意并且能够购买的商品量。

在一定时期内目标市场的购买力是有限的,如果旅游企业将产品价格定得过高,顾客无力购买,则不利于旅游企业实现营销目标,为顺利实现营销目标,旅游企业必须测定目标市场的需求数量及需求强度,分析旅游者对价格的接受程度,并以此作为制定合适价格的参考依据。此时需要测定需求价格弹性系数,即计算在一定时期内当一种商品的价格变化 1% 时所应引起的该商品需求量变化的百分比。通常用 E_d 代表需求价格弹性系数,其公式如下:

$$需求价格弹性系数 = \frac{需求变化的百分比}{价格变化的百分比}$$

$$E_d = \left[\frac{Q_1 - Q_0}{Q_0}\right] / \left[\frac{P_1 - P_0}{P_0}\right]$$

式中:

E_d——需求价格弹性系数;

Q_0——变动前的需求量;

Q_1——变动后的需求量;

$Q_1 - Q_0$——需求量的变化量;

P_0——变动前的价格;

P_1——变动后的价格;

$P_1 - P_0$——价格的变化量。

若价格需求弹性系数 $E_d > 1$,说明这种产品富有弹性,降价可以大幅度增加销售量或销售额;若价格需求弹性系数 $E_d < 1$,说明这种产品缺乏弹性,提高产品价格,产品销售量下降幅度较小,销售收入却会增加;若价格需求弹性系数 $E_d = 1$,说明价格和需求呈比例变动,最好保持价格不变。

(三)成本分析

成本是生产单位产品所需费用的总和,成本分析是指通过对产品单位成本的估测来确定产品最低价格。

旅游产品的生产成本包括旅游接待设施设备、交通运输工具、建筑物以及各种原材料、燃料、能源等的成本;旅游企业从业人员的工资,是对于人员提供劳务的价值补偿,是活劳动的耗费部分;旅游企业的经营管理费用,是企业在生产经营活动中必须支付的一定费用。

(四)分析竞争者

竞争对手的生产条件、服务状况、产品价格、产品质量等情况,是旅游企业定价的重要参考依据。因此,需要随时了解并参照主要竞争对手同类产品的价格,为本企业产品价格调整做准备。

(五)选定定价方法

旅游企业在特定的定价目标指导下,根据企业的生产经营成本、市场需求、竞争状况等选出适合本企业旅游产品定价的方法。旅游定价方法主要有成本导向定价法、需求导向定价法和竞争导向定价法。

(六)确定最终价格

经营者在综合考虑国家的政策法令、国内外经济形势、货币流通状况、产品生命周期、旅游产品市场竞争力、旅游者的心理感受、经销商的态度、竞争对手可能做出的反应、政府有关价格法律法规的限制,以及行业自律组织的约束后,运用适当的价格策略确定的旅游产品最终价格。同时,由于市场环境和顾客需求的变化,旅游企业也需要运用一定的策略去调整市场供求关系,引导消费。

二、旅游产品的定价方法

旅游产品的定价方法即旅游企业在特定的定价目标指导下,根据企业的生产经营成本、市场需求和竞争状况,对旅游产品价格进行计算并确定价格的方法。

(一)成本导向定价法

成本导向定价法是指通常根据产品成本以及一定利润加成百分比制定出的产品价格。成本导向定价法在具体应用中可以分为成本加成定价法、边际成本定价法、盈亏平衡定价法、投资回收定价法、千分之一定价法、赫伯特公式定价法等。

1. 成本加成定价法

成本加成定价法是按产品单位成本加上一定比例的利润率确定产品价格的方法,其公式如下:

$$单位产品价格 = 单位产品成本 \times (1 + 成本利润率)$$

2. 边际成本定价法

边际成本指的是增加一单位的产量随即而产生的成本增加量,通常暂时不考虑企业的固定成本,因为固定成本已经产生,即使不生产,也没法回收回来,只考虑单位变动成本。当增加一个单位产量所增加的收入(单位产量售价)高于边际成本时,对企业来说是划算的;反之,就是不划算的。所以,任何增加一个单位产量的收入都不能低于边际成本,否则必然会出现亏损,因此,边际成本是定价的下限。

3. 盈亏平衡定价法

盈亏平衡定价法是根据盈亏平衡点进行定价的方法,它是实现销售收入与总成本相等时的旅游产品价格。盈亏平衡点又称保本点,是指在一定价格水平下,企业的销售收入刚好与同期发生的费用额相等、收支相抵、不盈不亏。其公式如下:

$$单位产品价格 = (固定成本总额 / 预计销售量) + 单位变动成本$$

4. 投资回收定价法

投资回收定价法是指旅游企业为确保投资按期收回,并获得预期利润,根据投资生产的产品的成本费用及预期生产的产品数量,确定营销目标价格的定价方法。所确定的价格在投资回收期内包括了单位产品应摊的投资额、单位产品新发生或经常发生的成本费用。以酒店为例,其计算公式如下:

单位客房每年经营费用=[投资总额/(客户数×回收期)]+单位客房服务管理费

单位客房价格=单位客房每年经营费用/(年营业天数×客房出租率)

5. 千分之一定价法

千分之一定价法又称四分之一经验公式定价法,是根据客房总造价来确定房间单价的一种定价方法,即将每间客房的出租价格确定为客房平均造价的千分之一。千分之一定价法主要把产品价格与建筑费用联系在一起,没有对旅游企业的运营成本和机会收益进行估计,因此只能作为简便、粗略的估价方法。

6. 赫伯特公式定价法

赫伯特公式定价法是美国饭店协会创造的一种酒店客房定价方法,它将目标效益率作为定价的出发点,预测饭店经营的各项收入和费用,测算出客房的平均价格。其计算公式如下:

年客房预计销售额=合理投资收益+企业管理费+客房经营费用
－客房以外其他部门经营利润

客房价格=年客房预计销售额/(可供出租客房数×预计出租率×年天数)

(二)需求导向定价法

需求导向定价法是指依据旅游者对旅游产品价值的理解和需求强度、可支付的价格水平来定价的方法。

1. 理解价值定价法

根据旅游消费者对旅游产品价值的理解程度和认可程度来制定旅游产品的价格的定价方法,即理解价值定价法。

理解价值定价法的具体步骤:运用多种旅游市场营销手段,树立旅游产品品牌形象,使旅游消费者对旅游产品认可,在旅游消费者心目中形成对企业有利的价值观念后,根据产品在旅游消费者心目中的价值来制定价格。

采取这一定价方法的前提是旅游企业必须正确估计消费者的"理解价格"。

一般情况下,旅游产品在旅游消费者心目中的理解价值主要取决于四个方面:

一是产品的效用,即产品能带给旅游消费者利益种类及其数量的多少。

二是产品的特色,即与其他旅游产品相比较的独特之处。

三是产品的吸引力,旅游产品拥有的能够吸引消费者的地方。

四是产品的市场形象。

产品的效用是理解价值定价法最主要的方面。

2. 可销价格倒推法

旅游企业根据产品的市场需求状况和旅游消费者可接受的价格进行产品定价的方法,称为可销价格倒推法。

可销价格倒推法的具体步骤:其一,企业通过价格的预测、试销和评估确定消费者可以接受与理解的价格;其二,倒推零售价格、批发价格和出厂价格。

其定价程序与一般成本定价法相反,因此又称为反向定价法、倒算定价法。

3. 价格需求弹性定价法

弹性在西方经济学中是指消费者和生产者对价格变化的反应程度,其公式为:

$$弹性系数＝因变量的变动比例/自变量的变动比例$$

弹性系数越大,说明弹性越大;弹性系数越小,说明弹性越小。

价格需求弹性常常用来衡量需求的数量随商品价格的变动而变动的情况。一般,当旅游产品价格变动后,旅游市场对其的需求量或多或少地也会有所改变。

利用价格需求弹性系数的大小来判断产品定价的合理性,为企业提高价格或降低价格提供决策依据的定价方法就是价格需求弹性定价法。

(三)竞争导向定价法

以旅游市场竞争对手的价格为基础的定价方法,称为竞争导向定价法。它以旅游市场竞争为中心,同时结合旅游企业的自身实际状况、发展战略等因素来制定价格,主要包括率先定价法和随行就市定价法两种。

1. 率先定价法

率先定价法是一种主动竞争的定价方法,旅游企业根据自身旅游产品的实际情况以及与竞争对手旅游产品的差异状况率先制定旅游产品价格的定价方法。

其力争夺取市场产品定价的主动权,一般适用于实力雄厚或产品独具特色的旅游企业,采用该定价方法的旅游企业会在竞争激烈的市场环境中获得较大的收益,居于主动地位。

2. 随行就市定价法

随行就市定价法是根据旅游市场上同类旅游产品的平均价格水平或市场流行的价格水平来确定旅游产品价格的定价方法。

随行就市定价法一般适用于实力较弱的旅游企业。既可使本企业价格与同行业的价格保持一致,又可避免恶性价格战产生的风险,容易被市场接受。采用该定价方法使企业之间的竞争避开了价格之争,竞争转而集中在企业信誉、销售服务水平等方面。

任务三 制定旅游产品定价策略

价格策略是产品供给者给所有消费者规定的一个价格。一般情况下,产品供给者可能面临的定价决策包括三类:

一是第一次销售的产品的定价策略问题,如新产品定价策略、仿制品定价策略、组合产品定价策略、折扣定价策略、心理定价策略和差别定价策略。

二是随着市场的发展和时间的推进,为了适应不同的市场或环境的产品价格调整策略问题,如地区定价、组合主动调整价格中的降价策略和提价策略。

三是面对竞争者产品价格的调整,旅游企业的价格应对策略,如面对不同市场环境的反应、不同竞争地位企业的反应,以及企业应变必须考虑的其他因素。

一、新产品与仿制品定价策略

(一)新产品定价策略及适用条件

1. 新产品定价策略

(1)撇脂定价策略。

在旅游新产品投放市场时制定的高于产品成本很多的价格,以求在短时期内获取高额利润的一种高价格策略,即为撇脂定价策略。该策略犹如从鲜奶中撇取奶油,因而被称为撇脂定价或取脂定价。

撇脂定价策略的优点:短期可获得丰厚的利润,尽快收回投资;降价空间较大;高价有利于衬托优质的产品形象。

撇脂定价策略的缺点:价格过高会抑制市场需求,影响市场开拓;难以保证企业长期利润的稳定增长;可能损害企业形象。

撇脂定价策略适用于具有独特的技术、不易仿制、生产能力不太可能迅速扩大等特点的旅游新产品,以及存在高消费或时尚性消费要求的旅游产品。

(2)渗透定价策略。

在旅游新产品投入市场时,以较低的价格吸引消费者,以求很快打开市场的一种低价格策略,借用"水滴石穿"的渗透原理而采取的价格定制策略。

渗透定价策略的优点:使旅游者获得超值价值,以低价吸引购买者;有利于迅速打开旅游新产品的销路,扩大市场销售量;阻止或减缓竞争者加入。

渗透定价策略的缺点:受销路影响较大,会导致投资回收期延长;易引发恶性价格战;易使旅游者形成低价低质的错觉。

渗透定价策略适用于能尽快大批量生产、特点不突出、易仿制、技术简单的新产品,如旅行社的观光类产品、低星级饭店的客房产品等。

(3)满意定价策略。

满意定价策略是介于撇脂定价策略与渗透定价策略之间的一种定价策略,即旅游企业所制定的旅游新产品的价格比撇脂定价低,比渗透定价高,旅游企业与旅游者都能接受,因而称为满意定价策略,有时也称温和价格或君子价格。

满意定价策略的优点:令各方都较为满意,有利于吸引旅游者;有利于减轻价格竞争压力,促进旅游新产品的销售,保证旅游企业取得一定的利润。

满意定价策略的缺点:很难掌握买卖双方都感到满意的价格水平;难以适应复杂多变的旅游者的需求或竞争激烈的旅游市场营销环境;对各方面兼顾过多,价格上无特色。

该策略需求弹性适中,销售量稳定增长的产品。

爆款旅游地——古北水镇的定价策略

古北水镇位于北京市密云区古北口镇,坐落在司马台长城脚下。是北京的东北门户,背靠中国最美、最险的司马台长城,有珍贵的军事历史遗存和独特的地方民俗文化资源,其坐拥鸳鸯湖水库,原生态的优美自然环境,是京郊罕见的山水城有机结合的自然古村落。古北口镇与河北交界,目前拥有京承高速、京通铁路、101国道三条主要交通干线,距首都国际机场和北京市均有一个半小时左右车程,距离密云区和承德市约45分钟车程。交通便捷,车程控制在2.5小时内,是当前消费升级浪潮下城市周边游相对适宜的标准,古北口镇逐渐成为周边城市家庭节假日休闲度假的第一选择。

从2014年开业至今,古北水镇的经营业绩"一路狂飙",令人咋舌。开业之初,古北水镇也采取了价格优惠措施。古北水镇景区自2014年元旦试营业以来,迅速获得游客追捧,原计划试营业结束后,古北水镇景区门票价格恢复至150元/人,为回馈广大游客,十一黄金周景区将继续执行80元/人的门票优惠政策,正式营业后150元/人的门票价格延期至10月8日起执行。同时,据北京古北水镇旅游有限公司执行总裁陈瑜介绍,为鼓励市民错峰出游、提升度假体验,正式营业后,古北水镇景区还推出了周一至周五(不含休息日及法定节假日)80元/人的优惠票价,该优惠票价执行至2014年底。

开业当年,古北水镇的游客接待量为98万人次,实现旅游收入1.97亿,2016年,游客接待量达到245万人次,实现旅游收入7.35亿。古北水镇在规划时,对景区业态进行了"三三制"划分,三分之一的门票收入,三分之一的酒店收入,三分之一的景区综合收入。门票只是进入古水北镇的门槛,游客在景区里的二次消费才是经营者更为看重的收入来源。2017年古北水镇取消原有的夜游门票,景区全天门票价格统一为150元/人,大量客流使景区运营突破了昼与夜的限制,实现了真正意义上的旅游度假区。古水北镇每一处都是一个景点、一个场景,游客很难一次就能体验到这里的全部活动,丰富的体验场景成为游客重复消费的重要拉力。

古北水镇基于针对景区普遍存在的淡旺季的问题的考虑,推出夜游长城索道、夜游船、温泉、灯光水舞秀、传统戏剧、杂技等常规类项目;以"圣诞小镇""古北年夜饭""长城庙会"为冬季主题品牌活动,开发出雪地长城观赏、庙会、冰雕节、美食节、温泉等一系列冬季旅游产品,强化冬季氛围,提升景区人气。

(资料来源:《古北水镇十一正式营业》,《新京报》,2014-09-30。)

思考题:古北水镇采用了什么新产品定价策略?评价其优点与缺点。

2. 新产品定价策略的适用条件

新产品定价要根据产品需求弹性、产品单位成本与销量的关系、拥有产品技术秘密的竞争者、新产品的供给能力、潜在市场规模和竞争对手的情况来确定采用哪种定价方式,撇脂定价策略、满意定价策略和渗透定价策略适合分别适的组合条件见表7-1。

表7-1 新产品定价策略的适用条件表

项目	撇脂定价策略	满意定价策略	渗透定价策略
产品价格	高	中	低
产品需求弹性	小	中	大

续表

项目	撇脂定价策略	满意定价策略	渗透定价策略
产品单位成本与销量的关系	低	中	高
拥有产品技术秘密的竞争力	少	中	多
新产品的供给能力	弱	中	强
潜在市场规模	小	中	大
竞争对手情况	少	中	多

(二) 仿制品定价策略及适用条件

仿制品是企业模仿国内外市场上的畅销品而生产出的新产品。根据企业仿制品的定位及产品的质量档次,对应价格有高、中、低三种价格档次,可以组合出九种定价策略,即优质优价、优质中价、优质低价、中质优价、中质中价、中质低价、低质优价、低质中价、低质低价。

二、折扣定价策略

所谓折扣定价策略是指旅游企业在既定的产品价格基础上采取打折优惠的定价策略。其优惠的对象包括旅游者、旅游中间商以及相关配套的旅游企业。旅游企业采用折扣定价策略的目的是吸引旅游者,密切与中间商的合作关系,加强与相关产业之间的合作。对提高旅游企业的竞争能力、扩大销售、增加利润具有重要作用。常见的折扣定价策略主要有数量折扣、同业折扣、地区折扣、季节折扣、地区折扣和现金折扣。

(一) 数量折扣

数量折扣是指旅游企业为了鼓励旅游者或旅游中间商大量购买旅游产品,对达到一定购买数量的购买者给予一定价格优惠的定价策略,也称批量折扣。鼓励购买者大量购买或者集中购买,按照消费者购买数量的多少,分别给予不同的价格折扣,购买数量越多,折扣越大。

数量折扣常用于购买频率高、产品之间相关程度大的产品。如 2021 年武汉旅游年卡将武汉 46 家景区门票总价值 3560 元打包后,以 0.56 折的价格销售给游客,游客的使用期限为一年。对游客而言,一年之中至少要去 2 个景区消费才划算,去的景区越多数量折扣越大。

(二) 同业折扣

同业折扣是根据各类旅游中间商在市场营销中承担的不同功能与职责,给予不同的价格折扣的策略,也称为功能性折扣、业务折扣。

制定同业折扣目的是利用同行的有利条件,刺激各类旅游中间商充分发挥组织市场营销活动的能力,扩大经营。

一般情况下,旅游生产商给批发商的折扣较大,给零售商的折扣较小。如景区、酒店在特殊促销活动时期给携程、美团等大型电商平台的价格优惠就是同业折扣。

(三)季节折扣

季节折扣是对销售淡季进行购买的顾客给予折扣优待,以鼓励中间商及消费者提早购买的定价策略。在淡季,旅游企业制定低于旺季的旅游产品价格以刺激旅游者的消费欲望。

季节折扣适用于销售季节性强的旅游产品。如九寨沟景区将淡季门票价格定为80元/人,不到旺季价格169元/人的一半①;2020年开始,广西向自治区内外旅游消费者推出"山水暖你 壮乡等你——冬游广西"优惠政策②。

(四)地区折扣

针对前往特定旅游目的地的旅游消费者,或来自特定旅游客源地的旅游消费者折扣优惠的定价策略,一般情况下,该策略适用于冷点旅游地区,旅游企业客源不足,为刺激旅游消费者的消费欲望,旅游企业往往会制定低于热点地区的产品价格,有利于减少产品储存成本,使各个地区能均衡销售。2017年暑假,"避暑胜地"贵州为重庆等"十大火炉"居民送上"避暑大礼包",给予各大景区门票5折、高速公路通行费5折,航空、旅游包机、旅游专列优惠及补贴③。

(五)现金折扣

旅游企业为鼓励旅游者或旅游中间商以现金付款或及时付款而给予的价格折扣定价策略,又称付款期限折扣。该策略对于现金付款、提前付款、按期付款的旅游购买者给予不同程度的折扣,对违约的旅游购买者会收取不同程度的违约金。现金折扣有利于加速旅游企业的资金周转,有利于扩大再生产。

三、心理定价策略

心理定价策略是在对旅游消费心理进行调研分析的基础上,根据旅游消费者的心理特点激发购买动机的定价策略。

心理定价策略常见的有整数定价策略、尾数定价策略、声望定价策略、习惯定价策略和招徕定价策略等。

(一)整数定价策略

整数定价策略是旅游企业把旅游产品的价格定为整数的定价策略。整数定价策略的优点:适应价高质优的旅游消费心理,现金交易时无须找零,方便交易。整数定价策略的缺点:会给消费者形成计算不准确、价格存在水分的印象。整数定价策略适用于价

---

① 该价格为2021年5月9日九寨沟官网票务信息公布的价格,https://www.jiuzhai.com/intelligent-service/tickets。
② 《2020"冬游广西"优惠政策出炉》,http://www.gxnews.com.cn/staticpages/20201102/newgx5f9f46c7-19914198.shtml,2020-11-02。
③ 《贵州为"十大火炉"送避暑礼包 各大景区门票5折》,https://www.sohu.com/a/157738610_119665,2017-07-17。

格高低不会对需求产生较大影响的中高档产品。

(二)尾数定价策略

尾数定价策略是给旅游产品制定一个以零头数结尾的非整数价格,也称非整数定价策略。尾数定价策略的优点:旅游者会觉得旅游企业经过精确计算,对旅游者负责。尾数定价策略的缺点:旅游者会怀疑产品的品质,现金交易时找零也不太方便。适用于价值较低,且消费者对价格较为敏感的旅游产品。

(三)声望定价策略

声望定价策略是对消费者心目中享有一定声望、具有较高信誉的旅游产品制定较高价格的定价策略。声望定价策略符合旅游者价高质必优的心理、求名心理和炫耀心理,能使旅游企业取得超额利润,有利于提高旅游产品的形象;但高价格会影响产品的销售量。该策略适合名牌旅游产品或需求弹性较小的旅游产品。

(四)习惯定价策略

习惯定价策略是根据长期被消费者接受和承认的价格来定价的策略。该策略符合消费者已经习惯了的产品,降价会使消费者怀疑产品质量有问题;提价会使消费者产生不满情绪。当市场供求关系发生变化或成本发生变动时,旅游企业往往通过降低质量或减少数量的方式赚取利润,容易引起消费者的不满。习惯定价策略适用于地方土特产、小吃及旅游小工艺品等。

(五)招徕定价策略

招徕定价策略是旅游企业有意将某种或某几种旅游产品的价格定得低于市场上的同类产品,甚至低于成本,以吸引旅游消费者关注和购买的定价策略。该策略是以部分旅游商品低廉的价格迎合旅游者的求廉心理,借机带动和扩大其他旅游产品的销售。但不能欺骗顾客,不能损害消费者的利益。招徕定价策略适用于具有求廉心理的旅游消费者和具有较强连带性的旅游产品。

四、差别定价策略

旅游企业根据旅游者对旅游产品的需求强度和需求弹性,针对不同的顾客、不同的市场和不同时间段,为同一产品制定不同价格的策略,具体包括地理差价、时间差价和对象差价等策略。

(一)差别定价策略的组成

1.地理差价策略

地理差价策略是旅游企业根据旅游消费者对旅游地点的偏爱程度,针对处于不同地点的同一旅游产品制定不同价格的定价策略。该策略有利于减少产品储存成本,使各个地区能均衡销售。

2. 时间差价策略

时间差价策略是旅游企业对同一种旅游产品在不同季节、不同时期,甚至一天中的不同时间点采用不同价格的策略。因为在不同的时间,旅游者对同一种旅游产品的需求有明显的差别。该策略有利于增加旅游淡季的销售收入。

3. 对象差价策略

对象差价策略是旅游企业针对不同的旅游消费者对同一种旅游产品采用不同的旅游价格的策略。采用这种定价策略可以稳定客源,有利于开拓新市场。

(二)差别定价的适用条件

实行差别定价必须满足一定条件:市场必须能够细分出两个或者两个以上的子市场;对价格弹性大的市场,价格定得低一点,价格弹性小的市场,价格定得高一点;获得低价的细分市场人员不得将产品转手或转销给高价的细分市场;在高价的细分市场中,竞争者不得以低于本企业的价格出售,不得与本企业进行价格竞争;细分和控制市场的费用不应超过差别定价所得的额外收入;这种定价法不会引起旅游消费者的反感和敌意;差别定价的特定形式不应是非法的。

五、产品线定价策略

经营者为使整个产品线能获得最高利润,根据产品线内各项目之间在产品特性、顾客认知、需求强度、对利润的贡献程度等方面的不同,参考竞争对手的价格,确定各个产品项目之间的价格差距,以使不同的产品项目形成不同的市场形象,吸引不同的顾客群,扩大产品销售,争取更多的利润。产品线定价策略包括产品大类定价策略、选择品定价策略、补充产品定价策略、分部定价策略、副产品定价策略和组合定价策略等。

(一)产品大类定价策略

产品大类定价策略是产品线中不同产品项目确定不同的价格的定价策略。当企业开发出的旅游产品是一个系列时,由于系列旅游产品存在需求和成本的内在关联性,为了充分发挥这种关联性的积极效应,对一组相互关联的产品依照每个产品的特色确定价格差异,可采用产品大类定价策略。

(二)选择品定价策略

许多企业在提供主要旅游产品的同时,会附带一些可供选择购买的旅游产品或服务,如果要购买这些选择品,在支付购买主要产品基价的同时,还需要额外支付购买选择品的资金。

(三)补充产品定价策略

企业可以将主要产品的价格定得较低,将补充产品的价格定得较高,通过低价促进主要产品的销售来带动补充产品的销售。

(四)分部定价策略

分部定价策略指将价格分为固定使用费和可变使用费两部分,将固定使用费定得较低,以推动人们购买,利润从可变使用费中获取的定价策略。如某景区推行首道门票免费,园内各分项产品或服务分别收费的定价方式。

(五)副产品定价策略

在旅游产品开发生产过程中,生产主要的旅游产品时会产生副产品。如果这些副产品对某些顾客群具有价值,则必须为这些副产品寻找市场,并制定相应的价格,只要能抵偿副产品的储运等费用即可。

(六)组合定价策略

组合定价策略是将两种或两种以上的相关产品捆绑打包出售,并制定一个合理的价格的定价策略。实施组合定价策略,要求捆绑的产品具有一定的市场支配力。

2020年旅游市场的飞行新产品

2020年,东航发布首个"周末随心飞"产品,随后,华夏航空、海南航空、吉祥航空、春秋航空、四川航空、南航以及山东航空等,均根据自身特色推出了"无限飞"产品。据了解,市场对已发售的各类"无限飞"产品接受度较高。如东航售价3322元的"周末随心飞"产品一经推出,市场反应强烈,东航App购买入口一度被"挤崩",黄牛也涌入加价倒卖,在有限的时间里,东航共卖出10万套"周末随心飞"产品。此后,其他售卖"无限飞"类似产品的航空公司也出现过App被"挤崩"的现象。南航"周末随心飞"售价3699元;海南航空"周末随心飞"售价2999元;春秋航空"周末随心飞"有三个产品,分别售价2999元、3499元和3999元。

随着国内各航空公司纷纷上线"无限飞"产品,OTA也陆续入局,飞猪推出"66元飞全国"机票,消费者使用"飞猪任性飞"买机票,所有500元以下国内机票可直接减至66元,折扣低至1.3折,并且不限航司、航线和出行时间。去哪儿网在App和小程序上同步发售了奥凯航空、青岛航空及瑞丽航空三家航空公司联手推出的"周周小长假",售价2980元,是国内首个跨航司"无限飞"产品,为奥凯航空等中小航司提供了联合发布"无限飞"产品的可能,实现"抱团取暖"。同程旅行宣布推出售价1999元的"同程任我飞"产品,针对年底前出行日期为周六、周日的1000元以内的经济舱机票,不限航司、次数。有效期内未使用可以全额退款,使用该套餐还可享受同程旅行与航司的双份里程积分。

各航司与OTA推出的"无限飞"产品,虽形式、价格、规则略有不同,各具优势,但本质并无太大差异,都是企业在疫情下的一种促销手段,其目的是刺激旅游消费需求、增加旅游消费频次。

(资料来源:每日旅游新闻《继航司之后,三家OTA跟进"无限飞"产品》,https://

www.sohu.com/a/410786011_251503,2020-07-31。)

思考题：
(1)各大航空公司和OTA"无限飞"产品体现了怎样的定价方法与定价策略？
(2)各大航空公司和OTA"无限飞"产品定价受到哪些因素的影响？
(3)有人认为"飞"系列产品是旅游市场上的一种新产品，也有人认为不是，只是疫情下的一种促销手段。你赞同哪种观点？为什么？

六、PWYW定价策略

PWYW出自英文"pay what you want"，即消费者支付自己想支付的任意价格，是一种将消费者定价权最大化的定价策略。

(一)有价格区间限制的PWYW定价

有价格区间限制的PWYW定价指销售者首先规定一个定价区间，消费者只能在这个范围内选取任意价格支付。网络音乐供应商Magnatune为其出售的音乐专辑设定5—18美元的价格区间，并设置了8美元的推荐价格，消费者可以5—18美元的任意价格在互联网上购买自己喜欢的音乐专辑。

销售数据表明，消费者所支付价格的中位数和众数都是8美元，所支付的最低价格是5美元，这张音乐专辑的平均售价为8.197美元，比网站推荐的8美元的推荐价格还要高。

(二)带有慈善捐助性质的PWYW定价

带有慈善捐助性质的PWYW定价指消费者以PWYW定价的方式向企业进行支付，企业将购买者所付价格的一半捐给慈善组织。

艾莱特·格尼兹(Ayelet Gneezy)曾在互联网上向乘坐过山车的多名游客兜售为他们拍摄的照片。他设计了三种定价方式供游客自由选择：①定价12.95美元；②定价12.95美元，但价款的50%捐给慈善组织；③PWYW定价；④PWYW定价，但是价款的50%捐给慈善组织。

销售数据表明，第四种定价方式所产生的利润远远高于前三种。虽然游客支付的价格低于原先的定价，但是，由于绝大多数购买者具有强烈的社会责任感和社会公益理念，在互联网上购买照片的人数显著增加，结果，艾莱特·格尼兹所获得的利润也毫无疑问地随之增加了。

七、价格变动与企业对策

(一)企业的价格反应及原因

1. 主动调动价格

旅游企业处在一个不断变化的环境之中，为了生存和发展，有时候需降价与提价，企业主动降价与提价的原因有很多,具体见表 7-2 所示。

表 7-2　企业主动降价与提价的原因表

类　　型	引　发　原　因
主动降价	(1)产品需求价格弹性大; (2)企业生产能力过剩,产品积压; (3)出现规模经济,产品生产成本相对竞争者低; (4)企业竞争压力很大,为维持或提高市场占有率; (5)外币贬值; (6)通货紧缩,导致成本下降等; (7)清理市场
主动提价	(1)产品需求价格弹性小; (2)产品供不应求,需求拉动明显提升产品档次,树立产品形象; (3)获取产品利益的最大化; (4)外币升值; (5)通货膨胀,导致企业成本上升; (6)成本推动等

2. 被动调动价格

旅游企业处在一个不断变化的环境之中,为了生存和发展,有时候需对竞争者的价格变化做出适当的反应。当竞争对手降价的时候,企业可以采取降价、价格不变、提价、非价格竞争等手段。但具体采用哪种手段须结合市场环境、旅游企业的市场地位等来定。

(二)企业对竞争者价格变动的反应

受到竞争对手进攻的企业须考虑以下因素:
(1)产品在其生命周期中所处的阶段及其在企业产品投资组合中的重要程度。
(2)竞争者的意图和资源。
(3)市场对价格和价值的敏感性。
(4)成本费用随着产销量变化而变化的情况。

面对竞争者的价格变动,企业不可能花很多时间来慢慢分析,必须在短时间内明确果断地找到应对策略,旅游企业可供选择的反应策略有降价、维持价格不变、提价以及非价格竞争等。

1. 不同市场环境下的企业反应

(1)面对同质旅游产品市场环境的反应。

在同质旅游市场上,如果竞争者降价,旅游企业必须随之降价,否则顾客会购买竞争者的产品;如果某个旅游企业提价,且提价对整个行业有利,其他旅游企业也会随之提价,但如果某个旅游企业不随之提价,则会导致整个行业提价失败。

(2)面对异质旅游产品市场环境的反应。

在异质旅游产品市场上,旅游消费者不仅考虑产品价格,而且考虑产品的质量、服务、性能、可靠性等因素。因而旅游消费者对较小的价格差异并不在意。

面对竞争者的价格变动,旅游企业必须认真调查研究如下问题:竞争者改变价格的原因到底是什么?竞争者的价格变动是暂时的还是永久的?如果对竞争者的价格变动置之不理,会对企业的市场份额和利润产生怎样的影响?其他企业会做出怎样的反应?竞争者和其他企业对于本企业的反应又会有什么反应?

2. 不同市场竞争地位企业的反应

居于不同竞争地位的企业,对竞争者价格变动的反应不同。市场主导者经常遭到一些小企业的进攻,在产品可与市场主导者产品相媲美的情况下,小企业通常采用渗透定价策略来争夺市场占有率。此时市场主导者有以下策略可供选择。

(1)降价。

因为降价可以使销售量和产量增加,从而使成本费用下降;市场对价格很敏感,不降价就会使市场份额下降;市场份额下降之后很难恢复。但是,旅游企业降价以后,仍应保持旅游产品的质量和服务水平。

(2)维持价格不变。

如果降价就会减少利润收入,而维持价格不变,尽管对市场份额有一定影响,但以后还能夺回市场阵地。当然,在维持价格不变的同时,还要运用非价格手段来反击竞争者。实践证明,采取这种策略比降价和低利经营更划算。

(3)提价。

因为提价可以提升旅游产品的形象,提高产品质量,合理的价格上调只要应用得当,可以在为企业创造更多利润的同时,保持和扩大旅游企业原有的市场份额。

(4)非价格竞争。

非价格竞争即旅游企业运用价格以外的营销手段,使本企业旅游产品与竞争产品相区别,并使之具备差别优势,以推动产品销售的竞争方式。非价格竞争包括旅游产品创新、产品品牌个性化、产品服务竞争、大力发展广告、拓宽销售渠道等。非价格竞争具体表现为:在各类商品面前,以款式新颖、适销对路取胜;在同等商品面前,以质优取胜;在同等质量商品面前,以价廉取胜;在同一价格商品面前,以优质服务取胜等。

新冠肺炎疫情期间,五星级酒店开始"跳水"降价?

2020年3月初,三亚某五星级度假酒店推出1间·夜只要299元的超低预售价,且有效期长达一年,引起业内关注。据调查,该酒店平时价格为1间·夜600元至700元。该促销产品为10间·夜起售,对于具体入住旗下哪一间酒店、旺季入住时间,都有较为严格的销售条件。

受新冠肺炎疫情影响,国内各大酒店都在承受巨大的运营压力,那么针对疫情后的旅游市场推出大幅度降价促销,是否是五星级酒店增加营收的有效举措?消费者又是否应该抓准时机"捡漏"?新京报记者登录万豪、洲际、希尔顿以及香格里拉等各大国际酒店集团官网及预订App,均未看到相关降价促销的活动。据了解,这些高星酒店也并没有推出大幅度降价促销的计划。一位国际品牌五星级酒店的负责人告诉新京报记者,该集团酒店淡旺季的客房定价和促销活动,都由集团的相关部门来决定,有比较严格的程序,作为单体酒店一般不会擅自推出房价的打折活动。另外,这名负责人还表示,为了保证酒店品牌的形象和品质,国际高端酒店品牌很少会有大幅度的降价促销,即使针对淡季或者特别节日推出相关促销,也是以套餐的形式,比如客房升级或者增加餐饮、Spa、接送机等附加服务,基本不会出现"跳水"式降价。

(资料来源:曲亭亦《五星级酒店开始"跳水"降价?事实并不是这样》,《新京报》,2020-03-04。)

思考题:材料中五星级酒店的价格策略是什么?有什么好处?

关键概念

旅游产品价格　定价　定价策略　新产品定价　仿制品定价　折扣定价
心理定价　差别定价　产品线定价　PWYW定价　价格变动　调价

一、思考题

1. 简述定价目标有哪些基本类型及其基本特点。
2. 简述旅游产品定价的可控和不可控因素,试对其中某一个因素进行分析?
3. 简述旅游产品定价的步骤,并举例说明。
4. 为了应对竞争目标,实力较强的旅游企业应如何对其准备上市的新产品定价?
5. 举例说明旅游企业有哪些价格竞争手段或措施?
6. 比较成本导向、需求导向和竞争导向定价方法。
7. 什么是差别定价?举例说明旅游企业对其产品实行差别定价的目的、条件和好处?
8. 以某企业为例,说明旅游产品线中主产品、选择品、补充产品和副产品的定价策略。
9. 在同质产品市场,旅游企业应当如何应对竞争对手的价格变动?
10. 企业为了保持竞争优势,需要不断地开发新产品。请举例说明旅游企业与其他行业的企业在新产品推广定价目标制定上的差异。

二、计算题

1. 假定某制造商生产某商品的单位变动成本为35元,固定成本为600000元,预期销售量为15000个。假设该制造商想要在销售额中有20%的成本加成率,则其加成价格为多少?

2. 某酒店有客房400间,每间客房分摊固定成本为150元/(间·天),单位变动成本为 50 元/(间·天)，预计酒店年均出租率为 80%，酒店房价定为多少才能使酒店盈利？

3. 南方某旅游城市新建一家三星级酒店，共投资 12000 万元，拥有标准客房 350 间，预计投资回收期为 6 年。预计年平均客房出租率可达 70%，每一客房分担的服务管理费为每年 12000 元。试计算能保证投资按期收回的单位客房日收费标准。

4. 某三星级酒店有客房 500 间，一年应由客房负担的固定费用为 500 万元，单位变动成本为 50 元/(间·天)，目标利润为 250 万元，客房出租率为 70%，假设酒店营业天数为每年 360 天，请运用目标效益定价法确定客房价格。

5. 假设广西荔枝每千克 15 元时市场需求量为 200 千克，经调查分析，需求价格弹性为 -2，此时总收益为 2000 元。当价格降至多少元，需求量将增加至 220 千克？此时总收益为多少？

三、能力训练

（一）案例分析

1. 三星级的 A 饭店共有单人间 60 间，其中有 35 间是新近重新装修的，其他 25 间是原来开业时装修的，房间硬件设施差别很大。由于历史原因等，新旧单人间的协议价同样是 228 元。结果可想而知，旧单间的客房销售情况不佳，而新单人间销售情况很好。每天上午，新单间就被预订，没有预订的老客户因拿不到新单间意见很大，特别是住过新单间的客人不愿意住同样价格的旧单间。鉴于上述情况，饭店领导及时召集销售部和相关部门经理协商。

一种观点认为不应该提价，理由有以下几点。①客户长期以来已认同 228 元的房价，提价会导致客人不能接受或产生不满，还可能会失去部分客户，影响饭店营业收入。②客户会认为，饭店生意好了之后就不顾及客人利益，使客人产生逆反心理，不再支持饭店工作等。

另一种观点则认为可以提价，理由有以下几点。①旧单间 228 元客人已经完全接受，新旧应有一定的差别。②新单间销售非常理想，按新单间 90% 的住房率计算，每间提价 30 元，一年就可多创利 344925 元，这可是一笔不小的数字。为避免决策失误给饭店带来不必要的损失，饭店领导要求销售部门做好全面的市场调研工作。经过 15 天的调研，反馈回来的结果如下：①客户对新单间提价普遍有一定的异议；②客户普遍认为新单间 228 元房价是偏低一些；③客户对新单间的装修风格、档次普遍认同；④客户认为新旧单间环境、条件相差太大；⑤部分客户认为新单间提一点儿价也是可以接受的。

基于上述调研，饭店几经协商，决定对新单间进行适度提价，调整到 258 元，同时赠送免费自助早茶。但在具体执行时须有个时间上的过渡，让客户有心理调整和接受的过程。销售部以书面和口头的形式通知客户，两个月后开始执行新单间价格，并密切注意观察市场动态，做好相关解释工作。后来，事实证明了他们的决策是正确的，客户接受了这次涨价。

（资料来源：王大悟、刘耿大《酒店管理 180 个案例》，中国旅游出版社，2007 年版。）

思考题：

(1)材料中新旧客房的最终价格反映了哪些定价策略？其特点是什么？

(2)你认为 A 饭店新客房价格上调成功的原因有哪些？这提醒我们产品价格提升过程中应注意哪些问题？

2.巴黎的咖啡馆有诸多奥妙。路边许多咖啡馆里座位空空，而人们都拥在吧台旁，依靠着柜台，同老板或顾客谈天说地，甚至有人仅举着个空杯子。

原来有些咖啡馆一种商品有四个价格，看在什么位置喝。以一杯咖啡为例，在吧台旁站着喝 4 法郎；坐在一般座位上喝 6 法郎；坐在靠近马路的座位上喝，可以隔窗看景，收费为 8 法郎；坐在露天座，可直接欣赏街景，看看过往行人，收费 10 法郎。看来，法国人倚靠吧台站着喝咖啡，除传统因素外，还因为它最便宜。

(资料来源：冯志强《市场营销》，华夏出版社。)

思考分析：咖啡店采取了什么价格策略？为什么能够成功？

(二)方案设计

1.您所在的旅游管理专业成立了"青葱之旅旅行社"，并决定以本地大学生旅游作为自己的主打旅游产品，请根据旅游产品定价步骤、旅游产品定价方法和旅游产品定价策略制定"青葱之旅旅行社"大学生旅游产品的价格。

要求：提交《××产品定价策略分析实训报告》。

2.选择一家有代表性的旅游企业进行调研，分析其定价策略，并完善其定价策略。

要求：提交《××产品价格调研和分析实训报告》。

3.调查了解校园内和校园周边超市、饭店、饮品店或毕业生创业团队的产品价格，分析哪些因素影响他们的定价，分析这些定价是否存在不合理的地方，选择其中某种产品为其制定定价策略和调价策略。

要求：提交《××产品定价策略分析实训报告》和《××产品价格调研和分析实训报告》。

项目八
旅游分销渠道策略

知识目标：1. 理解旅游分销渠道的概念、职能和类型。
2. 理解旅游中间商的概念、功能和类型。
3. 掌握旅游分销渠道策略及其影响因素。

能力目标：1. 识别旅游分销渠道影响因素的能力。
2. 选择合适的旅游中间商、搭建旅游分销渠道的能力。

素质目标：通过学习旅游分销渠道、旅游中间商有关的基础知识，培养学生识别不同类型旅游中间商、选择合适旅游中间商、搭建合适的分销渠道的能力与素质。

小组任务，调研一个旅游企业或一个旅游目的地的旅游营销渠道，并对其营销渠道进行分析，最后提出营销渠道优化建议。

携程直播

新冠肺炎疫情让 2020 年成为充满挑战的一年，对携程的冲击尤其剧烈。2020 年第一季度，旅游行业突然陷入停滞，导致大量的订单取消、退票退款，仅退票款损失就达 12 亿元，携程倍感压力，并在亏损中艰难度过了第一季度。最惨时，携程市值蒸发了 380 亿元。在携程一番积极应对之后，第二季度携程的亏损已经收窄。在下半年，携程搭上了旅游行业加速复苏的快车，连续两个季度实现盈利，业务恢复程度遥遥领先行业水平。携程集团 2020 年累计成交总额达到 3950 亿元，连续 3 年稳居全球在线旅游行业第一。那么，在整个全球旅游业遭遇疫情"黑天鹅"的时候，携程为何能做到"逆势翻盘"？

在抗疫自救的大战中，携程主帅梁建章，不仅亲临一线，鼓舞员工们的士气，更身先士卒，以"BOSS 直播"带领集团冲锋陷阵，化身主播直播带货。3 月 23 日三亚亚特兰蒂斯酒店直播首秀，观看人数 51 万人，成交金额 1025 万元。和头部主播们单场直播动辄上亿的成交额相比，梁建章首秀的战绩的确不太亮眼，但他胜在"稳定"二字。

第二场直播中,销售额再次突破千万元,"BOSS直播"站稳了脚跟。截止到2000年底,携程直播共进行了118场,2亿消费者在直播间预约旅行,带动携程预售总成交额达到50亿元,全网曝光量超62亿。梁建章用他的稳定发挥,稳住了用户,也在很大程度上拯救了携程。

2020年直播电商已成为旅游业营销的新秀。在这一年当中旅游业通过携程"BOSS直播"深切感受到了直播对于"人货场"的效应、人找货变成货找人、直播中高互动高转化的特点等变化,并成功让直播成为旅游行业中最火的营销模式。同时,携程希望更多的合作伙伴能参与进来,与他们共享携程的直播平台所验证的这些成果和经验,一起来打造最具价值的旅游业直播平台。同时,更多伙伴的参与必定能更多回应用户的需求,促成更多的交易。而携程给予合作伙伴的,除了直播经验的开放,还会开放携程的用户数据、交易订单数据,引导行业伙伴在携程上运营自己的私域,为所有参与者未来长期触达用户形成营销闭环。只要直播这个渠道能够变现,能够带来长期的价值,携程直播就会长久存在于旅游营销之中。

(资料来源:《携程直播转化率行业第一 "BOSS"立头功》,《电商报》,2021-03-05。)

任务一 掌握旅游营销渠道的内涵

一、旅游营销渠道的内涵

(一)旅游营销渠道的概念与功能

1.旅游营销渠道的概念

渠道一是指在河、湖或水库等周围开挖的水道,用来排灌;二是指门路、途径。分销指生产/供应商为了方便消费者购买或预订其产品,而在自己生产现场之外的其他地方建立或委托设置销售网点。简单来说,旅游营销渠道是指旅游产品或服务从旅游生产者或供应商向消费者转移的具体通道或路径。

营销渠道的起点是生产者,终点是消费者和用户。营销渠道主要包括各种旅游批发商、旅游代理商、旅游零售商、旅游经纪人和旅游实体分销机构等,不包括旅游供应商和旅游辅助商;在营销渠道中,旅游产品或服务的运动以其所有权或使用权转移为前提,分销者与生产企业是一种契约关系;分销渠道不是旅游生产商与旅游中间商之间相互联系的简单结合,而是旅游企业之间为达到各自或共同的目标而进行交易的复杂行为和过程。在一般的营销渠道中存在物流(实体流)、使用权流(商流)、现金流、信息流和促销流(见图8-1)。在旅游营销渠道中存在的是产品服务流、使用权流、消费者流、现金流、信息流和促销流(见图8-2)。

对比图8-1和图8-2可知,旅游营销渠道与一般营销渠道有明显的区别。

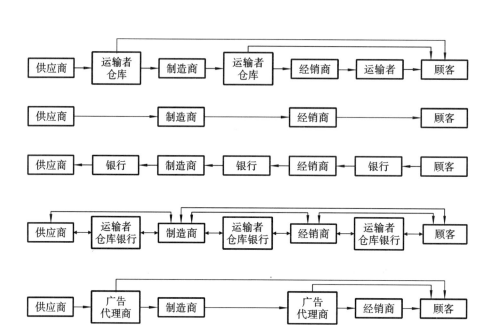

图 8-1　一般营销渠道中的物流、使用权流、现金流、信息流和促销流（从上到下的顺序）

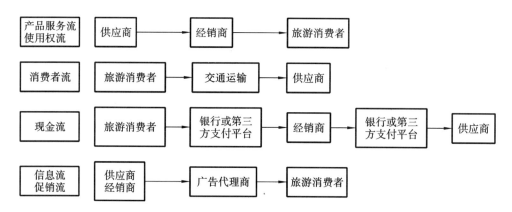

图 8-2　旅游营销渠道中的产品服务流和使用权消费者流、现金流、信息流和促销流

首先，从产品服务流来看，虽然形式上仍然是从供应商出发到旅游消费者，但旅游产品以服务型产品为主，所以在旅游营销渠道中是产品服务流为主；旅游消费供应商让渡给旅游消费者的只是某段时间的使用权，而不是旅游产品或服务的永久所有权；由于大多数旅游产品具有生产与消费的同步性，导致旅游产品服务流与物流的不同。

其次，从旅游产品交易和消费过程来看，旅游消费是旅游消费者从客源地流向目的地，是旅游者在流动，不是旅游产品或服务在流动，所以旅游营销渠道中是消费者流不是商品流。

再次，从现金流来看，旅游营销的现金流从旅游消费者通过银行或第三方支付平台支付给经销商，然后通过银行或第三方支付平台流向供应商。

最后，从信息流和促销流来看，供应商或经销商通过广告代理商将信息传递给旅游消费者。

2.旅游营销渠道的功能

一般情况下,旅游产品必须及时地转移到消费者手中才能实现产品的价值。如果旅游营销渠道不畅通,产品搁置,就会严重影响企业的再生产,无法实现企业战略目标,也不能满足旅游消费者的需求。因此,旅游营销渠道承担着推销、风险分摊、渠道支持、产品修正与售后服务等营销职能(见表8-1)。

表8-1 分销渠道的职能表

职　　能	具　体　工　作
推销	新产品或现有产品的推广、向最终消费者促销、建立零售展厅、价格谈判与销售形式的确定
风险分摊	进行风险预测、降低风险、承担部分产品的销售风险
渠道支持	市场调研、地区市场信息共享、向顾客提供市场信息、与最终消费者洽谈、选择经销商、培训经销商的员工
产品修正与售后服务	提供技术服务、调整产品以满足顾客需求、产品维护与修理、处理退货、处理取消订单

(二)旅游中间商的概念与功能

1.旅游中间商的概念

旅游中间商是介于生产者和消费者之间,专门从事旅游产品由生产领域向消费领域转移业务的经济组织,是生产者和消费者之间的中介环节,是营销渠道的重要组成部分。

2.旅游中间商的功能

旅游中间商一般拥有自己独立的销售网络和目标消费者群,可以在市场调查、市场开拓、广告宣传、产品销售和为购买者服务等方面替旅游产品供应商分担部分营销职能,从而实现产品的销售,并使旅游生产企业有更多的精力用于产品的改造及扩大再生产。

旅游中间商是联系旅游产品供给者和购买者的纽带与桥梁:一方面,旅游中间商可以向旅游消费者提供多种服务信息,促进产品销售;另一方面,在销售旅游产品的过程中,旅游中间商可以及时向旅游生产者或供应者提供信息,帮助旅游生产者或供应者对市场的变化做出及时的反应,使旅游产品的生产和服务不断适应旅游消费者的需求。总之,旅游中间商能使旅游供需双方进行信息的交流。

根据距离衰减原理可知,旅游供应商对旅游消费者的影响,将随着与旅游消费者之间距离的增加而降低。而旅游中间商能较好地帮助旅游供应商将这种影响力扩大,并协助旅游供应商开拓更宽广的市场。

旅游中间商能够将多种旅游产品组合起来,形成完整的系列化产品,向旅游消费者提供多种服务,全面满足旅游者的需求,促进产品销售。

阅读链接

企业和企业家们如何看待渠道?

案例分析

"网红"带货文旅产品

2020年,直播带货成为各行业突围的"利器"。遭受重创的文旅业,是最早一批寻求与短视频平台合作的行业。通过"网红"的"云揽客"、直播带货,推介各类文旅产品,成为各地"重启"文旅业的重要模式。7月18日由河南省文化和旅游厅、河南省互联网信息办公室、洛阳市政府主办的首届快手"网红"文旅大会在洛阳启动。300多位"网红"深入洛阳市核心文化旅游景区和孟津、新安、宜阳、汝阳、洛宁、栾川、嵩县、老城等县区的主要景区展开旅拍创作。主播们通过"短视频+直播"方式,全方位展现洛阳古今交融之美,推广当地文旅资源。开启了地方政府与短视频平台的深度合作,加快文旅产业发展的新模式。

背景山水如画,主播手捧当地特产,在镜头前侃侃而谈,既介绍当地风光,又推销特色农副产品。广西龙州县县长为了宣传当地特产银耳,走进全亚洲最大的银耳生产基地,将生产空间和流程展现在消费者面前;贵州遵义市领导站在赤水大瀑布景区前面,推销竹笋等农产品。即便大家记不住产品,也会记住这个地方的风景。驴妈妈旅游网是"旅游直播"带货先行者之一,2020年春节期间利用"驴客严选"平台帮各地政府和景区售卖土特产。随后每月组织一次"全国100位县长直播助农"暨旅游好货节。这种"县长变主播"的创举取得良好效果,多数产品在两天直播售卖期间销量过千。截至2020年7月底,走进驴妈妈助农直播间的县长超过500位,观看人次达千万,在增加平台品牌曝光、流水同时,也助推多地脱贫攻坚事业发展。

(资料来源:兰德华《网红"带货"景点和文旅产品　玩出新花样是道坎儿》,《工人日报》,2020-08-02。)

思考题:"网红"带货文旅产品体现了旅游营销渠道的哪些功能?

二、旅游分销渠道的一般类型

(一)直接分销渠道与间接分销渠道

根据旅游产品在流通过程中是否通过旅游中间商,可将旅游分销渠道分为直接分销渠道与间接分销渠道(见图8-3)。

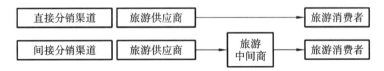

图8-3　直接分销渠道与间接分销渠道示意图

1. 直接分销渠道

旅游企业在旅游市场营销活动中不通过任何一个旅游中间商，直接把旅游产品销售给旅游者，属于直接分销渠道，即零层次分销渠道。

直接分销渠道的优点有：可以直接获得旅游者的信息，了解旅游者意见，塑造旅游企业的形象，节省中间环节所需要的费用。

直接分销渠道的缺点有：生产者与旅游市场接触面有限，销售量有限。它适用于生产规模小或接待量有限的企业旅游产品。

直接分销渠道的具体形式有：

(1) 旅游者到生产现场购买，如酒店前台的客房销售。

(2) 旅游者通过各种直接预订方式购买。旅游者通过电话、官方网站、第三方平台的官方旗舰店等方式直接向生产者购买。

(3) 旅游者通过旅游企业自设零售系统购买。

2. 间接分销渠道

旅游企业通过旅游中间商把旅游产品销售给旅游者的分销渠道是间接分销渠道，它是目前最主要的旅游产品销售渠道。旅游中间商包括旅游零售商、旅游批发商、旅游代理商等几种类型。

旅游企业和旅游者之间的中间商越多，则旅游销售渠道越长，旅游产品市场扩展的可能性就越大，销售范围就越广，但旅游产品生产者对旅游产品销售的控制能力就越弱，信息反馈的清晰度就越差，销售费用和流通时间相应增加。

间接分销渠道的优点有：有助于产品广泛分销，有助于缓解生产者人、财、物等力量的不足，有助于间接促销，有利于企业之间的专业化协作。

间接分销渠道的缺点有：有可能形成"需求滞后差"，可能加重消费者的负担，导致抵触情绪；不便于直接沟通信息。

间接分销渠道的主要种类有特许经营、特约经销、零售商或批发商直接从工厂进货、中间商为工厂举办各种展销会等。

（二）短分销渠道和长分销渠道

根据旅游产品在流通过程中通过中间环节的多少，可将旅游分销渠道分为短分销渠道和长分销渠道（见图 8-4）。

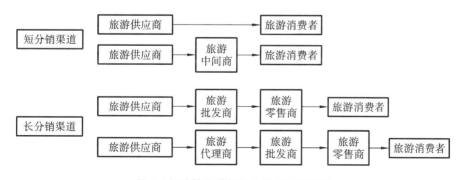

图 8-4 短分销渠道与长分销渠道示意图

1. 短分销渠道

短分销渠道即旅游企业在旅游市场营销活动中没有或只通过一个中间环节。短分销渠道具有信息传递快、销售及时、有利于控制等优点。但如果旅游企业承担的销售任务较多，短分销渠道会使销售范围受到限制，不利于旅游产品大量销售。适合小地区范围销售产品和服务。短分销渠道具体可以分为零级分销渠道、一级分销渠道。

2. 长分销渠道

长分销渠道即旅游企业在旅游市场营销活动中通过两个或两个以上的中间环节，把旅游产品销售给旅游者的分销渠道，也就是二级以及二级以上的分销渠道。它主要由旅游中间商完成大部分营销职能，具有信息传递慢、流通时间长，旅游企业难以控制的缺点。长分销渠道适用于较大范围和更多细分市场销售的产品与服务。

长分销渠道具体可分为二级分销渠道和三级分销渠道。

二级分销渠道的模式如下：

旅游企业—旅游批发商—旅游零售商—旅游者

旅游企业只同旅游批发商有直接业务联系，大型的旅游批发商往往分销网点分布广泛，分销力量雄厚，比旅游零售商更具有明显优势。

三级分销渠道的模式如下：

旅游企业—旅游代理商—旅游批发商—旅游零售商—旅游者

与二级分销渠道相比，这种分销渠道增加了旅游代理商，旅游代理商在分销能力、控制分销地域及其忠诚度方面都影响分销渠道的效果。

（三）窄分销渠道和宽分销渠道

根据旅游产品在流通过程中分销渠道每一层次中同类旅游中间商的数量，可将旅游分销渠道划分为窄分销渠道和宽分销渠道（见图8-5）。

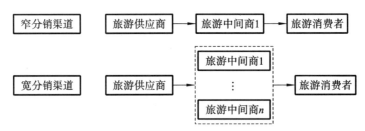

图 8-5　窄分销渠道与宽分销渠道示意图

1. 窄分销渠道

窄分销渠道即旅游企业在旅游市场营销活动中，分销渠道的每一层次不使用或只使用一个旅游中间商。使用该渠道可使旅游企业与中间商之间关系密切，产生较强的依附关系，生产和销售相互促进。但该渠道会使市场的销售面受到限制，适用于专业性较强或费用较高的旅游产品的销售。

2. 宽分销渠道

宽分销渠道即旅游企业在旅游市场营销活动中，分销渠道的每一层次使用两个或两个以上相同类型的旅游中间商。使用该渠道能大量地接触旅游者，大批地销售旅游产品,旅游产品在市场上销售面较广。但中间商数目较多,会使中间商推销产品不专一,生产商与中间商之间的关系松散。一般适用于大众化的旅游产品的销售。

(四)单分销渠道和多分销渠道

根据旅游产品在流通过程中使用旅游产品分销渠道类型的数量,可将旅游产品的分销渠道划分为单分销渠道和多分销渠道(见图8-6)。

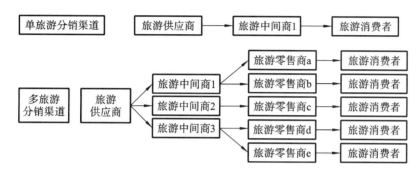

图8-6　单分销渠道与多分销渠道示意图

1. 单分销渠道

单分销渠道即旅游企业使用单一的分销渠道,如全部旅游产品均由自己直接销售或全部交给某一个旅游中间商销售。适用于旅游产品较少或经营能力较弱时的旅游企业。

2. 多分销渠道

多分销渠道即旅游企业根据不同旅游产品或不同旅游者采用不同的分销渠道,如对本地业务采用直接分销渠道,对外地业务采用间接分销渠道,或同时采用长分销渠道、短分销渠道。采用多分销渠道可扩大旅游产品的覆盖面,能大量地销售旅游产品。

(五)电商时代的渠道系统——O2O模式

O2O(on-line to offline)模式是指线上促销和线上购买带动线下经营和线下消费,是线上平台的快速发展带来的新分销渠道模式。

O2O通过促销、打折、提供信息、服务预订等方式,把旅游商品消息推送给互联网用户,从而将他们转换为自己的客户,如旅游、餐饮、健身、电影、演出、美容美发、摄影及百货等。

常见的O2O业务模式有以下几种:

第一,线上交易到线下消费的online to offline 模式;

第二,线下营销到线上交易的offline to online 模式;

第三,线上营销到线上交易的online to online 模式;

第四,线下营销到线上商品交易,再到线下消费的offline to online to offline 模式;

第五,线上交易或营销到线下消费,再到线上交易或营销的online to offline to online 模式。

阅读链接

全渠道营销

三、旅游中间商的类型

(一)依据旅游中间商的旅游产品销售性质划分

根据旅游中间商是否拥有旅游商品的所有权可分为旅游经销商和旅游代理商两种。

1. 旅游经销商

旅游经销商是指将旅游产品买进以后再卖出的旅游中间商。其利润来源于旅游产品销售价格和购买价格之间的差额,与旅游企业共同承担市场风险。旅游经销商按照从事业务不同,可分为旅游批发商和旅游零售商。

(1)旅游批发商。

旅游批发商从事旅游产品批发业务,通过大量订购旅游景点、旅游交通运输企业、饭店等旅游产品,将单项旅游产品或组合旅游产品批发给旅游零售商出售,一般情况下,不直接服务最终消费者。

(2)旅游零售商。

旅游零售商是直接向广大旅游者销售旅游产品的旅游中间商,它与旅游者联系最为紧密,根据旅游者的需求帮助旅游者挑选适宜的旅游产品;与各类旅游企业保持良好的联系,并根据旅游市场及旅游者的需要调整服务。

2. 旅游代理商

旅游代理商即那些接受旅游企业的委托,在一定区域内代理销售旅游产品的中间商,它通过与买卖双方的洽谈,促使旅游产品交易得以实现。旅游企业在自己的销售不能覆盖的地区,或新产品上市初期,或旅游产品销路不好的情况下,可利用旅游代理商寻求营销机会。

旅游代理商具有三大特点:

(1)不需要承担旅游产品的市场风险;

(2)只是代理销售旅游产品,经营费用较低;

(3)收入来源于被代理企业向其支付的佣金。

(二)依据旅游中间商的业务特色划分

1. 旅行社

旅行社是指向公众提供旅行、居住和相关服务的零售代理机构(世界旅游组织)。我国《旅行社管理条例》指出,旅行社是以营利为目的,从事旅游业务的企业。旅行社市场呈现出上层批发商、中层代理商、下层零售商的金字塔形结构。随着网络信息技术的发展,旅行社业务逐渐网络化发展,形成在线旅行社(OTA)。

2. 旅游电子商务平台

旅游电子商务平台即以先进的计算机网络及通信技术为主体,以旅游信息库、电子化商务银行为基础,开展在线搜索、在线咨询、在线订购与交易、在线支付、在线评价、在线信息共享和知识共享等业务的旅游企业。移动旅游电子商务逐渐成为旅游电商行业的主流。未来,将逐步向高智能化和高集成化的方向发展。

3. 旅游分销系统

旅游分销系统是应用于民航运输及整个旅游业的大型计算机信息服务系统。它通过互联网将旅游供应商与旅游经销商有机地联系在一起，为旅游企业的业务经营及与贸易伙伴的合作提供一种全新的模式。通过旅游分销系统，遍及全球的旅游销售机构可以及时地从航空公司、酒店、租车公司等处获取信息，供应商、分支机构和经销商之间可以实时地进行交易，有效地缩短了供销链，为旅游者提供快捷、便利、可靠的服务。

4. 旅游经纪人

旅游经纪人是专门从事将旅游产品由生产供给者转移给旅游者的公民、法人和其他经济组织。它是一种特殊的旅游中间商，他们只是为交易双方牵线搭桥，促成交易以获取佣金，不承担任何风险。其主要工作包括旅行社业务代理、旅游咨询、旅游广告代理、旅游保险代理、旅游交通代理、旅游培训、旅游酒店管理咨询、旅游票务代理、景区景点招商。

5. 特殊中间人

特殊中间人指介于旅游供应商和旅游需求者之间，对旅游产品销售的时间、地点、方式等具有影响作用的机构或个人，包括企业工会、对外交流机构、会议组织者、饭店销售代表、航空销售代表、铁路公司销售代表、旅游爱好者协会和俱乐部等。

阅读链接

2020年中国旅游集团20强榜单

任务二　旅游分销渠道的设计与管理

一、旅游分销渠道设计

（一）旅游分销渠道设计的概念

旅游分销渠道设计是指通过对各种备选的旅游分销类型进行评估，创建或改建旅游分销渠道，从而实现旅游企业分销目标，以更好地实现旅游企业营销目标。旅游分销渠道设计的优劣直接影响着旅游企业产品价值实现的程度。一个成功的、科学的分销渠道能够更快、更有效地推动商品进入目标市场，给旅游供应商及旅游中间商带来更大的现实利益及长远收益。因此，旅游分销渠道设计的目标是确保产生适合市场定位的市场覆盖率，确保旅游生产商对渠道有一定程度的控制，并具有一定的灵活性，便于调整和更换。

（二）旅游分销渠道设计的影响因素

1. 企业内部因素

影响企业分销渠道设计的企业内部因素主要有产品、财务及融资能力、企业的规模与声誉、管理能力以及企业对渠道控制的愿望。

产品性质、种类、档次、等级等都会影响旅游企业分销渠道的选择。一般情况下，高档旅游产品选择窄而短的营销渠道,大众旅游产品选择长而宽的营销渠道。

旅游企业的财力越雄厚,财务状况越良好,选择分销渠道的范围就越大,它可以选择与旅游中间商合作,也可以自建分销网络;反之,如果企业财务困难,选择渠道的余地就很小。

旅游企业规模较大且拥有良好的声誉,企业就可以提升自己的品牌文化和品牌运作力,通过品牌来拉动渠道,企业分销渠道设计的空间较大;反之,旅游企业规模不大且声誉还不够高,则企业分销渠道设计的空间较小。

如果旅游企业缺乏市场营销的技术和经验,就需要物色与自身情况相适应的旅游中间商,以专门从事企业的营销业务。如果旅游企业拥有良好的市场营销的技术和丰富的市场营销经验,则既可以采用直接渠道营销,也可以物色合适的旅游中间商,专门从事企业的营销业务。如果旅游企业对产品市场的控制程度要求不高,那么可采用间接渠道营销;反之,则可以采用直接渠道营销,或者选择较短的分销渠道。

2. 企业外部因素

从宏观营销环境来看,影响旅游企业分销渠道设计的因素主要有国家政策法规、经济状况、技术水平、地理环境、交通运输条件、民族习惯等内容。从微观营销环境来看,影响旅游企业分销渠道设计的外部因素主要包括旅游中间商、旅游消费者和竞争者。

设计分销渠道时,必须考虑不同类型的旅游中间商在经营过程中的优劣,以选择合适的旅游中间商。旅游者的消费行为也影响着旅游企业分销渠道的设计。如购买次数频繁的周边游,一般会选择就近购买或到现场购买,旅游企业就可以利用批发商和零售商组成多层次分销渠道,通往城市各个角落。旅游企业分销渠道的设计还会受到竞争者使用渠道的影响。有的旅游企业可能会进入竞争者的分销渠道,与竞争者直接竞争,如携程旅行网上有很多同类型、同档次的酒店产品在一起展示;有的旅游企业可能会避开竞争者的分销渠道,另辟蹊径,如南京金陵饭店聘请专业咨询公司制定IT长远规划,自主研发酒店管理系统和全球市场营销系统,选择了一条适合自己的直销渠道。

(三)旅游分销渠道设计的基本步骤

1. 分析渠道需要明确渠道目标与限制

旅游企业必须了解目标市场对旅游分销渠道的要求。目标市场对渠道的要求是多样化的,如对购买地点、便利性、产品范围、附加服务的要求等。在设计分销渠道时,对这些目标市场的要求,要结合自己的资源条件来把握可行性和运作成本,以购买者可以接受的价格来满足他们的需求。

在考虑市场需求以及产品、中间商、竞争者、企业政策和环境等影响因素的基础上,旅游企业要合理地确定渠道目标,明确渠道限制。渠道目标包括渠道对目标市场的满足内容、水平,以及旅游中间商与企业各自应执行的职能,为旅游产品到达目标市场提供最佳途径。

2. 确定各主要渠道方案

这需要确定旅游中间商的类型与数目,界定渠道成员的责任。旅游企业必须识别、明确适合自己产品分销的旅游中间商类型。通常有三种选择:自建直接销售队伍、选择旅游代理机构、选择行业销售商。确定了旅游中间商类型之后,企业还必须确定每一层次渠道上的成员数目。密集型分销需要尽可能多的零售商店,独家分销选择有限的几家经销商,选择型分销使用中间商的数目介于上述两者之间。

确定渠道成员的责任。旅游生产商与旅游中间商要在分销产品的价格政策、销售条件、区域权利以及具体服务安排等方面达成协议。在未来的渠道运作中,各渠道成员要严格按照达成的协议,在承担相应责任的同时,拥有相应的权益。

3. 评估各主要渠道选择方案

旅游企业可以采用经济性、控制性与适应性标准评估主要渠道选择方案。

(1) 经济性标准。

每一种渠道方案都将产生不同程度的销售额和成本。建立有效的分销渠道,企业必须考虑:在成本不变的情况下,采用哪种分销渠道能使销售额更高;在同一销售量的范围内,采用哪种分销渠道的成本更低。

(2) 控制性标准。

由于旅游中间商是独立的企业,有自己的利益追求。使用旅游中间商会增加企业渠道控制上的问题。如果旅游供应商不能对旅游中间商的运行有一定的主导和控制,分销渠道中的产品服务流、现金流和信息流就不能顺畅有效地进行。相对而言,直接销售渠道比间接销售渠道更容易加强控制。

(3) 适应性标准。

适应性标准指旅游企业要考虑分销渠道对未来环境变化的能动适应性,即考虑渠道的应变能力。不能有效变化的渠道是没有未来的。一般情况下,在合约期内不能根据需要随时调整渠道,就会使渠道失去灵活性和适应性。所以,对旅游企业来说,涉及长期承诺的渠道方案,只有在经济效益和控制力方面都十分优越的条件下,才可以考虑。

二、旅游分销渠道的管理

对旅游分销渠道的管理主要包括对旅游中间商的选择、激励和评估工作。旅游企业只有加强对分销渠道的管理,才能保证旅游分销渠道按照预定的方式和轨迹运行。

(一) 旅游中间商选择影响因素

1. 地理位置及销售覆盖面

考虑选择能加强供应商与目标顾客之间的联系,且能在的地理位置上扩大旅游产品销售覆盖面的旅游中间商。

2. 合作意向

考虑选择有合作诚意的,有经销本企业旅游产品积极性的旅游中间商。

3. 销售对象

考虑选择目标市场及活动范围大于或等于旅游企业的目标市场的旅游中间商。

4. 财力与资信

要充分考虑中间商对旅游消费者的服务状况、与其他企业合作的信誉、财务资金情况、从业人员的素质水平、设备设施状况、经营管理水平等方面的状况。针对销售能力强、信誉好、工作热情高的旅游中间商,可将其纳入旅游企业的分销渠道,作为旅游企业的批发商;将销售能力较弱、信誉较好、工作热情较高,但不能大批量订购旅游产品的旅游中间商作为零售商。

5. 营销经验与营销能力

要考虑旅游中间商从事旅游市场营销的经验是否丰富，对旅游中间商的销售能力的现状、潜力等因素进行综合考虑。如果旅游中间商的市场营销经验丰富、发展潜力巨大，对旅游企业及其他中间商的发展都有好处。

6. 经营比重与产品竞争力

要考虑旅游中间商经营本企业旅游产品的比重、主要经营的产品类型中是否存在竞争性的产品、所经营的其他旅游产品与本企业旅游产品之间的差异。如果本企业旅游产品在旅游中间商经营的旅游产品中比重小、竞争力弱，则最好替换掉这个中间商。

（二）旅游中间商激励

从根本上讲，旅游企业与旅游中间商之间有着一致的经营目标，存在相互关联的经济利益。旅游企业应加强与旅游中间商的合作，通过直接或间接激励调动旅游中间商的积极性和主动性。

1. 直接激励

直接激励即通过物质或金钱奖励来激发旅游中间商的积极性，从而实现旅游企业的销售目标。直接激励的具体方式包括返利政策、价格折扣、开展促销活动、提供市场基金、设立奖项、发放补贴等。

2. 间接激励

间接激励即通过帮助中间商进行销售管理，从而提高销售绩效，激发中间商的积极性。具体方式包括合作广告补助、内部展示的报酬、提供宣传物料、支付店铺固定设备的费用、资助新店开业或原有店铺改进、实行销售三包、支付销售人员部分薪水、提供向零售店铺或批发商运货的费用、提供销售管理和人员培训等。

（三）旅游中间商的评价

旅游企业应采取切实可行的方法，对旅游中间商的工作绩效进行检查与评价，才能达到对旅游中间商的激励、控制的目的。

评价旅游中间商的主要依据有销售指标完成情况、为旅游企业提供的利润额和费用结算情况、与企业培训计划的合作情况、对旅游企业产品的宣传推广情况、对客户的服务水平以及满足需要程度、旅游中间商之间的关系及配合程度等方面的状况。

（四）渠道冲突

渠道冲突是指渠道系统中某些成员因从事妨碍旅游企业实现目标而发生的各种矛盾和纠纷。在营销实践中，分销渠道的设计很难兼顾渠道成员不同角度、不同层面和不同形式的利益，不可避免地会出现渠道冲突。对于渠道冲突，管理者既不能杜绝其发生，也不能视而不见、听之任之，应该积极做好工作，预防和化解各种冲突，确保渠道健康、高效运作。

"6人游旅行"脱离携程因祸得福

"6人游旅行"（简称"6人游"）成立于2013年，其商业定位和发展思路是做互联网化的小包团。与其他定制游创业者乃至在线旅游创业者不同的是,"6人游"的商业模式看起来一点都不"互联网",它有自己的全职行程定制师,有合作的目的地地接。这几乎就是一个没有线下门店的旅行社,不同的是"6人游"在目的地的地接是专属地接,每一单客人都独立成团。

"6人游"判断目标客户的标准很简单,能接受包车的价格和服务就是目标客户,否则就不是,因为包车大幅提升了旅游体验,也相应提升了产品价格。"6人游"平均每单价格7万元,平均每单4—5个人。2016年,"6人游"入住携程定制游平台,一定程度上解决了获客难问题,入住几个月的时间里,来自携程的订单数量一度占到总订单量的40%。但在2017年5月,双方合作突然终止。

幸运的是,失去携程这个获客渠道后,"6人游"很快拓宽了原有的直客渠道。原来每个月付给携程的80万佣金,可以用于直客渠道的推广,增长效果十分显著。直客渠道是指通过精准投放的朋友圈广告直接引流到"6人游"微信服务号,整个过程不出微信就可实现,十分顺畅。脱离携程以后,"6人游"的直客渠道增长很快,每天有超过300个询单,远超预期。微信用户有9亿,都有清晰的画像,"6人游"的用户群体很明确,年龄28—50岁、高收入、有孩子的家庭,这部分群体至少2000万户,"6人游"的目标就是一点一点圈住这部分用户,线上获客的问题在于流量越来越贵,保证复购率十分重要,而良好的复购率又依赖良好的旅行体验,所以"6人游"做了很多看起来不太"互联网"的事,如培养自己的旅行顾问,自己开拓目的地车导资源,这正是为了保证整个旅游服务的体验。事实上70%的客户体验过"6人游"后,会再次询单,这是"6人游"能在2017年整体盈利的关键,经过4年积累,客户基数沉淀够了。

(资料来源:《"脱携"3个月6人游宣布扭亏为盈 百花齐放的定制游你看懂了吗?》,http://news.he×un.com/2017-08-07/190341148.html,2017-08-07。)

思考题:"6人游"在旅游中间商管理方面受到哪些因素的影响?

关键概念

营销渠道　旅游营销渠道　中间商　旅游中间商　直接分销　间接分销
短分销渠道　长分销渠道　窄分销渠道　宽分销渠道　单分销渠道
多分销渠道　旅游经销商　旅游代理商　旅行社　旅游电子商务平台
旅游分销系统　旅游经纪人　特殊中间人　分销渠道设计　分销渠道管理

一、思考题

1. 迫使旅游企业扩充销售渠道的主要原因有哪些?
2. 旅游分销渠道的基本模式有哪些?

3. 列举企业产品营销选择短渠道或长渠道的原因。

4. 对旅游供应商来说，为了促使中间商着重推荐本企业的产品，通常采取的措施有哪些？

5. 在选择中间商时，旅游供应商应考虑哪些内外部因素，请举例说明。

6. 中间商代理品牌太多或者中间商要求更高的利润，旅游企业应该怎么办？

7. 随着互联网的普及，你认为旅游零售代理行业是否会走向消亡？

8. 结合实际，分析旅游营销渠道的发展趋势。

9. 对比旅游经销商和旅游代理商。

10. 对比广泛性销售渠道策略、选择性销售渠道策略和专营性销售渠道策略的适用条件。

二、能力训练

1. 案例分析

近年来，航司与OTA之间开始频频上演"相爱相杀"的戏码。可以说，"没有永恒的朋友，只有永恒的利益"。2015年底，短短十几天的时间，南航、海航、东航、国航、首航、重庆航等9家航企相继宣布中断了与去哪儿网的合作，引发业界一片哗然，随即去哪儿的股价应声大幅下跌。2016年，南航、东航、国航就曾因旅客投诉共同"封杀"部分OTA平台。在"提直降代"大背景下，各大航司纷纷采取各种措施，强化自身销售渠道，但收效甚微。最后，东航和携程签订战略合作框架协议，携程以自有资金30亿元人民币参与认购东航股份非公开发行的A股股票。一时间，"敌人"变成了"朋友"，国航、东航等航空公司迅速在去哪儿网站上恢复了"直营"的预订渠道。这场"封杀"最终在携程、去哪儿等平台做出修改承诺后落幕。2017年各大航司给的佣金率降到了0.3—0.5个百分点，已经没有再往下缩紧的空间。携程、同程、艺龙等OTA企业，更多的是提供一站式平台，卖票只是一趟出行的开始，其间提供的附加产品才是交通票务这块主要的收入来源。2018年OTA附加产品购买率在30%以上。2018年4月，多家航司提出的"禁止第三方平台"选座，这又为在狭小空间内躲闪、腾挪的OTA上了一道"紧箍咒"。2019年，南航、深航、海航等航空公司相继发布了规范OTA各平台代理价格及产品展示的通知，并指出，部分OTA平台对本航司机票存在"捆绑"加价销售行为，损害了旅客自主选择的权益，也违反了相关规定，要求OTA平台在规定期限内完成整改。这也是继打击OTA平台默认搭售后，航司对票代市场的又一次整顿。随着航司和OTA双方利益纠葛不断加深，航司开始联合起来采取反击措施，如航司之间抱团互售。

（资料来源：耿耿《航司与OTA之战：大戏仍在继续，博弈才刚刚开始》。）

思考题：从营销渠道管理来看，航司和OTA之间是一种什么样的关系？航司对OTA进行了哪些管理？有何效果？站在航司的角度，你认为应如何加强对OTA的管理？

2. 以小组为单位，对一个旅游企业进行调查，了解该旅游企业所应用的分销渠道模式、访问该旅游企业及其中间商，考察企业分销渠道模式的实际效果，并了解企业如何对渠道实施管理以及中间商对旅游企业渠道管理的态度,最后形成调研报告(不少于800字),在全班汇报交流。

3.在题目1的基础上,分析所选企业的营销渠道模式,分析该模式的现状及存在的问题,运用所学知识为其设计新的分销渠道,制定出分销渠道优化方案(不少于800字)在全班汇报交流。

4.在题目1的基础上,分析所选企业的旅游中间商管理情况,了解该旅游企业是否与携程、去哪儿等大型旅游中间商合作以及其合作关系。是否存在被旅游中间商牵着鼻子走的情况?旅游企业对中间商的管理是否力不从心?请根据调研与分析情况,写出你们小组的旅游中间商管理优化方案。

项目九 旅游促销策略

项目目标 知识目标:1.理解旅游促销有关的基本概念和作用。
2.掌握旅游广告及其决策。
3.熟悉旅游营业推广及其作用。
4.熟悉旅游人员推销及其作用。
5.掌握旅游公共关系策略。
能力目标:1.旅游促销组合能力。
2.旅游广告策划能力。
3.旅游营业推广策划与管理能力。
4.旅游人员推销、策划与管理能力。
5.旅游公共关系策划与管理能力。
素质目标:让学生熟悉旅游促销的作用,熟知不同类型旅游营销媒体、促销方式的特点,培养学生旅游广告、旅游公共关系等的策划、管理的能力与素质,培养学生旅游广告、旅游媒体与促销组合创新的能力与素质。

项目任务 调研某旅游企业或某旅游目的地的旅游促销策略,并对其营销效果进行评估,提出新的促销方案。

案例导入

农夫山泉"故宫瓶"

2019年10月,"梦回故宫,瓶说新语"农夫山泉联合故宫跨界的案例在2019年金投赏上斩获品牌设计服务类金奖。异业结合给了不少品牌"定心丸"。优质的品牌通常拥有自己的"粉丝",其所传递的调性也清晰可靠。强强联合可以通过共享资源,降低成本,提升沟通效率,抢占对方消费族群的"眼球"。从消费者的角度去考量,更立体和多元的体验有助于唤醒和刺激消费者的不同兴奋点,最大化消费者的利益。

品牌年轻化是农夫山泉做营销的大背景。尽管农夫山泉"红瓶水"连续两年在水饮品牌市占场占有率位列第一,但来自饮用水行业的挑战仍然十分大。内有垂直竞品打情怀和故事牌来笼络消费者,外有功能饮料品牌翻新花样和口味来争夺市场份额。如何突破饮用水产品本身的限制,通过抢占年轻化市场来对抗不断攀升的同质化竞争,并维持和试图占领更大市场份额,是品牌投入营销首要解决的问题。随着年轻人在泛娱乐领域投入的增加,泛娱乐内容成为品牌触达年轻人的重要方式。过去传统广告"高举高打"的方式,对品牌布局内容营销时选择头部IP仍然有指导意义,大IP下汇聚了大流量,能够为品牌在营销过程中赢得更多注意力资源。

通过观察年轻人的媒介表现情况,农夫山泉发现无论PC端还是移动端,视频网站都更受年轻人的爱戴,其中"90后"的占比已超过55%,根据网络视频用户影视剧题材偏好显示,古装宫廷剧题材是目标消费人群最喜欢题材类型。洞察到这一点,农夫山泉利用品牌自身资源,开放瓶身设计,与中国文化领域头部IP故宫达成合作,推出9款限量版农夫山泉"故宫瓶"。以瓶身为载体,以康雍乾三代帝王以及后妃们的人物画像为设计主体,走近年轻消费者。在创意上幽默诙谐,具备"网感"。9款瓶身文案各不相同,有"本宫是水做的""朕打下的一瓶江山""本宫天生丽质"等娱乐社交文案,采用幽默的方式,颠覆了大家心目中帝王和后妃严肃正经的形象,给人一种反差萌的感觉,促成社交口碑和二次传播。

值得一提的是,2018年下半年宫廷风再度大热,乾隆和一众后宫嫔妃的恩怨情仇再度引起全民关注。农夫山泉通过前期对故宫IP质量的准确判断,意外得到热播剧媒体声量的支持,加速了品牌营销活动成为社交网络热门话题的过程。在传播上,加强与电商的关联,构建内容到销售的闭环。临近新品上市,农夫山泉"故宫瓶"在苏宁易购"超级新品日"直播间全网首发。在直播秀中,主播身着宫廷服饰与观众进行话题讨论与互动,加深消费者内容体验。在社交媒体上,结合H5互动玩法,用户可以通过扫描瓶身二维码上传头像,在人脸识别技术下查看自己和故宫藏品中哪个人物比较相似,刺激用户自发讨论品牌活动。与此同时,品牌发布系列海报,多维度助推农夫山泉"故宫瓶"成为社交媒体热门事件。

回归品牌营销的起点,保持品牌的活力是塑造经典品牌影响力的核心,而这离不开品牌对于内容高标准的把控和灵敏的嗅觉,准确捕捉到年轻人喜欢的内容,并将品牌信息融入进去。无论是冠名《中国有嘻哈》、联合热门游戏IP《阴阳师》,打造《盗墓笔记》定制产品等一系列举措,还是本次农夫山泉"故宫瓶"的推出,都是农夫山泉坚持站在年轻人的角度去思考问题的结果,而这也自然为品牌年轻化带来了好的反响。凯度消费者指数显示,农夫山泉位列中国市场消费者首选品牌TOP10,年轻家庭数量提升30%。全系列产品已经覆盖1.2亿城市常住家庭用户,以68.3%的渗透率,保持渗透增数连续三年在消费品中排名第一。

(资料来源:《打破跨界套路,农夫山泉"故宫瓶"如何成为社交爆品?》,https://www.sohu.com/a/347958003_361701,2019-10-18。)

任务一　认识旅游促销及其组合

一、旅游促销的概念

旅游促销是将有关旅游地、旅游企业及旅游产品的信息，通过各种宣传方式传递给潜在购买者，以吸引、说服等方式促使潜在购买者了解、信赖并购买其旅游产品的过程。

第一，旅游促销的核心是沟通信息。

第二，旅游促销的目的是引发购买欲望和行为。

第三，旅游促销的方式有人员促销和非人员促销两大类。

人员推销是指企业的销售人员直接接触潜在消费者，面对面地介绍产品，促进其产生购买行为；非人员促销主要包括广告、营业推广、公共关系等。

二、旅游促销的作用

1. 传递信息，提供情报

旅游促销的实质是实现旅游营销者与旅游产品潜在购买者之间的信息沟通。一方面，旅游企业通过各种促销手段将有关旅游地、旅游企业及旅游产品的信息传递给潜在购买者，促使其了解、信赖并购买自己的旅游产品，从而为旅游产品销售创造条件；另一方面，旅游企业及时收集消费者的意见，并根据消费者需求改进产品，找到更合适的市场定位，满足消费者的需求。

2. 刺激消费，扩大销售

首先，旅游产品属于弹性需求的商品，旅游企业应针对旅游消费者的心理动机，灵活运用各种有效的促销方法，刺激旅游消费者的消费欲望和兴趣，使其产生购买行为。

其次，旅游企业的促销活动还可以创造需求，促使人们的潜在旅游需求得到激发，借此扩大旅游产品销售。

3. 突出特点，诱导需求

随着旅游市场竞争越来越激烈，同一大类中不同品牌的产品在产品设计、产品功能、旅游服务、营销手段上相互模仿而使产品同质化比较严重，不利于旅游消费者识别。对此，旅游企业在营销策略上一定要强化市场推广和广告的作用，突出本企业旅游产品的特色、优势以及能给消费者带来的独特利益，让消费者对本企业旅游产品产生偏好，提高企业的市场竞争力。

4. 塑造形象，稳定销售

恰当的促销活动可以树立良好的企业形象，使消费者对企业及其旅游产品产生好感，从而培养和提高用户的忠诚度，形成稳定的用户群，不断扩大市场份额，巩固企业的市场地位。

三、旅游促销的组合策略

(一)旅游促销的基本策略

1. 推式策略

推式策略是将产品推向市场的策略,即旅游企业利用推销人员与旅游中间商把旅游产品和服务推入旅游市场营销渠道策略,如将旅游景点推向旅游中间商,再由旅游中间商将旅游景点推给消费者。

推式策略也被称为人员推销策略,其促销重点是建立直属的销售人员队伍和旅游中间商渠道,运用各种物质和精神手段激发销售人员和旅游中间商对本企业旅游产品的兴趣,再由销售人员向潜在客户介绍产品的各种特性与利益,促成潜在客户的购买决策。

在推式策略中,产品顺着分销渠道逐层向前推进,旅游企业将自身的多种旅游产品排成锥形阵容迅速突破市场,然后分梯级层层推出丰富多样的旅游产品。这种策略以人员推销、营业推广的促销方式为主,辅以广告宣传的促销组合策略。推式策略强调的是旅游企业的能动性,表明旅游者的需求是可以通过旅游企业的积极促销而激发和创造的,适合需求比较集中、销售量大的旅游产品。

2. 拉式策略

拉式策略是指旅游企业运用非人员推销方式对旅游消费者产生极大吸引力,使旅游消费者和旅游中间商对其旅游产品和服务产生需求,主动向旅游企业靠近的策略。这种策略也称非人员推销策略,其促销重点是消费者。旅游企业通过广告宣传和营业推广等促销活动,激发旅游者的购买欲望和旅游中间商的代理兴趣,从而实现产品销售的目的。

拉式策略以广告宣传和营业推广为主,辅之以公共关系活动等。拉式策略强调的是旅游者的能动性,表明旅游者的需求是决定旅游产品生产的基本原因,适合需求比较分散、销售量小的旅游产品。

但不管是推式策略,还是拉式策略,信息都是从旅游企业流向潜在的或现实的旅游消费者,其信息流动的方向是大致相同的,只是促销的具体方式不同。因此,旅游企业在旅游市场营销的过程中,应综合运用这两种基本的旅游促销策略。

(二)旅游促销组合

旅游企业为了达到最佳的促销效果,根据市场的具体特点,对各种促销方式进行搭配组合,制定出有效的旅游促销组合策略(见表9-1)。

促销组合是一种组织促销活动的策略思路,主张企业运用广告、人员推销、营业推广、公共关系四种基本促销方式组合成一个策略系统,使企业的全部促销活动互相配合、协调一致,最大限度地发挥整体效果,从而顺利实现企业的促销目标。

表 9-1　旅游促销组合表

方式	定义	方式	优点	缺点
广告	有计划地通过媒体向消费对象宣传有关产品、服务或企业，唤起旅游消费者的注意，从而说服旅游消费者购买或使用	告知型广告、劝导型广告、提醒型广告	宣传面广，传递信息快，利于实现快速销售；反复传播，节省人力，提高知名度；形式多样，表现力强	促销投入较高；与消费者进行单向信息传递，说服力弱；难以实现即时购买
人员推销	推销人员运用各种推销技巧和推销手段，说服推销对象进行购买	派员推销、营业推销、会议推销	方式灵活，针对性强；易强化购买动机，及时促成交易；互动性强，易培养与顾客的感情，建立稳定的联系	人员编制大，费时费钱；传播效率低
营业推广	为劝诱旅游消费者购买产品或服务而推出的各种短期性促销	免费营业推广、优惠营业推广、竞赛营业推广、组合营业推广	吸引力大，发挥作用快，刺激消费效果强，及时促成交易	临时改变旅游消费者的购买习惯，产生短期效果；组织工作量大，耗费较大，营销面窄；不利于塑造产品形象
公共关系	为了协调各方面的关系，在社会上树立良好的形象而开展的一系列专题性或日常性活动	宣传型公共关系、交际型公共关系、服务型公共关系、社会型公共关系、征询型公共关系	可信度高，有利于塑造良好形象；影响面广，影响力大	活动设计难度大，组织工作量大，活动牵涉面广，控制起来有难度；不能直接产生销售效果

（三）影响旅游促销组合决策的因素

1. 促销目标

目标是影响促销组合决策的首要因素，每种促销工具都有优缺点，营销人员必须根据具体的促销目标选择合适的促销工具组合。例如，为了迅速增加销售量，促销组合往往更多地选择使用广告和营业推广；为了树立或强化企业形象，需要制定一个较长远的促销方案，需要建立广泛的公共关系，进行强有力的广告宣传。

2. 目标市场

目标市场是影响促销组合决策的重要因素，如旅游市场的地理范围、旅游市场的类型、消费者的购买习惯等因素都决定了旅游市场的性质,也决定了旅游促销组合策略。一般情况下,旅游目标市场范围小、潜在的旅游者有限,应开展人员推销;反之,旅游目标市场大、潜在的旅游者多而分散,则应以旅游广告为主。

3.产品类型

由于产品性质的不同,企业所采取的促销组合也应有所差异。生活消费品的技术结构比较简单,购买者众多,可以较多地使用广告宣传;生产资料的购买者多为专门用户,促销活动主要是向用户宣传产品的质量、技术性能及该产品能为用户增加利润的程度,宜采用人员推销方式。

4.产品生命周期

在旅游产品不同生命周期阶段,旅游企业所采取的促销组合也应有所不同。在投入期,旅游产品刚刚投放市场,尚未被旅游消费者了解和接受,竞争者较少。促销目标是使旅游消费者认识旅游新产品,提高产品的知名度,因此促销内容主要是介绍旅游产品。

在投入期,多采用广告增强消费者对旅游产品的了解,并采用营业推广作为辅助手段来吸引旅游消费者购买。

在成长期,旅游产品逐渐定型并形成一定特色,市场上竞争者逐渐增多,此时促销目标是增加旅游消费者对本产品的兴趣与偏好,旅游广告的重点在于宣传旅游产品的品牌和特色,同时强化公共关系的作用,旅游营业推广活动则应相应减少。

在成熟期,旅游产品中的名牌产品形成,但仿制品、替代品不断出现,旅游市场已趋饱和,企业竞争日趋激烈,此时促销目标是使旅游消费者对产品产生偏爱,突出与竞争对手的差异,塑造知名企业,公共关系的重要作用凸显,需要发挥广告的提醒作用,以稳定旅游产品的销售,营业推广活动则应相应减少。

在衰退期,旅游产品逐渐老化,旅游消费者兴趣转移,许多旅游企业因在市场竞争中被淘汰而退出市场,此时促销目标是保留老顾客,努力保持市场。针对老顾客保留提示性广告依然有其作用,公共关系的作用已经消退,销售人员对这一产品仅给予最低的关注,然而营业推广要继续加强,才能吸引旅游消费者继续购买旅游产品,以便回收更多的资金。

5."推式"策略和"拉式"策略

促销组合在较大程度上受旅游企业选择"推式"或"拉式"策略的影响。推式策略是把促销的重点放在旅游营销渠道上,旅游企业紧盯旅游中间商,积极开辟营销渠道,要求促销策略以人员推销为主,辅之以上门营业推广活动、公关活动等。拉式策略的重点是旅游消费者,设法引起旅游消费者对旅游产品的兴趣和欲望,使旅游消费者主动向企业或其旅游中间商购买这种产品,此时的促销策略是以广告宣传和营业推广为主,辅之以公共关系活动等。

(四)旅游促销组合策略的制定

1.明确旅游促销的目标

旅游促销的目标是迅速增加销售量,还是树立或强化企业形象?促销目标不同,促销的目标受众不同。制定促销组合策略时,应该首先考虑促销组合主要针对的目标人群,以便选择需要传递的信息、信息传递的方式以及传递信息量的大小,保证目标受众能及时、准确地收到信息,做出相应的购买决策。

2.消除旅游促销与消费者之间的沟通障碍

促销的实质是旅游企业或产品与消费者之间的沟通。加强沟通,清除旅游企业与产品跟消费者之间的沟通障碍。沟通障碍来自认识、感觉和行动三个方面。

(1)认知。

认识问题是指由于消费者对旅游产品不了解或接受了错误的信息而产生误解,使双方信息沟通失败。如对旅游产品的功能、价格、名称等不了解,或者一些负面的报道影响了消费者对旅游产品的认识。

(2)感觉。

感觉问题是指由于消费者对旅游产品的市场形象、价格等不感兴趣或不喜欢所引起的反感。同样的信息,由于接受的人不一样而产生不同的感觉。因此,旅游企业促销时应关注不同顾客的反应,消除感觉障碍。

(3)行动问题。

行动问题是指消费者对旅游产品已经了解,也不反感,但没有采取任何购买行为。因此,应该首先分析不购买的原因,再有针对性地采取促销策略。

3.确定旅游促销预算

要达到最佳的促销目标需要进行合理的促销预算。由于促销的方式多、运作复杂,较难做出准确的预算,一般会采取量入为出法、竞争对抗法和目标达成法进行预算。

(1)量入为出法。

量入为出法一般是根据销售额或者利润的百分比来确定促销预算。该方法能够保证促销资金到位,但是在资金运用上缺乏针对性,如在资金较少时促销效果不好,资金充裕时造成资源的浪费。

(2)竞争对抗法。

竞争对抗法主要是参照竞争者的促销费用来决定自己的促销预算。该方法用起来很简单,但是没有考虑本企业的具体情况,具有很大的盲目性,如很难判断竞争者的预算是否科学、合理。

(3)目标达成法。

目标达成法是根据旅游企业的促销目标和方式确定预算。效果最好,但是操作难度较大。

4.选择促销组合

各种促销方式各有优缺点,根据产品特点与促销目标,选择合适的促销组合方式,进行最有效的促销。如旅游广告是一种高度大众化的信息传播方式,有辐射面广,信息传递速度快,可多次重复宣传,提高产品的知名度,形式多样,艺术表现力强,可树立旅游产品的整体形象等优点。广告也有信息停留时间短,说服力较弱;传递信息量有限,购买行为具有滞后性;成本高等缺点。

因此,广告策略主要适用于一般消费者。人员推销是最直接的促销方式,能与消费者面对面沟通,针对性强,可直接促成交易,易培养与消费者的感情,建立长期稳定的联系,但覆盖面小,传播效率低,平均销售成本较高;对推销人员的要求较高,需要经过专业培训。

5. 旅游促销活动的评估

旅游促销活动评估的目的是确定取得的成果、进展,积累总结促销实践经验,以利于日后的促销活动策划。评估的内容包括报道出现的频度、占据版面、反映的观点、媒介的态度等传播媒介报道情况;有关人士发表的言论和演说的频度、收听对象的构成、言论发表者情况等舆情;人数及其接受相关信息的频度等受众情况;信函、电话等咨询情况。公众对产品的知晓、购买与评价情况。

阅读链接

广西的旅游营销创举

案例分析

桂林融创国际旅游度假区启幕活动

桂林融创国际旅游度假区(简称桂林融创)位于桂林市雁山区,横跨桂林阳朔黄金旅游带,是广西首个世界级文旅综合度假区。延续融创文旅全龄、全时、全季和全业态的产品优势,桂林融创打造欢乐部落、海世界、水世界、壮美漓歌、军博园、树屋客栈、漓江后海商业小镇和星级酒店群等八大文旅业态,一站式满足家庭吃、住、行、游、购、娱的全方位需求。在此基础上,桂林融创积极进行场景创新运营,打造文旅消费新体验,丰富桂林城市的旅游生态。在发展模式上,首创了"山水+文旅"新模式,以致敬桂林山水的文旅基因为设计立意,以乐园、酒店、商业复合业态作为文旅创新的具象载体,赋能文旅商融合发展。一系列的创新实践,将发挥文旅产业在城市品质提升中的积极作用,为正在建设世界级旅游城市的桂林,提供文旅产业发展的新思路。

桂林融创于5月28日,举行"桂林范·旅行家"渠道发布,相关政府领导、融创战略合作伙伴、各界渠道商代表受邀参加,发布会公布了桂林融创全系主打产品的价格。发布会上,桂林融创与携程、美团等多家线上渠道商代表及多家线下旅行社代表签署了战略合作协议。共同携手打造一站式极致出行体验。2021年6月26日开业当天,举行盛大开城仪式。广西壮族自治区领导、桂林市相关领导,环球融创、融创中国集团领导共同出席。当天,一系列富有民族特色及潮玩气息的活动在度假区内上演。乌龙剧团童话大巡游献出桂林首秀,多种民族乐器表演大秀燃动园区,华裳汉服巡游尽展国风之美,复古老爷车展则显示怀旧与时尚交融的魅力。当晚,群星荟萃融创·音乐节电音派和烟花秀,"壮美漓歌"大秀为游客呈现一场具有浓郁八桂情怀的人文视听盛宴。

6月26—30日放价促销,将海世界(80元/人)、水世界(80元/人)、欢乐部落(70元/人)、壮美漓歌(90元/人)产品组合成三大套票:海世界+壮美漓歌(140元/人),水世界+壮美漓歌(140元/人);欢乐部落+壮美漓歌(140元/人)。开通柳州—融创直通车亲子纯玩儿1日游(含门票):海世界套票+直通车费(128元/人);海世界+壮美漓歌+直通车费(180元/人);海世界+欢乐部落+直通车费(165元/人);海世界+水世界+直通车费(165元/人)。

(资料来源:http://www.sunaC.com.cn/news.asp×?type=10&id=2168;https://www.sohu.com/a/472862107_12112384。)

思考题:桂林融创为顺利开业,在促销方面做了哪些努力?

任务二　熟悉旅游广告策略

一、旅游广告的概念

旅游广告是指旅游企业、事业单位或部门,以付费的形式,通过一定形式的媒介向旅游目标市场传播有关旅游企业或旅游产品的信息,以影响旅游者的购买行为,推动旅游产品销售的促销方式。

旅游广告的媒介多种多样,如户外广告、电视广告、杂志广告、网站广告、社交媒体广告、短视频广告等。

二、旅游广告的作用

(一)传播旅游信息,广泛招揽顾客

旅游广告是传播旅游产品信息的主要工具,旅游广告将旅游产品的质量、用途、利益,以及购买方式、价格等信息传递给旅游消费者,可以引导和刺激旅游消费。特别是音频、视频、图片类广告具有强烈的表现力和吸引力,能最大限度地激发出旅游消费者的潜在消费欲望,甚至在一定程度上创造需求。同时,与人员推销、营业推广等方式相比,旅游广告具有传播面广、传递消费者多的特点,能在更广的范围招揽顾客。

(二)促进市场开拓,提高销售业绩

广告宣传可以突出本企业旅游产品的独特性,强调给旅游消费者带来的特殊利益,以便消费者做出选择,从而使本企业旅游产品更具竞争力。同时,广告宣传可以提高旅游企业的知名度,塑造良好的企业形象,有利于市场开拓,增加旅游产品的销售。

(三)传播社会文化,丰富文化生活

旅游产品是旅游资源的具体化,旅游资源所蕴含的历史文化、民族文化、艺术文化等可以通过旅游产品得到传播,而广告是传播旅游产品与旅游资源文化的有效方式,因此,旅游广告具有传播社会文化、提高审美情趣、丰富文化生活的作用。

三、旅游广告的实施

(一)旅游广告目标与选择

旅游广告目标是指旅游企业期望通过旅游广告的宣传达到的目的与效果。不同类型的广告的目标不同。主要的广告类型有告知型广告、说服型广告和提醒型广告三种。

1. 告知型广告

告知型广告是以告知新产品、新用途、价格情况、旅游服务项目、品牌形象、购买地点等信息为主要目标的广告。主要应用在旅游产品投入市场的初始阶段或者旅游企业开业、旅游新产品发布时,通过向旅游者介绍旅游新产品、新的旅游服务项目、带给旅游者的新利益、企业的市场地位、对旅游者采取的便利性措施等方面的描述和宣传,树立良好的产品市场形象,使旅游者了解旅游产品,并产生购买欲望与行为。

2. 说服型广告

说服型广告是以说服购买、说服偏好转移、消除旅游者疑虑、修正旅游者印象、改变旅游者态度、树立品牌形象为主要目标的广告,主要突出旅游产品的特色及给旅游消费者带来的利益,说服旅游者产生偏好,以激发旅游者的购买欲望和消费需求。主要应用于旅游产品的成长期和成熟期或者市场竞争激烈时。

3. 提醒型广告

提醒型广告是以保持较高知名度、提醒旅游需要的存在、提醒新老顾客注意、提醒旅游者购买、保持产品印象为主要目标的广告,通过提醒使旅游者保持对旅游企业及其产品的记忆,并适时提醒旅游者记住购买时机和购买地点,以促使旅游者完成购买。提醒型广告主要应用于旅游产品的衰退期或者旅游企业具有一定的知名度及产品成熟时。

(二)确定旅游广告预算的方法

旅游广告预算是为了实现成本与效果的最佳结合,以较低的广告成本达到预定的广告目标,旅游企业必须进行合理的广告预算,它规定了旅游广告所需的经费总额、使用范围和使用方法。

旅游广告预算的方法有量力而行法、销售百分比法、目标任务法、竞争平衡法等。

1. 量力而行法

量力而行法是企业根据自身的财务状况来决定广告预算的方法。具有简便易行,不会超出企业资金承受能力,不会导致企业资金链紧张的优点,但它没有考虑竞争状况及企业目标的不同对广告组合的影响,导致企业的年广告预算具有一定的随意性,容易造成广告费用和真正需要的脱节。适合小型企业及临时的广告开支。

2. 销售百分比法

销售百分比法指把某一销售额(当期、预期或平均值)的一定百分比作为广告预算的方法。该方法考虑了广告费用与销售额、利润之间的关系,有一定的弹性;计算简单,容易掌握,但它颠倒了广告费用与销售额二者的关系,在市场机会或突发事件面前缺乏灵活性;如若没有可靠依据,作为确定百分比的基础,则会导致预算失误。

3. 目标任务法

目标任务法是根据企业的市场战略和销售目标,确立广告的目标,再根据广告目标确定广告战略与广告计划,最后进行广告预算的方法。其计算公式为:

广告费=目标人数×平均每人每次广告到达费用×广告次数

该方法具有较强的科学性,注重广告效果;可以灵活地适应市场营销的变化,使预算能满足实际需求。费用的确定必须要以科学的决策为前提,否则会具有一定的主观性,且预算不易控制。

4. 竞争平衡法

竞争平衡法是以竞争对手的广告费用支出为参照来确定本企业广告预算的方法。其具体算法包括市场占有率法、增减百分比法两种。

市场占有率法的计算公式如下:

广告预算＝(对手广告费用/对手市场占有率)×本企业预期市场占有率

增减百分比法的计算公式如下:

广告预算＝(1±竞争者广告费增减率)×上一年广告费

竞争平衡法把竞争对手的广告费用考虑进来,有利于在广告促销中与竞争对手保持平等或优势地位,使企业在广告方面可以与竞争对手抗衡,但也会导致企业过于关注竞争者费用的支出,而忽视竞争者广告费用的不合理性以及与竞争者之间的差异性,进而忽略了广告预算与其他因素的关系,增加企业的市场风险。

(三)旅游广告信息决策

1. 旅游广告信息内容决策

旅游广告的信息很多,如旅游地形象概念广告、旅游企业的品牌广告和旅游产品的营销广告等。旅游地形象概念广告主要是针对某一旅游目的地而进行的整体性的、系统性的、有组织的宣传。旅游企业的品牌广告主要是展现企业服务形象,通过不同形式的广告表现向消费者展示旅游企业的服务定位和服务水平,塑造企业的品牌形象。旅游产品的营销广告在性质上与普通商品的营销广告类似,对旅游线路、旅游交通、旅游饭店、旅游纪念品等产品内容进行广告推广。旅游企业对旅游产品广告的投资额度相对较小,发布频率较高,更新快,但是,旅游产品广告个性化不强,多见于报纸、杂志以及宣传单张等经济性较强的宣传媒介。

旅游广告信息具有相关性、原创性、震撼性、简明性、合规性和求实性等特点。

(1)相关性。

旅游广告的相关性,是指旅游广告必须与产品个性、企业形象相关联。广告创意把概念化的主题转换为视听符号,但也产生了多义性。为了避免产生歧义,广告创意时要符合相关性要求,即旅游广告传递的信息,必须与旅游产品或旅游企业相关,让人一看(或听)就知道是某旅游产品或某旅游企业的信息,而不能含混不清或是喧宾夺主。

(2)原创性。

旅游广告的原创性是指旅游广告的信息内容和表现形式要突破常规,出人意料,与众不同,具有创意、具有原创性,才容易吸引大众的眼球。切忌抄袭雷同,似曾相识。

(3)震撼性。

旅游广告的震撼性,指旅游广告创意能够深入人心,对受众产生强烈的视听冲击,才能留下深刻的印象。

(4)简明性。

旅游广告的简明性,在信息爆炸的当代社会,受众被湮没在信息的海洋中,旅游广告创意必须简单明了、纯真质朴、切中主题、言简意赅,才容易给目标消费者留下印象。

(5)合规性。

旅游广告的合规性是指广告必须符合广告法规和广告发布地的法律法规、伦理道德、风俗习惯。由于各个国家的广告法规和风俗习惯有所不同,因此在广告创意时一定要做到符合规范。

(6)求实性。

旅游广告的求实性是指旅游广告内容必须清晰明白,实事求是,不得以任何形式弄虚作假,蒙蔽或欺骗旅游消费者。因为,只有真实的广告,才能获得旅游消费者的信任,才能达到扩大旅游企业产品销售的目的。如果广告内容失真,欺骗消费者,这不仅损害了旅游消费者的利益,同时也会影响旅游企业的声誉,甚至使旅游企业受到法律的制裁。

案例分析

湖南临武:滴水源景区"天空之镜"虚假宣传被罚12万

2020年5月22日,湖南临武滴水源景区正式对游客免费开放"天空之镜"项目,美轮美奂的宣传照令不少人大呼"惊艳"。5月24日,有网友上传了一段该项目的视频。随后,"网友吐槽湖南天空之镜景区"的话题冲上微博热搜,阅读量迅速攀升至3亿,讨论多达1.6万条。网友反映,所谓的"天空之镜"不过是一面摆在地上十几平方米的镜子,上面布满脚印,步道两侧仅有几条布条作为围挡,极其简陋,与景区宣传照片天差地别。5月26日,滴水源景区发布致歉声明,称由于宣传图片渲染过度,加上管理混乱,给广大游客造成了极为不好的体验。8月7日,因郴州舜溪谷生态旅游开发有限公司在临武滴水源景区"天空之镜"景点网络宣传推广中使用与实景不相符的他人网络效果图片和文字用语,虚构旅游服务的效果,其行为违反了《广告法》规定。临武县市场监管局对郴州舜溪谷生态旅游开发有限公司做出行政处罚,责令停止发布虚假广告,在相应范围内消除影响,并处罚款人民币12万元,这一处罚结果为5月两次登上微博热搜的湖南郴州市临武县滴水源景区内的"天空之镜"项目虚假夸大宣传事件画上句号。

(资料来源:红网时刻,《中国市场监管报》。)

思考题:滴水源景区"天空之镜"广告违反了广告信息的哪些特点?展示了广告信息的哪些特点?

阅读链接

中国部分城市旅游宣传广告语欣赏

2.旅游广告诉求方式选择

旅游广告诉求方式是旅游企业选择将信息告知消费者,引起消费者的兴趣,激发消费者潜在需求的方式。

(1)理性诉求。

理性诉求指的是旅游广告诉求定位于受众的理智动机,通过真实、准确、公正地传达企业、产品、服务的客观情况,使受众经过概念、判断、推理等思维过程,理智地做出决定。理性诉求的特点是"以理服人",内容往往侧重于商品的功能、价值和具有逻辑性的说服,引导诉求对象进行理智的分析判断。

(2)情感诉求。

情感诉求是试图激发消费者某种否定或肯定的感情以促使其购买。情感诉求的特点是"以情感人",从消费者的心理着手,抓住消费者的情感需要,诉求产品能满足其需要,从而加深消费者对该产品的印象,产生巨大的感染力与影响力。

道义诉求指的是广告的内容符合道德规范和正义要求,以此来树立企业关爱社会、弘扬正能量的良好社会形象。广告的内容经常是保护环境、国家民族复兴、珍惜水源、关心残疾儿童、鼓励下岗工人等。

南航微电影《梦想,从心出发》感动千万中国人

《梦想,从心出发》是南航首部品牌微电影。故事讲述的是新疆和田墨玉县喀瓦克乡的一群"自学成才"的小学足球队员,酷爱足球,却从未离开过家乡参加过正式的球赛。墨玉县位于新疆和田地区,属于大克拉玛干大沙漠南缘,县城距新疆首府乌鲁木齐公路里程1961公里。

南航新疆分公司与和喀瓦克乡小学足球队结缘始于2013年。那一年南航第一次为球队赞助机票,让孩子们飞到乌鲁木齐,实现了与刚刚获得全国中小学足球赛、国际青少年足球赛"双料冠军"的乌鲁木齐第五小学足球队踢比赛、交朋友的梦想。从那时起,南航连续多年为足球队提供机票,保障足球队赴全国各地参赛。2019年,南航与足球队的故事吸引到中央电视台的注意,小队员们也飞到北京,站上了中央电视台的舞台。6年来,南航新疆分公司持续提升足球队出行服务,设置绿色通道、安排双语翻译保障,并在中转地乌鲁木齐协调足球场和友谊赛,帮助孩子们热身训练,顺利保障"梦之队"站上全国舞台,斩获更多荣誉。足球队的孩子们从初次来到乌鲁木齐害怕接触人、害羞不敢说话到现在变得活泼开朗,积极又主动地和工作人员聊天,属于冠军球队的阳光和自信写在了每个人的脸上。球队教练帕尔哈提说:"孩子们不管在哪里只要看到南航的标志,或者是南航的飞机就感到很温馨,感觉家就在身边。"

《梦想,从心出发》以公益为主题,没有过多地植入南航元素,通过纯粹的故事来唤起观众共鸣。在影片中,南航元素仅是通过服务人员、飞机机身、机场内标志等形式出现,既展现出"一切从顾客感受出发,用心服务",又符合现实,不显突兀。

相对于企业宣传片来说,微电影的品牌传播更加自然,通常是以故事情节的模式来间接表达企业品牌文化和产品特点。以前,南航宣传片多着力于硬实力的推广,更多的是去主动地讲自己;这一次,南航选择从软实力的角度来阐述企业文化与品牌形象,做到既传播南航文化品牌闪光点,又向社会传递一份正能量。多年来南航默默地开展了许多公益事业,影片中所讲述的这个真实故事是从223条与南航有关的Skytrax评论以及新闻中筛选出来的具有代表性的一件。微电影中,除了追梦的主

题,其中所反映的新疆少数民族地区发展、青少年健康成长问题既是社会的热点问题,也是南航开展公益时所关心的问题。

(资料来源:https://www.sohu.com/a/116895715_491282,https://www.csair.com/nz/zh/about/news/news/2013/20130813.shtml。)

思考题:南航微电影《梦想,从心出发》,体现了南航营销方面的何种诉求?

3.旅游广告创意决策

旅游广告创意是指通过创造性思维和独特的技术手法进行旅游广告脚本创作的过程。创意是一种创造思维,要求突破思维定式。旅游广告创意决策包括创意内容和创意表现两个方面的决策。

1)旅游广告创意内容决策

旅游广告创意内容决策是旅游企业对广告创意的具体内容进行选择,如情报信息、引起情感共鸣等。根据广告传递的内容,广告可以分为情报型广告、情感型广告、故事型广告、比较型广告、推导型广告、生活型广告和抽象型广告等类型。

(1)情报型旅游产品。

情报型旅游广告创意主要是展现旅游企业、旅游产品或服务等情报信息。

(2)情感型旅游广告。

情感型旅游广告创意是从感情、感性的角度出发,动之以情,诉诸感性,渲染情绪,强化气氛,从而引起消费者的共鸣,是运用艺术的感染力让受众产生心理共鸣的广告创意。通常使用亲情、爱情、友情来进行情感型广告创意,能体现品牌的附加值,强化产品或服务的亲和力。

(3)故事型旅游广告。

故事型旅游广告创意主要在故事情节中贯穿产品或服务的特征与信息,借以加深广告对象的印象。

(4)比较型旅游广告。

比较型旅游广告创意是比较同一产品使用前后的差别,或比较同一产品的不同品牌之间的差别,或比较不同类别产品的差别,使消费者看出两者孰优孰劣,帮助他们做出理性消费决定。

(5)推导型旅游广告。

推导型旅游广告创意通过正向推导或逆向推导,说服潜在消费者购买产品。

(6)生活型旅游广告。

生活型旅游广告创意会表现人们日常生活中的生活情趣、情调、品位等,通过对生活细节的展现激起广告对象内心对美好生活的向往,从而对产品或服务产生美好的印象。

(7)抽象型旅游广告。

抽象型旅游广告创意主要是通过对一种形象、意境的展现,给广告对象一种具有抽象的象征意义的印象。

2)旅游广告创意表现法决策

旅游广告创意表现法决策是指旅游企业对旅游广告创意展示方法的选择。旅游广告创意展示的方法多种多样,具体包括直接展示法、夸张创意法、示证表现法、神奇迷幻法和拟人表现法等。

(1)直接展示法。

直接展示法是充分运用写实表现能力,将旅游产品或主题通过细致刻画、着力渲染产品的质感、形态、功能和用途,并将其如实地展示在广告中,给人以逼真的现实感,使消费者对所宣传的产品产生亲切感和信任感,增强广告画面的视觉冲击力。

(2)夸张创意法。

夸张创意法是以独到的想象抓住产品本质或特性的某个方面,并用丰富的想象力对其加以强调和夸大,以加深受众对这些特征的认识。

夸张创意法经常会改变物体间的比例,会为广告注入浓郁的感情色彩,以体现产品的特征,从而达到吸引受众注意力的目的。夸张的表现形式包括整体夸张、局部夸张、透视夸张、适形夸张等。

(3)示证表现法。

示证表现法是以实际发生的具体事例、事件作为创意内容,展现宣传事物的特征、优势等信息的创意方法。常用的示证表现法包括自我示证表现法、用户示证表现法、偶像示证表现法和科学示证表现法。

①自我示证表现法从企业自身的产品、服务出发,用事实对消费者做出明确的理论陈述,使消费者可以判断出购买该产品或服务的好处。

②用户示证表现法是从消费者角度出发,通过消费者的体验阐明产品或服务的特征、性能、优势以及消费者消费后所获得的利益。

③偶像示证表现法主要是抓住人们对名人偶像崇拜、仰慕或效仿的心理,选择观众心目中崇拜的偶像,配合产品信息传达给观众。

④科学示证表现法是通过实验或数据,用数字来"说话",体现科学的依据,增强说服力和实证效果。

(4)神奇迷幻法。

神奇迷幻法是运用写意的表现手法,将奇幻的情景再现,满足人们喜好奇异多变的审美情趣的要求。

(5)拟人表现法。

拟人表现法是把人以外有生命甚至无生命的物类人格化,使之具有人的某些特性,引起消费者对商品的注意。这种方法按人们熟悉的性格、表情、动作对事物进行拟人化处理,多见于儿童食品以及儿童用品广告中。

(6)幽默表现法。

幽默表现法是通过巧妙地再现戏剧性的特征和饶有风趣的情节,运用轻松活泼、诙谐幽默的风格,采用夸张、比喻等手段,产生喜剧性的矛盾冲突和漫画式的夸张渲染,让受众感到愉快的幽默效果。

(7)悬念表现法。

悬念表现法是在表现手法上故弄玄虚,布下疑阵,使人们产生好奇,从而产生想进一步探明的强烈愿望,然后将广告主题点明出来,使悬念得以解除,给人留下难忘的感受。

(8)联想表现法。

联想表现法是由一事物联想到另一事物,或将一事物的某一点与另一事物的相似点或相反点自然地联系起来的方法。这种方法把看似不相干的事物联系起来,不同寻常的组合可以赋予商品非凡的个性,给人以非同寻常的感受。联想表现法包括:虚实联想、接近联想、类似联想、对比联想和因果联想等联想方法。

①虚实联想。构成图形主题思想的许多概念常常是虚的、看不见的,但它与看得见的形体相关联而构成虚实联想。

②接近联想。在接近的时间或空间里发生过两件及以上的事情,就会形成接近联想。

③类似联想。通过事物在外形上或内容上的相似点,使人产生类似联想的方法。

④对比联想。联想与之相反的事物,称为对比联想。

⑤因果联想。看到原因就会联想到结果,或看到结果就会联想到原因,即为因果联想。

(9)比喻表现法。

比喻表现法是指在设计过程中选择在本质上各不相同而在某些方面又有些相似性的事物,以此物喻彼物,可以借题发挥和延伸转化,获得"婉转曲达"的艺术效果。与其他表现手法相比,比喻表现法比较含蓄隐伏,有时难以一目了然,但一旦领会其意,便能给人以意味无尽的感受。

(10)对比表现法。

对比表现法运用对立冲突的表现手法,把性质不同的要素放在一起相互比较,在视觉上造成冲击。这种方法会把事物的特点在鲜明对照和直接对比中表现出来,从对比所呈现的差别中,使消费者看出两者孰优孰劣。

(11)倒置表现法。

倒置表现法是把事物所处状态运用不符合逻辑的相反状态表现出来,加强画面的视觉冲击力,延长受众的感知时间,以求受众对广告产生兴趣,从而留下深刻的印象。

(12)倒置表现法。

倒置表现法一般可以分为顺序倒置、方向倒置和道理倒置三种。

(13)借代表现法。

借代表现法是借一物来代替另一物的广告创意方法。这种方法会选择一个与广告信息有关的图像来表现,使受众对图像产生某种推测、思考和领悟,从而接受广告的主题信息。

(四)旅游广告媒体决策

目前,企业用于促销的主要媒体有互联网、微信群、电视、报纸、杂志、广播、户外广告等。这些媒体在送达率、频率和影响价值方面互有差异。正如习近平指出:"移动互联网已经成为信息传播主渠道。随着5G、大数据、云计算、物联网、人工智能等技术不断发展,移动媒体将进入加速发展新阶段。"因此,旅游企业媒体决策要评估各种主要媒体对特定目标的沟通能力,以便决定采用何种媒体。

1. 旅游广告常见媒体

(1)电视广告。

电视集声音、图像、色彩、动感于一体,可以更为真实、直观地传递旅游信息,曾被认为是最有效的广告媒体。它具有视听兼备、声图并茂,使广告形象、生动、逼真、感染力强;传播范围广泛,影响面大;老少皆宜,不受文化程度的限制;宣传手法灵活多样,艺术性强,具有较好的劝导效果等优点。同时,它也具有缺乏记录性和保存性,不便于资料存储;时间性强,传递的信息瞬间即逝,观众在出现广告时往往切换频道;由于播送时间受限,很难对新闻和各种信息的报道进行深刻细致的描绘与挖掘;制作复杂,制作成本较高;因播放节目繁多,易分散观众对广告的注意力等不足。随着各大短视频和直播平台的兴起,电视广告受众群体不断减少。

(2)广播广告。

旅游企业可以通过广播赞助商、购买节目时间和赞助某个节目的方式做广播广告。广播广告具有传播速度极快;传播空间广泛,容易接收,不受任何区域和国界的限制;不受文化程度的限制;通过语气的转换和语调的抑扬顿挫,达到声情并茂、感染听众的效果;不受工作条件的限制;制作简单,制作时间较短,费用较低;具有较高的灵活性;传播面广,也可以细分听众等优点。同时,它也具有选择性和保存性差,听众不能根据自己的需要提前或推后收听某个广播广告,且不能有效利用所有的电波频道同步接听;时间短,转瞬即逝,不便于记忆;不便保存与查找;缺乏视觉吸引力,表达不直观,听众记忆起来相对较难等不足。

(3)报纸广告。

报纸广告是指刊登在报纸上的广告。读者广泛,覆盖面大,影响广泛;读者有较大的选择性,读者可以根据自己的能力和兴趣,自由选择自己喜欢的内容和方式,进行阅读和思考;报纸资料也便于保存和思考,读者可以根据自己的需要,剪辑、摘录其中有用的部分,进行分类保存,以利查找;报纸传播迅速,信息量大,非常讲究时效;报纸制作简便,费用低廉;可以传播详细的信息,专题形式的整版广告可以对旅游目的地的人文景观、经济社会、风俗民情、旅游线路进行全面报道等优点。同时,它也具有对读者有一定文化水平的要求,文化水平低的读者在读报纸的时候,往往不能充分地理解更深层的意义;传播信息不如电视生动、及时,影响了它的感染力;内容庞杂,印刷不够精美,吸引力低,生命周期较短,重复性差的局限性。

(4)杂志广告。

杂志具有较强的新闻性和专业性,杂志广告以较强的知识性和丰富性满足不同专业、不同文化层次和不同心理的读者的需要。具有印刷精美,图文并茂,适合形象广告;阅读率高,保存期长;种类繁多,可选择性强;易于传阅;地区和人口选择性强;便于查找和保存资料;内容深刻细致;价格偏高的优点。同时,它也具有传播速度慢,不能及时反映问题;对文化程度要求较高,加之专业性强,因而其宣传面较窄,限制了读者范围,不利于扩大影响;制作复杂,缺乏灵活性的局限性。

(5)户外广告。

户外广告是指发布在公交车、出租车、地铁车厢、地铁站、垃圾箱、机场行李车、公共汽车站、停车场、旅游景点、电子显示屏、气球、标幅、建筑物外立面、橱窗上的广告。具有高接触性和高频率;对地区和消费者的选择性强;表现形式丰富多彩,视觉冲击力强;具有较长的生命周期,发布时段长;制作成本相对较低;可长时期地展示企业的形象及品牌,对于提高企业和品牌的知名度很有效的优点。同时,它也具有阅读人群很难确定;广告内容局限性大,表达能力有限;覆盖面小;效果难以测评的局限性。

(6) 邮寄广告。

邮寄广告是旅游企业直接将旅游手册、宣传小册子、明信片、挂历广告、通知函等旅游宣传资料邮寄给客户。邮寄广告是较为灵活的一种,也是最不稳定的一种。它具有很强的群体选择性,目标顾客针对性强;有较高的自由度和弹性;高度的个性化;能够测量客户的"响应"程度的优点。同时,它也具有使用不当可能会引起收件人反感,被丢弃率较高;经济投入相对较高;创新形式有限的局限性。

(7) 网络广告。

网络广告是指通过网络广告投放平台,通过网站广告横幅、文本链接、多媒体等方法,在互联网上刊登广告,通过网络传递到互联网用户。网络广告包括搜索渠道广告、联盟广告、导航广告、超级广告平台广告、T类展示广告、电子邮件广告、手机广告等。它具有强烈的交互性与感官性,可以非强迫性传送咨询;投放更具有针对性;传播的范围广泛,受关注程度较高;用户多是学生和受过教育的人,平均收入高;网络广告形式多样,制作方便快捷、廉价;广告具有可重复性和可检索性的优点。同时,它也具有受硬件环境的限制;需要消费者主动进入互联网,影响广告的收视率、达标率的局限性。

(8) App 广告。

随着智能手机和平板电脑的兴起,大众注意力向移动终端迁移,移动终端设备第三方应用程序 App 成为内置广告的新选择,并因其移动、互动、趣味三大展现优势和分众识别、个众锁定、定向推广三大执行优势而受到营销界的重视。

(9) 自办传播媒介广告。

电视、广播、杂志等大众传播媒介属于市场营销人员无法直接控制的传播媒介,旅游企业不能单纯依赖这些媒介与公众沟通。旅游企业自己举办的内部刊物、宣传手册、函件、通知、布告牌、广告牌、黑板报、宣传合页与折页、插页、附页等自办印刷媒介;广播、电视、电影、网站等自办电子媒介;自办讨论会、座谈会、演讲会、报告会及其他大型会议;音乐会、文艺演出;美术作品、书法作品、摄影作品展览;知识竞赛、智力竞赛、体育比赛等主题活动,以及开办的官方网站、官方微博号、微信号、抖音视频号等,都是一些行之有效的传播手段。

(9) 社会化广告。

随着互联网的深入发展,社会化媒体已经成为互联网的"新主流",在互联网领域中的影响力与日俱增。由此产生的一系列社会化媒体用户行为,如评论、分享、转发等逐渐成为提高广告营销效果的关键因素。在广告中包含社会化信息,实现社会化交互的广告称为社会化广告。具体形式有微信、微博、社群广告、短视频等。

微信广告是在微信平台发布的有关商品或服务的信息,它可以有针对性地缩小目标受众群,精确定位客户,精准广告销售。广告呈现在微信朋友圈、微信公众大号等,可以帮助企业推广品牌、增加在线销量、获得潜在优质粉丝关注,但微信作为社交媒体,过度广告也容易引起网友的反感和抵制。

微博广告是指通过微博平台向用户传播企业信息和产品信息,树立良好的企业形象和产品形象。在微博上,企业可以每天更新内容与网友交流互动,或者发布大家感兴趣的话题,达到营销目的。

社群广告是以网络各类因共同爱好、共同年龄、共同类型等共同点的社群组织作为广告宣传平台,每一个听众(粉丝)都是潜在的营销对象。可将广告自然地融入社群互动,群成员在互动过程中就完成了一次广告宣传活动。在广告内容发布后,群成员作为第一批试用的种子用户,又将自发地帮助进行更大范围的宣传。

短视频广告是指以时间较短的视频承载的广告,可以在社交 App、短视频 App、新闻类 App、购物类 App 等应用中出现。短视频形象生动,表达力强。短视频用户通过账号发布、转发、观看、点评短视频。Quest Mobile 报告数据显示,2019 年短视频用户规模已经超 8.2 亿。2020 年新冠肺炎疫情期间,短视频平台成为广大网民主要的休闲娱乐"去处",也是获取外界信息的重要窗口。

扬州瘦西湖"互联网+营销"的尝试与景区品牌的裂变

瘦西湖(Slender West Lake)位于江苏省扬州市城西北郊,总面积 2000 亩,水上面积 700 亩,游览区面积 100 公顷。瘦西湖本名保障湖,在清代康乾时期已形成基本格局,有"园林之盛,甲于天下"之誉,乾隆年间钱塘诗人汪沆慕名来到扬州,在饱览了这里的美景后,与家乡的西湖做比较,赋诗道:"垂杨不断接残芜,雁齿虹桥俨画图。也是销金一锅子,故应唤作瘦西湖。"

瘦西湖主要包括五亭桥、二十四桥、荷花池、钓鱼台等 14 大景点。1988 年瘦西湖被国务院列为"具有重要历史文化遗产和扬州园林特色的国家重点名胜区"。2010 年被授予国家 5A 级旅游景区。2014 年,被列入世界文化遗产名录。

调查发现,瘦西湖的游客的年龄结构明显处于高位,因此曾经定义为可能更适合老年人旅游的一个景区。2012 年扬州旅游营销中心成立,把扬州景区门票代理权全部拿下,单独和携程、同城、驴妈妈建立合作关系,只放一个二维码,无论在哪个网站只要到门口刷一个机器就可以立刻入园。这让瘦西湖一跃而成为全国旅游量第一。但转眼,在 2013 年这种方式被淘汰,因为每个轧机上都实现了这个功能,实现了快速入园。游客可直接通过微信、电子银行卡、在线预定、自助购票等方式直接入园。2015 年上半年,携程、驴妈妈、同城做了一个排行榜,江苏地区的十大景点,不约而同把瘦西湖排在了第一位,互联网时代是口碑时代,口碑谁更看重?运用在线旅游工具的人更注重,瘦西湖被三大 OTA 统一推为江苏地区十大景点中的第一名的时候,瘦西湖的百度指数明显在提高,随着互联网体验、效果的变化,瘦西湖可进入性增强,瘦西湖的游客反而发生了很多的变化,来的年轻人越来越多。

瘦西湖发现旅游旺季景区指示牌和旅游厕所难找的问题,于是率先推出手机

App,同时在微信端口上线景区电子导览图,将厕所、景点和大门的位置标注得清清楚楚,并植入了导航功能,游客不仅可以快速到达想去的地点,还可以听着讲解找过去,游客体验很好。2015年,扬州在《互联网周刊》智慧城市排名中列全国前列,得到了国家主流媒体的认可。

2015年,扬州瘦西湖首次触电微营销,策划了一场"清明到扬州来看雨"的微营销活动,通过一系列的视频传播,微视频微信通过网络自媒体的传播,主题是景区主任肖洁编写的:"又近一年清明时,雨纷纷、杏花落。清明无雨,如同圣诞没雪,少了几份意境与情趣。烟花三月天,烟雨瘦西湖,你怎舍得错过,飘雨的清明,梦里的扬州等着您……"一下子激起了少男少女的情怀,第一天微信转载量就达到5万人次而且不断裂变,到了清明小长假,扬州烟雨蒙蒙,但景区竟然人山人海,成功扭转了下雨天传统景区不受游客欢迎的局面。加上景区未雨绸缪,十米一岗维持景区秩序,良好的游览秩序获得央视《新闻联播》的报道。当年,因为微营销引起的话题瘦西湖一共上了11次央视新闻,其中3次是《新闻联播》。通过央视的宣传,瘦西湖从江苏第一品牌向中国一线品牌挺进,向中国一线景区靠拢。如5月2日央视说:"今天瘦西湖游客量估计达到8万人次,与北京故宫有一拼,瘦西湖都被挤胖了。"在10月8日央视《新闻联播》讲"今年十一黄金周,湖南张家界、江苏瘦西湖、海南三亚……",瘦西湖和中国著名的旅游胜地绑在了一起,通过微营销引起品牌塑造,从而把瘦西湖从传统的观光型的景区逐渐演变成一种充满动感活力的、带有体验性的景区。

今后瘦西湖更注重的是大数据的采集和分析,这可以明确地了解客户的需求,从而提供一些精准营销的产品,满足这些游客的需求。同时,瘦西湖还在持续加大移动互联网的投入,让游客在手机上查询订单、支付、点评,一系列操作通过手机同步完成,通过互联网元素让瘦西湖重新保持一种少女的姿态,让全国人民都能了解它并喜欢它。

(资料来源:http://www.enet.com.cn/article/2015/1218/A20151218008572.html。)

思考题:扬州瘦西湖采用了哪些传播媒介?分别有什么优势和劣势?

2.选择适当的传播媒介

寻找最佳媒介来传递广告信息,实现广告目标,要考虑以下几个方面。

(1)市场营销传播目标。

旅游企业应根据市场营销活动的具体目标来选择传播媒介。如市场营销目标是提高旅游企业知名度,就应尽可能地利用各种传播媒介,展现旅游企业与其旅游产品的形象。

(2)传播对象。

传播对象的文化层次、生活习惯和分布范围的不同对传播媒介有着不同的要求,因人而异地采用不同的传播媒介对提高传播效果是很重要的。如果旅游企业的信息准备传播给司机、销售人员,则可以选择广播作为传播媒介。对于教师、科技人员,则可以选择报纸、杂志等印刷媒介和网络媒介。

阅读链接

微信朋友圈旅游广告投放案例与要点分析

（3）传播内容。

广告传播的内容丰富多彩,选择传播媒介应全面考虑传播内容的复杂程度、容量、趣味、时间、动态等因素。如某旅游企业在参与由海内外多个权威机构参与的国际旅游项目开发时,应着重考虑争取中央电视台、中央报社和通讯社的支持,因为报纸可以互相转载,一些重要的、有影响的信息可由众多新闻机构分别摘登;如要介绍某一事件的整个活动,那么用电视较好;内容较为复杂的项目,如旅游企业招聘等,应选用报纸、杂志和网络,受众需要细读、研究和思考。

（4）旅游企业的经济实力。

广告经费预算是有限的。这就要求市场营销人员在开展广告活动时,从自身的经济实力出发,选择适当的传播媒介,既使广告活动达到目的,又不致耗费过多的资金。一般,电视广告所需费用最高,报纸广告其次,广播广告最便宜。广告活动的实践证明,如能将两种或两种以上的传播媒介综合利用,更适合广告工作的开展。

阅读链接 ▼

社群营销的步骤

案例分析

同城机票盲盒产品,受到年轻用户的热烈追捧

在"万物皆可盲盒"的风潮下,许多航司、OTA 平台纷纷推出机票盲盒,受到年轻用户的热烈追捧。2021 年 3—5 月,同程旅行一共开展了 5 期机票盲盒活动,其中在清明和五一假期前后的几期热度尤其高,第一期活动在清明节前上线,用户可以指定出发地,只要支付 98 元(含机建燃油费),就有机会抽取到随机目的地的单程、往返或双人机票,超时未锁定可全额退款。4 月 3 日同程旅行微信指数日环比日常均值提升约 4500%。累计超过 4000 万人参与抢购,抖音相关话题播放量达 6 亿,先后登上微博、知乎热榜,吸引了央视等媒体的关注和报道,堪称开创了旅游行业 2021 年首个现象级爆款。

特价机票酒店一直有,为什么变成盲盒就爆火?Quest Mobile 发布的《2020"Z 世代"洞察报告》中指出,"Z 世代"年轻用户在追求高品质、高性价比的同时,也更为注重消费体验,乐意为体验乐趣买单,而盲盒设计让购买过程变得有趣。盲盒具有抽奖的未知感和刺激感,一旦中了就变成"说走就走"的冒险,具有社交分享属性,这切中了年轻人的心理喜好。

同程旅行数据显示,机票盲盒的消费者中,18—35 岁用户占比超过 94.8%。在盲盒活动预热和上线阶段,同程旅行通过微信生态内小程序、搜一搜、视频号、朋友圈广告等多种资源的充分联动,在微信中形成用户路径闭环,有效提升同程旅行机票盲盒活动的曝光量,吸引更多用户参与。如朋友圈广告倒计时组件加强紧迫感吸引用户参与;朋友圈预约面板组件引导用户预约活动,系统自动提醒召回提升活动参与率;朋友圈视频号直播推广能力,吸引用户预约和观看直播。

（资料来源:《微信生态如何为爆火的旅游盲盒再添一把火》,品橙旅游,https://www.pinchain.com/article/248940,2021-06-09。）

思考题:针对年轻用户,同程旅行机票盲盒推广媒介是否合适?为什么?

(五)旅游广告效果评估

旅游广告效果评估是通过衡量旅游广告传播效果、旅游广告成本效率和旅游广告销售效果等来衡量旅游广告投入预期目标的实现情况,为下一步的广告策划提供依据。

1.旅游广告效果评估的内容

(1)旅游广告传播效果评估。

旅游广告传播效果评估是指评估广告对目标市场消费者的认知和偏好所产生的影响程度,包括受众对广告信息的接触范围、理解和记忆程度等。阅读率和视听率是其中比较重要的指标。阅读率的计算公式为:

$$阅读率=阅读过旅游广告的人数/阅读该媒体的总人数\times100\%$$

视听率的计算公式为:

$$视听率=旅游广告节目的视听人数/视听总人数\times100\%$$

(2)旅游广告成本效率评估。

旅游广告成本效率评估是用单位广告费用引起的销售额的增加量来判断广告费用的投入是否经济合理的方法。其计算公式为:

$$单位成本效率=旅游广告引起的销售额的增加量/广告费用\times100\%$$

(3)旅游广告销售效果评估。

旅游广告销售效果评估是通过对比旅游企业产品广告发布前后在相关市场上的销售变化情况来进行衡量的方法。通常采用销售额衡量法、广告费比率、广告效率比率和小组比较法。销售额衡量法的计算公式为:

$$R=(S_2-S_1)/A$$

式中:

R——每天广告效益;

S_2——广告后的平均销售额;

S_1——广告前的平均销售额;

A——广告费用。

广告费比率的计算公式为:

$$广告费比率=广告费/销售额\times100\%$$

广告效率比率的计算公式为:

$$广告效率比率=销售额增加率/广告费增加率\times100\%$$

小组比较法的计算公式如下:

$$AEI=\frac{1}{n}\left[a-(a+c)\times\frac{b}{b+a}\right]\times100\%$$

式中:

AEI——广告效果指数;

n——被检测总人数;

a——看过广告又购买了的人数;

b——看过广告但未购买的人数;

c——未看过广告但购买了的人数。

2. 旅游广告效果评估的方法

旅游广告效果评估的方法主要有直接评估法、组合测试法、实验测试法。

（1）直接评估法。

直接评估法是由目标顾客或言行专家所构成的小组审查各种广告方案，并填写早已拟定的评估问卷，进行直接评估。

（2）组合测试法。

组合测试法是让旅游消费者看或听一组旅游广告，看过几次后放下广告，回忆前面所看的各个旅游广告及其内容。主要用来衡量广告的传播能力。

（3）实验测试法。

实验测试法是研究人员利用各种仪器衡量受测者的生理和心理反应，如用电流计、瞳孔放大测量器等来测验心跳、血压、瞳孔放大及出汗情形等，主要用来衡量广告的吸引力。

任务三　熟悉旅游营业推广策略

一、旅游营业推广的概念

旅游营业推广是旅游企业在某一特定时期与空间范围内，为促使旅游中间商和旅游者尽快购买或大量购买旅游产品或服务，而采取的一系列刺激和鼓励措施，又称销售促进。

二、旅游营业推广的作用

旅游营业推广的作用主要有以下几个方面。

1. 调动旅游消费的欲望和热情

为了使旅游中间商和旅游消费者尽快或大量购买旅游产品而采取的旅游促销手段，能实实在在地增加旅游中间商和旅游者的利益，有利于增加旅游产品的销量，提高销售额，带动关联产品的销售。

2. 将新产品推向市场

旅游新产品进入市场，旅游消费者和旅游中间商对其还没有足够的认识和了解，旅游企业通过实行特价优惠旅游、激励性免费旅游、新旧产品组合折价销售等营业推广方式，使旅游消费者尝试新产品，可以迅速有效地推动新的旅游产品进入旅游市场。

3. 奖励品牌忠实者

旅游营业推广可以对经常购买本企业产品的顾客实行优惠，从而使他们更乐于购买和使用本企业的产品，以巩固企业的市场占有率。

4. 抵御竞争者的进攻

当竞争对手大规模地发起营业推广活动时，旅游企业也必须迅速采取相应对策予以还击，才能有效地抵御和击败竞争者的营业推广促销活动。

三、旅游营业推广的方式

(一)常用的旅游营业推广方式

1. 免费营业推广

免费营业推广即让旅游消费者免费获得某种特定物品或利益，包括赠品销售、免费试用和赠品印花等方式。

2. 优惠营业推广

优惠营业推广即让旅游消费者或经销商可以用低于正常水平的价格购买特定的旅游产品或获得某种利益，包括赠折价券、价格折扣、付费赠送、积累销售优惠、技术支持等方式。

3. 竞赛营业推广

竞赛营业推广即通过举办竞赛、抽奖等富有趣味和游戏色彩的推广活动，吸引旅游消费者、经销商或销售人员推动销售，包括竞赛性奖励、有奖销售等方式。

4. 组合营业推广

组合营业推广是一种综合促销手段，包括联合推广、服务推广、包价推广和会员卡推广等。

(二)针对不同对象的旅游营业推广方式

旅游营业推广的目的是鼓励老顾客继续消费，促使新顾客开始消费，甚至培养竞争对手的顾客对本企业旅游产品形成偏爱；针对旅游中间商的营业推广的目的是吸引旅游中间商与旅游生产企业合作，鼓励中间商大批量购买；针对销售人员的营业推广的目的是鼓励推销产品的热情，积极开拓新市场。

针对不同对象的旅游营业推广方式见表 9-2。

表 9-2　针对不同对象的旅游营业推广方式

方　式		内　容
针对旅游者的营业推广	赠品销售	向旅游者赠送能够传递旅游企业及其旅游产品信息的小物品
	样品试用	为消费者提供一定数量的样品供他们免费试用，以便他们在购买之前实际感受产品的性质、特点、用途，从而坚定他们的购买信心
	付费赠送	只要消费者购买某种特定商品，就可获得赠品
	赠折价券	为吸引回头客而对旅游者赠送折价券
	价格折扣	针对购买旅游产品达到一定量的旅游者实行价格折扣
	购物抽奖	针对购买特定商品或购买总额达到一定限度的消费者给予一次性或连续性的奖励
	组合展销	旅游企业将一些能显示企业优势和特征的产品集中展示，边展示边销售

续表

方式		内容
针对旅游中间商的营业推广	销售折扣	对长期合作或销售业绩较好的旅游中间商给予一定的折扣，包括批量折扣、现金折扣和季节折扣等
	补贴奖励	采用销售补贴、广告补贴、降价补贴等形式鼓励中间商经营本企业产品
	商业展会	旅游旺季到来之际，旅游供应商开展商业展会，向中间商介绍产品
	熟识旅程	让中间商亲身体验旅游产品，留下积极而美好的印象
	销售竞赛	旅游企业让销售本旅游产品的中间商进行销售竞赛，并针对有突出成绩的中间商给予奖励
	宣传资助	旅游企业为中间商提供陈列物品，支付部分广告费用等补贴或津贴
针对销售人员的营业推广	销售红利	针对在一定时间内超额完成销售指标的销售人员按一定比例提成，获得一定的红利，以刺激销售人员的积极性
	销售竞赛	在所有销售人员中进行销售比赛，针对销售产品出色或销售额领先的销售人员给予奖励
	业绩奖金	为鼓舞销售人员的工作热情，根据销售收益率、销售额完成率、货款回收时间等因素确定业绩奖金
	体验旅游	为销售人员提供参与性和亲历性的旅游活动
	免费培训	为销售人员提供免费的培训，增强销售人员对产品的销售技能
	免费礼品	向销售人员赠送小礼品

四、旅游营业推广的实施

(一)确定旅游营业推广目标

在进行销售促进活动之前，旅游企业必须确定明确的推广目标。推广目标因对象不同而不同。对旅游消费者来说，推广目标主要是促使他们更多地购买和消费旅游产品，吸引竞争品牌的旅游消费者等。

对旅游中间商而言，推广目标主要是吸引旅游中间商经销本企业的旅游产品，进一步调动旅游中间商经销产品的积极性，巩固中间商对本企业的忠诚度等。

对旅游推销人员来说，推广目标就是激发旅游推销人员的推销热情，激励其寻找更多的潜在顾客。

(二)选择恰当的旅游销售促进方式

1.塑造适宜的商业氛围

当下，消费者购物的过程逐渐成为一种休闲的过程，购物环境的好坏已经成为消费者是否光顾的重要条件。商业氛围对于激发旅游消费者的购买欲望具有极其重要的作用。因此，在营业场所设计和商品陈列方面必须精心构思，使其具有一种适合目标消费者的氛围，从而使消费者乐于购买。

2.选择恰当的旅游销售促进工具

旅游企业可以根据市场类型、销售促进目标、竞争情况、国家政策以及各种推广工具的特点灵活选择推广工具。

(1)企业对旅游消费者的推广形式。

如果旅游企业以抵制竞争者的促销为推广目的,可设计一组降价的旅游产品组合,以取得快速的防御性反应;如果旅游产品具有较强的竞争优势,其促销的目的在于吸引消费者率先采用。

(2)零售商对旅游消费者的推广形式。

零售商促销的目的是吸引更多顾客光临和购买。因此,促销工具的选择必须能够给顾客带来实惠。零售商经常采用商品陈列和现场表演、折价券、特价包装、抽奖、游戏等推广形式。

(3)企业对旅游中间商的推广形式。

为得到批发商和零售商的支持,旅游企业主要运用购买折扣、广告折扣、商品陈列折让和经销奖励等方式进行推广。

(4)企业对推销员的推广形式。

为调动推销员的积极性,旅游企业可运用销售竞赛、销售红利、奖品等工具对推销员进行直接刺激。

(三)制定合理的旅游销售促进方案

制定合理的旅游销售促进方案需要考虑以下几个方面的内容。

1.诱因的大小

诱因的大小即确定使旅游企业成本/效益最佳的诱因规模。诱因规模太大,旅游企业的促销成本就高;诱因规模太小,会对旅游消费者缺乏足够的吸引力。因此,营销人员必须认真考察销售和成本增加的相对比率,确定最合理的诱因规模。

2.促销对象的范围

旅游企业需要对促销对象的条件做出明确规定,比如赠送礼品,是赠送给每一个购买者还是只赠送给购买量达到一定要求的顾客等。

3.促销媒体选择

促销媒体选择即决定如何将促销方案告诉促销对象,是通过线上媒体还是线下媒体,是选择传统媒体还是新媒体,促销对象不同,销售促进的媒体也不同。

4.促销时机的选择

旅游企业可以灵活地选择节假日、重大活动和事件等时机开展促销活动。

5.确定推广期限

推广期限要恰当,不可太短也不可太长。根据西方营销专家的研究,比较理想的推广期限是三周左右。

6.确定促销预算

确定促销预算的方法有两种:

一种是全面分析法,即营销者对各个推广方式进行选择,然后估算它们的总费用;

一种是销售百分比法,如许多景区的促销预算都是根据上一年的销售收入和销售成本来确定。

(四)测试旅游销售促进方案

在正式实施推广之前,旅游企业必须对推广方案进行测试,其目的是保证推广的诱因对消费者有效力,确定所选用工具是否恰当、媒体选择是否合适、顾客反响是否强烈等。发现不恰当的部分,要及时进行调整。如在正式开业之前,旅游景区的试营业,就是测试开业销售促进方案是否合适。

(五)执行和控制旅游销售促进方案

执行和控制旅游销售促进方案,实施方案中应明确规定准备时间和实施时间。准备时间是指推出旅游销售促进方案之前所需的时间,实施时间是从推广活动开始到95%的推广任务完成的时间。

(六)评估旅游销售促进的效果

销售促进的效果体现了旅游销售促进的目的。旅游企业必须高度重视对推广效果的评价。评价推广效果,一般可以采用比较法、顾客调查法和实验法等方法。

日本星巴克一个赠品,竟成为爆款还卖断货

2018年,日本星巴克要推出咖啡奶油布丁、奶油柠檬布丁以及咖啡焦糖布丁三款布丁,客户购买三个布丁,即可获赠牛皮纸袋。该牛皮纸袋材质非一次性的,可以用来装日常便当;用魔鬼粘作为封口;内里是保冷/热的材质,因此具有保冷/保温的效果;它看起来扁扁的,但其实很能装,因为是竖长型的袋子,也不会很占空间;背面印着星巴克的英文。实用性强外加美观,让这款纸袋在日本瞬间引起抢购风潮。明明是必须要买布丁才有机会入手的牛皮纸袋,却也成了疯抢的目标,并且引发了很多星巴克迷的创作热情,他们将牛皮纸袋改造为斜挎包、透明材质包、摆件等多种物品。

(资料来源:《日本星巴克随随便便出了一个赠品,竟成为爆款还卖断货》,新浪网,http://k.sina.com.cn/article_2387353802_8e4 C20ca0200095hc.html,2018-08-16。)

思考题:星巴克买布丁赠牛皮纸袋属于何种促销手段?效果如何?

任务四 熟悉旅游人员推销策略

一、旅游人员推销概述

(一)旅游人员推销的含义

旅游企业通过推销人员直接与旅游者接触、洽谈、介绍和宣传旅游产品的促销方式,其实质是销售人员帮助和说服旅游消费者购买某种商品或劳务的过程。其最主要

的任务是为旅游消费者提供服务。

(二)旅游人员推销的特点

1.信息传递的双向性

一方面,推销人员向旅游者宣传介绍旅游产品的质量、功能、用途,为旅游者提供旅游产品的信息,以引起旅游者的注意和兴趣,促进旅游产品的销售。

另一方面,推销人员通过与旅游者的交谈,收集旅游者对旅游企业、旅游产品及推销人员的态度、意见和要求等信息,不断反馈给旅游企业,为旅游企业的经营决策提供依据。

因此,旅游人员推销具有信息双向传递的特点。

2.推销过程的灵活性

推销人员通过与旅游消费者交谈,掌握旅游者的购买心理,可以从旅游消费者感兴趣的角度介绍旅游产品,唤起旅游消费者的需求。同时还能解答旅游者的疑问,消除旅游消费者的不满,并抓住有利时机,促成交易。整个推销过程灵活多变。

3.推销目的的双重性

旅游人员推销是为了推销旅游产品,满足旅游消费者的需求,也是旅游企业进行公共关系活动的一个组成部分。推销人员热情、周到的服务可以赢得旅游者对旅游企业的好感,从而树立旅游企业良好的形象,更好地实现推销旅游产品的目的。

4.满足需求的多样性

通过推销人员有针对性的宣传介绍,满足旅游消费者对旅游产品信息的需求;通过直接销售方式,满足旅游消费者方便购买的需求;通过推销人员良好的服务,满足旅游消费者心理上的需求。当然,主要还是满足旅游消费者对旅游产品使用价值的需求。

(三)旅游人员推销的基本形式

1.派员推销

派员推销即旅游企业派专职推销人员携带旅游产品说明书、宣传材料及相关资料走访客户,向客户宣传旅游企业和产品,并进行推销的方式。能随时了解旅游消费者的具体要求,不断调整销售策略,达成交易。

2.营业推销

员工在为旅游消费者提供旅游服务的同时,也可以向旅游消费者介绍和展示旅游产品,回答询问,担负着同专职推销人员一样的职能。

3.会议推销

旅游企业利用各种会议向与会人员介绍和宣传旅游企业及其产品的推销方式,如各种类型的旅游订货会、旅游交易会、旅游博览会等。会议推销具有推销集中、接触面广、成交量大、推销效果好的特点。

二、旅游推销队伍的建设与管理

(一)旅游推销人员的职责与素质

1.旅游推销人员的职责

推销职责是推销人员选拔和推销活动开展的基本依据,具体包括收集资料、制订旅游推销计划、做好旅游推销和售后服务等工作职责。

(1)收集资料。

在开展推销工作之前,旅游推销人员必须先收集有关的信息资料,具体包括:

①与旅游推销工作密切相关的信息和资料,如旅游企业的基本销售目标、经营方式等;

②旅游产品的全部知识,能向顾客说明购买和使用本旅游产品能得到的效益及售后服务情况;

③竞争对手的产品及其与本企业旅游产品的区别,竞争对手的旅游市场营销战略和战术;

④旅游市场的现状及发展趋势等。

(2)制订旅游推销计划。

在了解必需的信息资料之后,旅游推销人员就应着手推销前的准备工作,并制订旅游推销计划。

(3)做好旅游推销。

在旅游推销过程中,旅游推销人员要争取引起购买者的注意和兴趣,促进购买欲望;利用提供产品鉴定证明、产品使用案例与感受,取得顾客的信任。旅游推销人员要善于正确处理异议,并运用一些策略和技巧达成交易。

(4)做好售后服务。

在旅游产品销售出去以后,推销人员还必须了解顾客的购买、使用感受与评价,了解顾客对产品的改进或改善意见和建议,采取改进措施,充分完善售后服务。

2.旅游推销人员的素质

推销人员是旅游企业市场营销管理的专业人才,他们面对复杂多变的经济环境,承担各方面的职能,这要求他们有对旅游营销工作的内在需求,以及良好的个人素质与娴熟的营销技巧等。

(1)对旅游营销工作的内在需要。

旅游推销人员肩负着联系企业与消费者之间的重担,同时要尽可能达成交易,工作是艰巨的,若对旅游营销工作没有发自内心的认可和需要,则很难做好旅游营销工作。因此,一个合格的推销人员除了对旅游企业及其产品具有高度的热忱,有坚定的信心,有勤劳的习惯,有任劳任怨的精神和克服困难的勇气之外,还必须拥有对旅游营销工作的内在需要,内在需要会激发推销人员的内驱力,产生强烈的完成销售任务的内在需要,从而较好地完成旅游推销任务。

(2)良好的个人素质。

旅游推销人员不仅是旅游企业形象的代表,也是旅游消费者的顾问,应具备良好的服务精神和旺盛的求知欲,这是一个成功的旅游推销人员应该具备的素质。现代旅游推销人员要举止适度、谦恭有礼、仪表端庄、态度从容、谈吐文雅、口齿流利、平易近人、谨慎机敏等。

旅游推销人员应避免与顾客争吵,要保持良好的礼貌与风度,不可利用业务关系谋私利。推销员要有积极的服务精神,周到的服务是感动顾客、影响顾客的关键,因此要想顾客之所想,急顾客之所急,不辞辛苦,积极服务,帮助顾客获取利益。

良好的旅游推销人员必须有旺盛的求知欲,善于学习旅游推销工作所必需的旅游企业知识、产品知识、旅游消费者知识和旅游市场知识等。

(3)娴熟的营销技巧。

旅游推销人员不仅要掌握良好的旅游推销技巧,准确地了解顾客的愿望、爱好、职业和购买习惯等,还要善于说服顾客,要选定适当的旅游推销对象和推销时间。对不同的顾客,要善于选择采取不同的表达方式;能为顾客利益着想;尽可能地解答顾客的疑问,必要时提出有力的事实保证;对产品性能不做过分夸张,但对产品价值要充分信心,克服价格障碍,把握成交机会。优秀的旅游推销人员能做到不卑不亢、灵活机动、运用自如。

3.旅游推销队伍的建设

(1)招聘旅游推销人员。

旅游企业根据自身营销工作的需要,通过应招人员的学历、工作经历、业绩、性格等特征甄别、选拔适合的旅游推销人员。

(2)培训旅游推销人员。

在旅游推销人员正式上岗前,旅游企业要对其进行公司情况、产品情况、市场情况、竞争状况、推销技巧等相关知识的系统培训。

(3)推销人员配置。

旅游企业一般按地区、产品、顾客三个方面来进行旅游推销人员配置。

(4)推销业绩考核。

旅游企业对推销人员日常工作进行监督管理,按照一定的标准考核其业绩。

(二)旅游推销人员的管理

1.旅游推销人员的培训

新招聘的旅游推销人员需经过培训才能上岗,让他们学习和掌握必要的旅游推销知识与技能。在岗的推销人员也需要每隔一段时间进行培训,使其了解旅游企业的新产品、新的经营计划和新的市场营销策略,进一步提高素质和能力。

旅游推销人员的培训一般有集体培训和个人训练两种。

1)旅游推销人员培训方法

常用的旅游推销人员培训方法有课堂培训法、会议培训法、模拟培训法和岗位培训法等。

(1)课堂培训法。

课堂培训法是由推销专家或有丰富推销经验的推销人员通过讲授的形式将知识传授给受训人员。该方法应用最广泛,其优点是费用低,能增加受训人员的实用知识;其缺点是单向沟通,受训人员获得讨论的机会相对较少,讲授者无法顾及受训人员的个别差异。

(2)会议培训法。

会议培训法由主讲老师或推销专家组织推销人员就某一专门议题进行讨论。该方法有利于讲授者与受训人员的双向沟通,受训人员有表达意见及交换思想、学识、经验的机会。

阅读链接

优秀推销人员的素质

(3)模拟培训法。

模拟培训法,是一种由受训人员亲自参与并具有一定实战感的培训方法,为越来越多的企业所采用。其具体又可分为实例研究法、角色扮演法、业务模拟法等。

①实例研究法是一种由受训人员分析所给的推销实例材料,说明如何处理实例中问题的模拟培训法。

②角色扮演法是一种由受训人员扮演推销人员,由有经验的推销人员扮演顾客,受训人员进行推销的模拟培训法。

③业务模拟法是一种模仿多种业务情况,让受训人员在一定时间内做出一系列决定,由培训者观察受训人员如何适应新情况的模拟培训法。

(4)岗位培训法。

岗位培训法是一种在工作岗位上练兵的培训方法,即新上岗的推销人员接受一定的课堂培训后,将其安排在工作岗位上,由有经验的推销人员指导一段时间,然后逐渐放手,让其独立工作。该方法有利于受训人员较快地熟悉业务,培训效果很好。

2)旅游推销人员培训的内容

旅游推销人员培训的内容,一般包括旅游推销人员的心理素质和潜能培训、旅游基础知识方面的培训和专业旅游推销技巧的培训三个部分。

(1)旅游推销人员的心理素质和潜能培训。

由于旅游推销人员通常面对的是拒绝与挫折,因此,通过培训使旅游推销人员充满自信和保持积极进取的心态显得尤为重要。

(2)旅游基础知识方面的培训。

旅游基础知识方面的培训,通常包括旅游企业、旅游产品、旅游市场、旅游财务和旅游政策法规等知识。能够将旅游产品的特性迅速转化成客户利益需求点的能力,是专业推销人员所必须具备的。

(3)专业推销技巧的培训。

专业推销技巧的培训,包括销售前的准备技巧(了解推销区域、找出准客户、做好销售计划等)、接近客户的技巧(电话拜访客户、直接拜访客户、邮件拜访等)、进入销售主题的技巧、市场调查的技巧、询问与倾听的技巧、产品展示和说明的技巧、处理客户异议的技巧、撰写建议书的技巧,以及最后达成交易的技巧等。

2.旅游推销人员的考核

1)基于成果的考核

衡量工作结果的定量指标,能把个人和组织的目标有机结合起来,依据每个人所做的贡献来评价其绩效,主要有以下几个具体指标。

(1)销售计划完成率:指实际销售额或销售量占计划销售额或销售量的百分比。

(2)销售毛利率:指毛利占销售收入的百分比,简称为毛利率,其中毛利是销售收入与销售成本的差额。

(3)销售费用率:指销售费用与营业收入的比率。它体现了企业为取得单位收入所花费的单位销售费用,或者销售费用占据了营业收入的多大比例。

(4)货款回收率:指本期回收的货款与本期应收货款的比率。

(5)客户访问率:指实际访问客户的数量或实际访问客户的次数与计划访问客户的

数量或计划访问客户的次数的比率。

(6)访问成功率:指访问成功的个数和所有被访者个数的比率。

(7)顾客投诉次数:指考核期内顾客因为对企业产品质量或服务的不满意,而提出的书面或口头上的异议、抗议、索赔和要求解决问题等行为的次数。

(8)培育新客户数量:指考核期内新培育、新开发的客户数量。

2)基于行为的考核

基于行为的考核主要考核衡量行为、表现与素质等岗位定性指标,这些指标与工作结果同样重要。销售人员行为考核标准,主要有以下几个具体指标:

(1)执行遵守本单位各项工作制度、考勤制度、保密制度和其他公司规定的行为表现。

(2)履行本部门工作的行为表现。

(3)完成工作任务的行为表现。

(4)遵守国家法律法规、社会公德的行为表现。

(5)其他。

三、旅游推销人员的工作实施

(一)寻找顾客

通过调查,了解旅游者的需求、支付能力,筛选出有接近价值和接近可能的目标旅游者,以便集中精力进行推销,提高推销的成功率。例如酒店可从客史档案、员工的个人情报资源、单位组织等名录以及各种庆典活动信息中寻找顾客。

(二)接近准备

在推销之前,旅游推销人员应尽可能地了解目标旅游者的情况和要求,确立具体的工作目标,选择接近的方式,拟定推销时间和线路安排,预测推销中可能产生的一切问题,准备好推销材料,如景区、景点及设施的图片、模型、说明材料、价格表,以及包价旅游产品的介绍材料等。在准备就绪后,推销人员需要与目标旅游者进行预约,用电话、信函等形式讲明访问的事由、时间、地点等。

(三)接近目标顾客

接近目标旅游者的过程往往是短暂的,在很短的时间里,推销人员要充分发挥自己的聪明才智,灵活应用各种技巧,引起目标旅游者对所推销旅游产品的兴趣,达到接近目标旅游者的最终目的。

接近目标顾客的方法如表 9-3 所示。

表 9-3 接近目标顾客的方法

方　法	内　　容
介绍接近法	包括他人亲自引荐和他人间接引荐两种。他人间接引荐主要包括电话、名片、信函、便条等形式

阅读链接

乔·吉拉德——世界上最伟大的推销员

续表

方　法	内　　容
利益接近法	在一开始就向客户介绍商品能给客户带来的利益、价值
问题接近法	通过请客户帮忙解答疑难问题,或直接向客户提问的方式接近客户
演示接近法	利用产品本身的功能、色彩、款式、造型、新颖性等引起顾客的注意
送礼接近法	利用赠送礼品的方法接近顾客,以引起顾客的注意和兴趣
赞美接近法	赞美个人的长相、衣着、举止谈吐、风度气质、才华成就、家庭环境、亲戚朋友等;赞美企业名称、规模、产品质量、服务态度、经营业绩等,都可拉近双方心理距离,赢得顾客的好感

(四)推销面谈

推销面谈是面谈沟通过程的最主要环节。推销面谈时推销人员应向客户做销售陈述,详细介绍所推销的产品,重点关注产品是否能满足客户的需求,而不是产品本身。

1. 推销面谈的内容

旅游产品的使用价值是指产品能够为预订、拥有和使用本产品的客户带来的利益,是客户购买的主要动机和目的所在。如炫耀性旅游产品除了本身的使用价值以外,更能凸显的是客户的财富地位等。使用价值基本相同的产品,因生产者和经销者的不同,或多或少地存在差别,各具特色。推销人员就应当强调其产品的差别优势及特色,以吸引、诱导潜在客户。旅游产品能给客户带来的综合利益较多,给客户带来综合利益最大的产品,才是客户所期望的,也最愿意接受的产品。

2. 进行现场展示

现场展示就是将产品的性能、优点、特色向顾客展示出来,使顾客对产品有直观了解和切身感受。顾客在浏览商品时,推销人员要根据顾客需求展示商品。同时,还要配以准确生动的语言,介绍商品的性能、特点、质量、价格和使用方法等,要突出特点、实事求是、耐心细致,以取得顾客的信任,激发顾客的购买欲望。

3. 使用合理的销售工具

销售工具是指各种有助于介绍产品的资料、用具、器具,如顾客来信、图片、相册、产品宣传资料、说明书、卖点广告、数据统计资料、市场调查报告、专家证词、权威机构评价、生产许可证、鉴定书、获奖证书、报纸剪贴等。推销人员可以根据自己的情况来设计和制作销售工具,提高顾客的信任度并放心购买。

(五)处理异议

推销过程中,旅游者可能会对旅游产品提出各种各样的购买异议,如价格异议、产品异议、购买时间异议、服务异议等。对此,应采取不同的方法、技巧,有效地处理和转化,最终说服旅游者,促成交易。

1. 价格异议的处理方法

价格异议是顾客认为商品价格超过商品价值、商品价格超过消费预算或者顾客希望价格更便宜时的意见。推销人员可以采用价值法、底牌法、比较法、平均法等处理方法消除异议。

推销人员可以从产品的使用寿命、使用成本、性能、售后维修、收益等方面进行分析,说明产品在性能、价格与价值等方面的优势,使顾客认识到该商品是物有所值,购买商品带来的利益远远大于的消费价值。

推销人员可以向顾客说明报价是出厂价或最优惠的价格,暗示顾客这已经是价格底线,不可能再讨价还价,以打消顾客杀价的念头。推销人员将该商品与同类商品进行比较。推销人员将商品价格分摊到每月、每周、每天,让贵的商品显得很划算。推销人员使用尽可能小的计量单位来报价,以减少高额价格对顾客的心理冲击。如在可能的情况下,改千克为克、改米为厘米、改大包装单位为小包装单位。推销人员通过赞美顾客的实力来解除其对价格的敏感性。推销人员可在权限许可的范围内适当调整推销品的价格,或采取分期付款、延期付款的方法来购买商品,以有效解决价格纷争。

2. 处理产品异议的方法

产品异议是顾客对商品的元素、功能、式样、质量以及品牌等方面表示怀疑的意见。其根源主要是顾客对推销品的某些方面还心存疑虑。这时,推销人员可通过现场展示、提供例证和提供担保等方式消除异议。

(1)现场展示。

现场展示是处理产品异议的有效方法,在条件允许的情况下,采取现场示范商品的方法,将商品的特点及使用效果等展现在顾客面前,证明商品的实际效果,打消顾客心中的顾虑。

(2)提供例证。

提供例证,为说明商品是名牌商品、材料优异、做工精良,推销人员可出示企业资质证明、产品技术认证证书、获奖证书、知名企业的订货合同、他人使用后的感觉等资料,以消除顾客顾虑。

(3)提供担保。

有些顾客始终坚持己见,对商品持怀疑态度,在这种情况下,可以用担保的方法打消顾客疑虑,坚定购买信心。

3. 处理购买时间异议的方法

购买时间异议主要是指顾客认为没有到购买时机,对此,销售人员可采用良机激励法、意外损失法、询问法等方法来减少异议。

(1)良机激励法。

良机激励法是利用对顾客有利的机会来激励顾客,使其不再犹豫不决。

(2)意外损失法。

意外损失法是利用顾客意想不到但又必将会发生的变动因素,如物价上涨、政策变化、市场竞争等情况,引导顾客尽早做出购买决定。

(3)询问法。

在推销实践中,购买时间异议可能只是顾客的托词。这时,推销人员需要采用询问法将原因弄清楚,如是否对商品不感兴趣、还没有弄清楚产品的性能、有难言之隐等,再对症下药。

4. 处理推销人员异议的方法

推销人员异议是顾客对推销人员不满而引起的拒绝购买的心理。对此，推销人员应该从自身方面查找原因，有针对性地进行异议处理。

若是推销人员态度不好，让顾客不满，推销人员要及时调整，在第一时间向顾客道歉。

若顾客是对推销人员的服务水准不满，认为推销人员不够专业，这就需要推销人员平时要加强业务素质，努力成为行业专家。如果顾客当面指出推销人员的不足，推销人员应立即承认，并向顾客赔礼道歉。

若顾客认为推销人员说的话夸大其词，让人无法信任，推销人员需要端正态度，改进工作作风，真正做到关心顾客、爱护顾客，把顾客的利益放在首位，切不可与顾客"顶牛"。

（六）成交

成交是指推销人员在推销商品过程中随时寻找顾客发出的成交信号，并选择合适的语言试探的过程。

1. 识别顾客的购买信号

购买信号是指顾客通过语言、动作、表情等渠道泄露出来的想要购买产品的意图。在推销人员向顾客进行推销说明的过程中，只要观察到顾客的购买信号，就可以立即提出成交要求，一旦错过机会，则很可能被顾客拒绝。

2. 正确选择成交方法

在成交的最后时刻，顾客常常下不了决心，推销人员必须巧妙地给顾客以恰当的建议，帮助顾客早下决心。可以根据顾客不同情况下的心理特点，尝试采用以下方法加快成交速度。

（1）请求成交。

请求成交是指推销人员发现顾客的购买欲望很强烈时，为了增强其购买信心，可以直截了当地向顾客提出成交要求，以向顾客适当施加压力，达到直接促成交易的目的。需注意的是，请求成交不是强求成交，也不是乞求成交，使用时要做到神态自然坦诚，语言从容，语速适中，充满自信。

（2）假设成交。

假设成交是指推销人员假定顾客已经接受推销，然后向顾客询问一些服务要求、订货数量、送货方式等方面的问题，以向顾客适当施加压力，达到直接促成交易的目的。假定成交的使用时机是推销人员介绍完产品的特点，并解答顾客的疑问之后，顾客已有意购买，但还没有拿定主意，这时推销人员就可以去感染顾客，不失时机地向顾客提出一些实质性的问题，帮助其下定购买决心。

（3）小点成交。

小点成交是指推销人员先在一些次要问题上与顾客形成共识并达成协议，以促成交易的方法。一般情况，顾客容易对重大的购买决策产生较大的心理压力，往往难以决断;而在一些较小的成交问题上心理压力较小,会较为轻松地接受推销人员的引荐而明确表态。小点成交法就是利用了顾客的这一心理活动规律,让顾客在若干细小问题上做出决策而避开是否购买的决定,营造良好的洽谈氛围,促成最后的成交。

(4)从众成交。

从众成交是指推销人员利用人们的从众心理,促使顾客立即做出购买决策的方法。顾客在购买商品时,不仅要依据自身的需求和爱好购买商品,而且要考虑全社会的行为规范和审美观念以符合大多数人的消费行为。从众成交法就是利用了人们的这一社会心理,营造出众人争相购买的氛围,以减少购买者的担心,促使其迅速做出购买决策。

(5)机会成交。

机会成交是指推销人员针对顾客害怕错过良好的购买机会的心理动机,对顾客提示成交机会,让顾客意识到购买是一种机会,不及时购买就会造成损失,从而促使顾客立即购买的一种成交方法。使用机会成交法有利于提高成交速度和成功概率,但使用时一定要注意职业道德,不能蒙骗消费者。

3. 售后服务

要让旅游者满意并使他们重复购买旅游产品,售后服务是必不可少的。达成交易后,推销人员应认真落实自己的保证,做好服务,妥善处理可能出现的问题。从旅游企业的长远利益出发,应与旅游者建立并保持良好的关系,树立旅游者对旅游企业及产品的信任感,促使他们重复购买,同时利用旅游者的宣传,争取更多新的消费者。

案例分析

近几年,山东旅游在营销方面的反应特别快。在电视剧《闯关东》热播之后,山东省各个城市的市长或市委书记带队到东北各个城市搞旅游推广。效果很不一样,因为中国传统讲究礼尚往来、礼遇平等,山东各城市的市长、市委书记去了东北的某座城市,这个城市的市委书记或市长就得出来欢迎,他们后面一般都跟着电视台记者和报纸记者。当地电视台一播、报纸一报道,全市市民基本都知道了,旅游营销的效果就达到了。这跟景区的总经理、文旅部门领导去营销的效果不一样,景区总经理或者旅游局长出去营销,当地的媒体不一定会配合报道,就算花钱也不会上当地新闻"头条",引不起重视,就算活动搞完了,对客源地的影响也不大。

另外,山东省的整体营销是经过系统策划的,是省市领导过问、宣传部负责整体策划和执行,区域内所有的媒体必须跟踪报道,在资源调动、协调和资金投入上都比旅游局要灵活得多,因为这宣传的不仅仅是旅游,还是省、市的整体形象的宣传。所以,主导部门不一样,相应地,营销力度和效果也会有很大差别。就旅游推销的经验而言,山东省的经验得到了业界的认可。

(资料来源:根据相关资料整理。)

思考题:山东省在旅游推销方面有哪些经验值得借鉴?

阅读链接

FABE 产品推荐法和 SPIN 顾问式销售法

任务五　掌握旅游公共关系策略

一、旅游公共关系的内涵

(一)旅游公共关系的概念

旅游公共关系是指旅游企业在从事旅游市场营销活动中正确处理与社会公众的关系,以便树立企业的良好形象,从而促进旅游产品或服务销售的一种活动。这反映了公共关系是一种传播活动,也是一种管理职能。

旅游公共关系具体包括以下内容:

(1)旅游公共关系是旅游企业与其相联系的社会公众之间的关系。

(2)旅游企业形象是旅游公共关系的核心。

(3)旅游企业开展旅游公共关系活动是为了通过改善与公众之间的关系,促进商品销售,提高市场竞争力。

(二)旅游公共关系的要素

1.旅游企业是公共关系的主体

旅游企业为了实现自己特定的社会目标或一定的社会职能,开展公关活动。

2.社会公众是公共关系的客体

社会公众是面临相同问题并对旅游企业的生存和发展有着现实或潜在的利益关系和影响力的个体、群体及社会组织的总和。旅游企业在经营和管理中必须注意处理好与员工、顾客、媒体、社区、政府等各类公众的关系,为自己创造良好和谐的内外部环境。

3.传播是旅游公共关系的中介

传播是旅游企业利用各种媒体,将信息或观点有计划地与社会公众进行交流的沟通过程。旅游企业开展公关活动的过程实际上就是传播沟通过程,所以传播是旅游公共关系的中介。

(三)旅游公共关系的作用

成功的公共关系对旅游企业而言,具有以下几个方面的作用:

(1)提高旅游企业或产品的知名度与信誉度,树立良好的企业形象。

(2)帮助新产品打开销路。

(3)有助于挽回突发事件的不利影响。

(4)有助于建立良好的社会关系。

二、旅游公共关系的特征

作为一种促销手段,公共关系与前述其他手段相比,具有自己的特点。

(一)以树立良好的旅游企业形象为目标

旅游企业的形象指社会公众对其整体印象和评价,包括旅游企业的知名度和旅游企业的美誉度两个方面。

旅游企业的知名度指社会公众对旅游企业及旅游企业的各种情况的知晓程度;旅游企业的美誉度指知晓该旅游企业的公众对旅游企业的赞美评价程度。

旅游公共关系是一种为旅游企业创造美好形象和信誉的艺术,它强调的是成功的人际关系、和谐的人事环境、最佳的社会舆论,以赢得社会公众的了解、信任和支持。

现代旅游企业之间的竞争,不仅仅是市场、价格、原材料等方面的竞争,也是整体形象的竞争。良好的形象是无形资产,一旦在社会公众心目中树立起自身良好的形象,就能获得社会公众的支持、合作,取得事业的成功;反之,丧失信誉、声名狼藉,事业就会一败涂地。因此,树立企业的良好形象,赢得消费者的支持就成为旅游公共关系活动的工作目标。

(二)以互惠互利为原则

旅游公共关系以旅游企业与社会公众之间的互惠互利为基本原则。旅游企业在发展过程中必须得到社会公众的支持,因此旅游公共关系强调旅游企业的追求目标与社会公众合理需求的一致性,并通过谋求和维护社会公众的利益来谋求与维护旅游企业自身的利益,从而使旅游企业与社会公众之间的利益关系达到最佳平衡状态。

(三)注重长期效应

良好的企业形象也能为企业的经营和发展带来长期促进效应。同时,旅游企业与社会公众之间的良好关系需要长期的、有计划的、坚持不懈的努力才能形成。这种良好的关系状态一旦形成,还需要不断地加以维护、调整和发展,切忌急功近利,一切应从长远利益出发,公共关系活动要着眼于长远效果。

(四)可信度较高

大多数人认为公关报道比较客观,比广告更加可信。因此,为了赢得公众的信任,旅游企业必须为自己塑造一个诚实的形象,否则将会失去公众的信任与支持,为公共关系工作带来阻碍。

(五)注重双向沟通

旅游公共关系的本质就是旅游企业与社会公众之间的大范围、全方位的双向信息沟通过程。

一方面,旅游企业要将有关自身情况的信息传向公众,进行传播和解释,以获得社会公众的了解和理解,改变社会公众对自身的认识和态度;另一方面,旅游企业还要从社会公众那里获得系统、全面的需求性信息和评价性信息,以作为改善自身行为、塑造良好社会形象、服务广大社会公众的决策依据,最终使企业和公众在双向传播中形成和谐的关系。

此外，旅游公共关系还具有一定的戏剧性，经过特别策划的旅游公关事件，容易成为社会公众关注的焦点，可使旅游企业和产品戏剧化，引人入胜。

三、旅游公共关系的活动类型

旅游公共关系的主要活动是与政府机构、中间商、零售商、学者专家、社会团体以及有关的消费者建立联系，制造各种新闻素材，提供各种咨询服务，通过传播媒体的宣传报道，使社会公众对旅游企业及其产品或服务产生良好印象，提高企业产品或服务的知名度和美誉度。从战略和战术来看，旅游公共关系活动可以分为不同的类型。

（一）战略型旅游公共关系活动类型

从整体上影响旅游企业形象的旅游公共关系活动，具体包括建设型旅游公共关系、维系型旅游公共关系、预防型旅游公共关系、矫正型旅游公共关系和开拓型旅游公共关系五种活动类型。

1. 建设型旅游公共关系

建设型旅游公共关系即旅游企业为开创新局面，提高旅游企业的知名度和美誉度的公共关系活动类型。建立建设型旅游公共关系的目的是为旅游企业的发展创造最好的条件和环境。建设型旅游公共关系适合在企业初创期或推出新产品和新服务时采用，通过宣传和交流主动向社会公众介绍自己，使社会公众对旅游企业及产品形成良好的第一印象或形成一种新的感觉，以取得更多旅游消费者的信任和支持。建设型旅游公共关系可采用的方法很多，一般包括开业广告、开业庆典、新产品发布会、免费试用新产品、免费招待参观、开业折价酬宾、赠送宣传品等。

2. 维系型旅游公共关系

维系型旅游公共关系即通过有效手段稳定和保持旅游企业在社会公众心目中的良好形象的公共关系活动类型，具体方法有两种：一种是维系意图明显的"硬维系"，主要通过优惠服务和联谊活动；另一种是表现手段比较含蓄的"软维系"，主要是采用低姿态的宣传使社会公众在不知不觉中接受旅游企业。企业建立起公共关系网络后也需要采取维系型公共关系活动，以巩固现有的公共关系结构。

3. 预防型旅游公共关系

预防型旅游公共关系即旅游企业为防止公共关系状态的失调，促使其向好的方向转化而采取的一种公共关系活动类型。

首先，当旅游企业处于稳定发展时期，应尽早建立预警系统和制定防范措施，居安思危，防患于未然。

其次，当旅游企业与周围客观环境出现某些失调时，要确切地了解自身的公共关系现状，敏锐地发现其失调的预兆和症状，针对失调采取应对措施，通过及时调整旅游企业的结构、产品、方针政策或经营方式等消除隐患，始终将企业与社会公众的关系控制在期望的轨道上。

4. 矫正型旅游公共关系

矫正型旅游公共关系即旅游企业的公共关系严重失调，旅游企业形象受到严重损害时，立即采取一系列有效措施改变和恢复受损害的旅游企业形象。

公共关系失调有两种情况:一是由于外界的误解、谣言甚至人为的破坏,损害了旅游企业的形象,这时旅游企业应迅速查明产生误解的原因,第一时间澄清事实,消除损害旅游企业形象的因素。二是旅游企业内在的不完善造成的,如服务态度、产品质量、环境保护、经营方针等方面发生问题,而导致外部公共关系的严重失调。这时应暂时降低自我宣传,尽量控制影响面,提出纠正措施,协助有关部门解决实际问题,向媒体和社会公众公布纠正措施与进展情况,平息风波,恢复信誉。

5. 进攻型旅游公共关系

进攻型旅游公共关系即旅游企业采取主动出击的方式来树立和维护良好形象的公共关系活动类型。当旅游企业处于快速发展时期,或预定目标与所处环境发生冲突时,主动发起公关攻势,可以通过不断开发新的产品,开拓新的市场,吸引更多的游客,建立新的合作关系等方法,改变对原有环境的过分依赖,保证预定目标的实现,从而树立和维护良好的形象。进攻型旅游公共关系的主要方式有宣传新的营销理念、推出新产品、抢占新市场、进行新的结盟或合作等。

(二)战术型旅游公共关系

战术型旅游公共关系是为解决具体问题而开展的旅游公共关系活动,它包括宣传型旅游公共关系、交往型旅游公共关系、服务型旅游公共关系、社会型旅游公共关系和征询型旅游公共关系几种类型。

1. 宣传型旅游公共关系

宣传型旅游公共关系是旅游企业通过大众传播媒介和内部沟通的方法直接向公众宣传,形成对己有利的企业形象的公共关系活动。在现代社会中,它利用电视、广播、报纸、杂志等发达的宣传工具和媒介传递信息,建立广泛的公共关系,是一条非常有效的渠道。

宣传型旅游公共关系主要有两种形式:

一是以广告的形式出现,把旅游企业的形象塑造作为广告的中心内容,着重宣传旅游企业的管理经验、经济效益、新产品开发、社会效益等。

二是通过新闻报道、专题通讯、记者采访、经验介绍等客观宣传塑造企业良好形象。

宣传型旅游公共关系具有影响面广、主导性强的优点,但它缺乏深度,缺乏人与人之间的情感因素,以及主动性、灵活性。

2. 交往型旅游公共关系

交往型旅游公共关系指在人际交往中开展公共关系工作的活动类型,它主要包括个人交际和社团交际两种方式,如茶话会、座谈会、招待会、宴会、慰问和专访活动等交际形式。交往型公共关系活动要真诚,即无论是对旅游企业还是对个人,都要实事求是,这样才能取得社会公众的信任。不能通过欺骗、行贿受贿、串通谋私等不正当手段维系交往。交往型旅游公共关系可以弥补宣传型旅游公共关系的弱点,如在主题乐园,工作人员的友好态度与和蔼可亲的面孔是与顾客进行沟通的最佳手段。只有通过人际交往,为顾客提供温暖热情的服务,效益才能明显提高。

3. 服务型旅游公共关系

服务型旅游公共关系是一种以提供优质服务来获取社会公众的好评的公共关系模

式。目前，国内外旅游市场竞争不仅是旅游产品的竞争，更是服务的竞争，谁能提供优质的产品和最佳的服务，谁就能赢得市场。服务型活动类型以实际行动来获取社会公众的好评，密切旅游企业与社会公众之间的关系，建立自己良好的形象。因此，开展优质服务是各类旅游企业的一项重要的公共关系工作。

4. 社会型旅游公共关系

社会型旅游公共关系指抓住有利时机举办各种社会性活动，扩大旅游企业影响的公共关系活动。社会型旅游公共关系能让企业在广大社会公众心目中树立良好的形象，如开业庆典活动、周年纪念活动、当地传统节日活动、公益赞助活动等。这种公共关系活动的特点是具有公益性和文化性，着眼于长远利益，不计较眼前得失，但要量力而行。

5. 征询型旅游公共关系

征询型旅游公共关系是以收集信息、舆论调查、民意测验为主的公共关系活动。征询型旅游公共关系既能及时地收集有关旅游企业形象的意见和建议，为旅游企业决策提供信息，又能在很大程度上调动公众的参与热情，提高旅游企业的知名度，具体包括开办各种咨询业务、建立来信来访制度、制作调查问卷、收集公众意见、接受和处理投诉、建立消费者热线电话等形式，具有民意性和持久性，需要耐力和诚意的特点。

四、旅游公共关系的常用活动方式

(一)新闻传播

新闻传播是旅游企业将自身发生的有价值的新闻通过大众传播媒介告知社会公众的一种传播形式。借助新闻媒介的力量传递旅游企业的信息，取得公众的认可，树立旅游企业自身美好形象，是旅游企业公关活动常见的方式，具体通过提供新闻线索、制造新闻事件等进行。

1. 提供新闻线索

旅游企业要以敏锐的洞察力捕捉对本企业有利的新闻线索，并及时提供给新闻媒介，这是力争新闻报道最常用的手段之一。大千世界，每时每刻都在发生着各式各样的新事件和新情况，能通过报刊、电台或电视台等新闻媒介予以报道的事件却十分有限。新闻具有新鲜性、普遍性、社会性、影响性、国际性、纪录性、危险性和地方性的特点。旅游企业要抓住这些特点挖掘新闻选题，才能够形成一则被社会公众所接受的新闻。

2. 制造新闻事件

制造新闻事件是指旅游企业有意识地以健康正当的手段，通过有利于自己和社会的行为，针对社会公众和新闻界的兴趣点，"制造"某些符合新闻一般特点的事件，以引起社会公众和新闻界的注意。其目的在于寻找一切有利时机扩大旅游企业的影响力和知名度，树立良好的旅游企业形象，实现公共关系目标。

制造新闻事件要注意以下几点：

(1)通过利用本企业良好的设施设备和场所开展多种活动去制造新闻。如举办大型的演出，召开各种会议等，扩大本企业在各界的影响和知名度。如张家界打造的国际乡村音乐周。

(2)选择或创造特殊日子制造新闻。

(3)借社会上的热门话题制造新闻。如2020年藏族男孩丁真一夜爆火,让很多网友以为丁真是西藏人。西藏日报马上发微博:318国道美景不断,欢迎大家从318国道看过一路美景来西藏。使得西藏一度比丁真的家乡四川更火热。

(4)赞助新闻机构或联合举办活动制造新闻。如亲子节目《爸爸去哪儿》成功带红了云南普者黑等地。

(5)旅游企业通过召开新闻发布会、记者招待会、鸡尾酒会等形式,尽可能地让新闻工作者享受现代化的设施与高质量的服务,主动向记者介绍旅游企业的有关情况,让他们把自己的切身体会和耳闻目睹的东西报道给社会公众。如2019年杭州开元森泊度假乐园在开业前夕举行媒体接待日,邀请了一系列媒体记者、"网红大V"参加,受到广大媒体朋友的喜爱和推广,在多种媒体上得到宣传和曝光,让开元森波度假乐园开业就成为"网红"。

(6)选择目标公众相对集中的地点制造新闻,能增强新闻事件的针对性,增强目标公众的认同感。

(7)把握不同时期的社会心理趋向制造新闻。更能深入人心,吸引社会公众的注意力,获得社会公众的认同,收到良好的效果。

总之,旅游企业只要从公共关系的基本原则出发,独具匠心、构思巧妙、精心策划并按新闻规律办事,就能做好新闻"制造"和传播活动,为旅游企业的顺利发展创造一个良好的舆论环境。

(二)旅游企业自我公共宣传

旅游企业自我公共宣传是指利用年报、旅游宣传册、邮政卡片、短视频等视听工具,以及企业内部杂志等宣传旅游企业,树立本企业的良好形象。

(三)旅游公共关系专题活动

旅游公共关系专题活动是指围绕一定主题展开的公共关系活动,目的是将旅游企业的某一方面展现在社会公众面前,以塑造旅游企业的良好形象,具体包括展览会、新闻发布会、专家讨论会、主题接待日、联谊活动、博览会、辩论赛、纪念活动,以及文体盛事等。

(四)开展公益活动

开展公益活动指通过资助慈善事业而赢得良好的信誉。如2019年故宫博物院举办"贺岁迎祥——紫禁城里过大年"活动后,将研发出来的万寿灯、天灯系列文化创意产品进行了公益拍卖,并将拍卖获得的2000多万人民币全部捐赠给了广西巴马、内蒙古阿尔山等4个国家贫困县[①]。

(五)提供各种旅游服务

为社会公众提供热情、周到、方便、优惠的服务,以赢得好感,树立形象。如2014年

---

① 《故宫文创年收入10亿的钱去哪儿了?》,https://www.sohu.com/a/356847587_712171,2019-11-27,原文载于《北京青年报》。

同程旅行在全国 27 个城市的热门的旅游目的地，开设了 30 个同程驿站，解决游客在目的地无手机充电、没有 Wi-Fi、找不到短时休息场所等问题，这些驿站平均每周可为同程旅行客户端带来近 10 万的激活量[①]。

(六)征询公众意见

通过信息采集使旅游企业了解社会舆论、民意民情、消费趋势，为旅游企业的经营管理决策提供背景信息服务。同时，加强旅游企业与社会公众的双向沟通，也向社会公众传播或暗示旅游企业的意图，加深社会公众对旅游企业的印象。

五、旅游公共关系的实施

(一)确定公共关系目标

目标是旅游公共关系活动取得良好效果的前提条件。旅游企业的公共关系目标因企业面临的环境和任务的不同而不同。一般，旅游企业的公共关系目标有以下几个方面：

(1)旅游新产品开发过程中，要让公众足够了解。
(2)开辟旅游新市场之前，要在新市场所在地宣传旅游企业的声誉。
(3)转产其他产品时，要树立旅游企业新形象，使之与新产品相适应。
(4)参加社会公益活动，增加公众对旅游企业的了解和好感。
(5)开展社区公共关系，与旅游企业所在地的公众沟通。
(6)旅游产品或服务在社会上造成不良影响后，进行公共关系活动以挽回形象。
(7)创造良好的旅游消费环境，在公众中普及同本企业有关的产品或服务的消费方式等。

(二)确定公共关系对象

公共关系对象的选择就是对社会公众中某类公众的选择，而公关对象取决于公共关系目标，不同的公共关系目标决定了公共关系传播对象侧重点的不同。如果公共关系的目标是挽回或扭转本企业旅游产品或服务在社会上的形象，那么公共关系的重点应根据旅游消费者的权利和利益要求进行，同时可以参加社会公益活动，增加公众对旅游企业的了解和好感。选择公共关系对象要注意以下几点：

(1)侧重点是相对的，旅游企业在针对某类对象进行公共关系活动时，不能忽视与其他公众的沟通。
(2)在某些时候，如出现重大危机的时候，旅游企业必须加强与各类公共关系对象的沟通，以赢得各方面的理解和支持。

(三)选择公共关系方式

在不同的公共关系状态和公共关系目标下，旅游企业必须选择不同的公共关系模

---

① 《出发地到目的地的全面"O2O"》，http://www.pinchain.com/article/11683，2014-08-19。

式,以实现目标。一般情况下,供企业选择的公共关系方式主要有战略型公共关系和战术型公共关系两类。

1. 战略型公共关系方式的选择

战略型公共关系方式包括五种公共关系方式,可在不同的阶段选择不同的公共关系方式。旅游企业初创时期或新产品、新服务首次推出之时宜采用建设型公共关系,扩大知名度,树立良好的第一印象。

企业稳定发展之际,为巩固良好的企业形象宜采用维系型公共关系。

企业与环境发生摩擦冲突时宜采用进攻型公共关系,它的主要特点是主动。

企业为防止自身公共关系失调时宜采用防御型公共关系,主要特点是防御与引导相结合。

企业遇到风险、企业公共关系严重失调或企业形象严重受损时宜采用矫正型公共关系,主要特点是及时。

2. 战术型公共关系方式的选择

战术型公共关系方式是指旅游企业的具体公共关系策略,包括宣传型公共关系、交际型公共关系、服务型公共关系、社会型公共关系、征询型公共关系。

(1) 宣传型公共关系。

运用大众传播媒介和内部沟通方式开展宣传工作,树立良好企业形象的公共关系模式,分为内部宣传和外部宣传,其主要特点是进行信息传播。

(2) 交际型公共关系。

通过人际交往开展公共关系的模式,目的是通过人与人的直接接触,进行感情上的联络。其方式是开展团体交际和个人交往,主要特点是双向沟通。

(3) 服务型公共关系。

服务型公共关系是以提供优质服务为主要手段的公共关系活动模式,目的是以实际行动获得社会公众的了解和好评,主要特点是进行实际的行动。

(4) 社会型公共关系。

社会型公共关系是利用举办各种社会性、公益性、赞助性活动开展公共关系,带有战略性特点,着眼于整体形象和长远利益,主要是加强公众对旅游企业的了解和好感。具体方式有:以企业本身为中心开展的活动,如周年纪念等;以赞助社会福利事业为中心开展的活动;资助大众传播媒介举办的各种活动等。

(5) 征询型公共关系。

征询型公共关系是以提供信息服务为主的公共关系模式,如市场调查、咨询业务、设立监督电话等,主要特点是提供信息服务。

(四) 实施旅游公共关系方案

实施旅游公共关系方案是把旅游公关方案确定的内容变为现实的过程,是旅游企业通过各种方式与各类公众进行沟通的过程,是旅游企业公关活动的关键环节。实施公共关系方案,需要做好以下工作。

1. 做好实施前的准备

任何公共关系活动实施之前,旅游企业都要做好充分的准备,以保证公共关系成功实施，具体包括公共关系实施人员的培训、公共关系实施的资源配备等几个方面。

2. 消除沟通障碍，提高沟通的有效性

旅游企业公共关系实施过程中可能会遇到沟通障碍和突发事件的干扰，比如语言、风俗习惯、观念和信仰的差异带来的沟通障碍，由传播时机不当、组织机构臃肿等多方面因素导致的突发事件等。消除这些沟通障碍和不良影响因素，是提高沟通效果的重要条件。

3. 加强公共关系实施的控制

旅游企业的公共关系实施如果缺乏有效的控制，就会产生偏差，从而影响公共关系目标的实现。控制内容主要包括人力、物力、财力、时机、进程、质量、阶段性目标以及突发事件等。公共关系实施中的控制一般包括制定控制标准、衡量实际绩效、将实际绩效与既定标准进行比较、采取纠偏措施四个环节。

（五）评估旅游公共关系效果

旅游公共关系评估是根据特定的标准，对公共关系计划、实施及效果进行衡量、检查、评价和估计，以判断其成效。需要说明的是，旅游公共关系评估并不是在公共关系实施后才评估公关效果，而是贯穿于整个公关活动之中。

1. 旅游公共关系程序的评估

旅游公共关系程序的评估即对旅游公共关系的调研过程、旅游公共关系计划的制订过程和旅游公共关系实施过程的合理性与效益性做出客观的评价。

2. 专项旅游公共关系活动的评估

专项旅游公共关系活动的评估主要包括对旅游企业日常公共关系活动效果的评估、企业单项公共关系活动效果的评估、企业年度公共关系活动效果的评估等方面。

3. 旅游公共关系状态的评估

旅游公共关系状态的评估包括舆论状态和关系状态两个方面。旅游企业需要从企业内部和企业外部两个角度对企业的舆论状态和关系状态进行评估。

案例分析

桂林香格里拉大酒店的创意主题茶歇赢得中外嘉宾的好评与分享

自2012年起，世界旅游组织／亚太旅游协会旅游趋势与展望国际论坛，都在桂林香格里拉大酒店举行。作为接待方，酒店对各项服务都非常重视，茶歇就是其中的重要一项。两天的论坛，上下午四个茶歇，酒店都根据论坛主题、中国及桂林历史文化进行专门的设计。每年的茶歇都会成为论坛上的一个亮点，中外嘉宾会纷纷拍照分享。2017年是第11届论坛，有来自联合国世界旅游组织的官员、近30个国家和地区100多名的政要、旅游官员和知名专家学者参加会议。

论坛的主题是为"绿色发展，和谐共享"，桂林香格里拉大酒店设计的四个茶歇主题分别是：中国红、乡村桂林、"一带一路"、绿色与可持续。从色彩搭配、食品配置、装饰等都突出主题特色，充满创意。由于茶歇主题突出、设计新颖，提供的饮品和食品也非常丰富，让一些与会代表纷纷拍照分享。茶歇时间结束，还有些代表不愿入场开会,工作人员只好一遍一遍敲铃并和气地提醒大家要进入会议厅开会。桂林香格里拉大酒店举办大型国际会议赢得了中外与会者的广泛好评,活动举办作为酒店会议与宴会板块的主题项目向全社会推广,为客户打造主题独特、趣味盎然的会议及活动成为酒店的一大亮点。

(资料来源:根据搜狐博客和桂林香格里拉大酒店官网资料等整理。)

思考题:桂林香格里拉大酒店的创意茶歇属于哪种旅游公共关系活动方式?

关键概念

促销　旅游促销　旅游促销组合　旅游广告　旅游广告决策　媒体
旅游营业推广　旅游人员推销　旅游公共关系

一、思考题

1. 简述旅游促销的含义与作用。
2. 简述旅游营业推广的含义与方式。
3. 简述旅游人员推销的含义与基本形式。
4. 简述旅游推销人员接近顾客的方法。
5. 简述旅游公共关系的含义与基本特征。
6. 比较告知型、说服型和提醒型广告的含义与使用情景。
7. 对比旅游公共关系的战略型活动模式与战术型活动模式。
8. 比较广告、人员推销、营业推广与公共关系的优缺点。
9. 结合案例论述在旅游产品的不同生命周期阶段旅游促销组合的运用策略。
10. 结合案例论述旅游广告媒体的决策过程。
11. 结合案例论述旅游广告信息的特点。
12. 结合案例论述旅游广告创意的内容与表现法的决策过程。

二、能力训练

1. 案例分析

定海神针是张家界黄龙洞景区的标志景点,是"镇洞之宝",位于第四层龙宫大厅的斜坡上,高 19.2 米,离洞顶距离 6 米,整个石笋围径 40 厘米,两头粗中间细,最细处直径只有 10 厘米,为黄龙洞最高石笋,按专家测定生长发育至今已有 20 万年历史了,而且仍在继续生长中,如果再长 6 万年,就可直抵穹顶而"顶天立地"。1998 年 4 月 18 日,黄龙洞与平安保险公司签订协议,为"定海神针"投保 1 亿元。此举经新闻界向全球传播后,立即引起全社会的高度关注,原本无名的黄龙洞随即成为中国著名景点。大批游客蜂拥而来,都要看看这块"价值上亿"的石头。

这种轰动效应,也迅速转变成了经济效益和社会效益。从 1998 年至 2002 年的五年内,黄龙洞累计接待海内外游客量达 310 万人次,相当于委托经营前 13 年接待量总和的 105%;实现经营收入 1.8 亿元,相当于委托经营前 13 年总收入的 4 倍。1998 年、1999 年连续两年,黄龙洞被评为湖南省最佳旅游景区,2001 年 1 月,被评为中国首批 4A 级旅游景区。2015 年 1 至 9 月,黄龙洞旅游收入突破亿元大关,一跃成为全国旅游溶洞界首个"亿元洞"。助力景区成为"中国最美的旅游溶洞",更是促进景区经济效益大增。黄龙洞景区为"定海神针"买下 1 亿元人民币的保险,创世界为资源性资产买保险之先河。这一举措让黄龙洞景区受益不浅,知名度和美誉度经过媒体报道和大众传播迅速提升,以致保期"失效"了十多年,而"定海神针"投保亿元的故事却广为流传。

(资料来源:根据《定海神针魅力无限 张家界黄龙洞成全国首个"亿元洞"》,https://tour.rednet.cn/c/2015/09/29/3805100.htm,以及相关资料整理。)

思考题:
(1)黄龙洞景区分别采用了怎样的公关活动方式和模式,取得了怎样的效果?
(2)今后黄龙洞景区应该采取什么样的公关模式?

2. 调研某旅游企业或旅游目的地的旅游促销现状,并进行分析,评估其营销效果,提出新的促销方案,并在全班分享。

3. 你所在大学的旅游管理专业旅行社,决定以大学生旅游作为自己的主打旅游产品,请帮其制定一份促销策略。

4. 自主选择并收集资料,了解《亲爱的·客栈》《妻子的浪漫旅行》《中餐厅》《向往的生活》《青春环游记(第二季)》《极限挑战》等旅行、美食和生活类综艺节目的营销传播策略。

要求:
(1)为其设计广告策略,包括确定广告目标与受众、确定广告主题、选择媒体类型并确定广告表现策略。
(2)为其设计推广策略,包括确定推广目标与受众、确定推广主题、确定推广策略。团队制定的广告、推广策略制作成 PPT 进行展示。

5. 某公司欲大力促销某款针对在校大学生的旅游产品,现委托你所属的推销团队在学校向大学生进行面对面地推销这款产品。

要求:每 4 人一组,推销人员和推销对象各 2 人,进行现场推销。推销人员应将产品特性分析、客户信息分析、回答异议、推销思路、促销策略等内容放入推销计划中,并进行现场推销。推销对象团队可随机模拟各种意外事故以观察推销人的应急处理技巧。教师及其他同学组成点评团队,观察推销团队模拟推销的工作表现,提出自己的建议并打分。

项目十
旅游市场营销管理与实践

项目目标

知识目标： 1. 熟练掌握旅游市场营销计划的体系、类型、内容、制定方法与步骤。
2. 掌握旅游市场营销控制的内容。
3. 掌握旅游市场营销审计的内容和程序。
4. 理解旅游企业和旅游目的地营销的概念与内容。
5. 了解旅游企业和旅游目的地营销的职能和参与者。
6. 掌握旅游企业和旅游目的地形象的策划与传播方法。
7. 熟悉旅游企业和旅游目的地营销活动的组织与实施。

能力目标： 1. 制订旅游市场营销计划的能力。
2. 开展旅游市场营销控制的能力。
3. 进行旅游市场营销审计的能力。
4. 旅游企业市场营销计划的制定、实施与控制能力。
5. 旅游目的地形象的策划与传播能力。
6. 旅游企业和旅游目的地营销活动的组织与实施能力。

素质目标： 通过学习旅游市场营销计划的制定、控制和审计的程序与内容，培养学生制订旅游市场营销计划的能力、旅游目的地形象的策划与传播能力、旅游企业和旅游目的地营销活动的组织与实施能力、旅游市场营销绩效的监测、评价与控制能力，从而培养学生旅游市场营销管理的综合实践能力与素质。

项目任务

1. 调研某旅游企业其近三年的旅游市场营销计划制订、执行、控制和审计情况，并进行详细的讨论和分析，为其制定下一年或三年旅游市场营销计划。

2. 以小组为单位，选择一个市/县级旅游目的地，调研其近五年的旅游市场营销情况，包括当地旅游形象定位、旅游品牌形象塑造与推广、旅游活动策划与实施、旅游目的地营销绩效情况，并进行详细的讨论、分析和评价，以报告的形式对其提出改进建议。

案例导入

营销成绩显著的华强方特

中国国际广告节是中国广告业权威、专业、规模大、影响广的国家级展会,始办于1982年,而其中被业界誉为"广告赛事之泰山"的中国广告长城奖,是中国历史悠久、规模大、影响广泛的广告奖评选,也是中国国际广告节的核心赛事之一。自2016年,在第24届中国国际广告节上,华强方特凭借热门综艺《奔跑吧兄弟(第四季)》《极限挑战(第二季)》《最好的我们》等热门IP营销案例斩获四项长城奖后。2017年又凭借《楚乔传》《军师联盟》等暑期大剧荣获"年度经典案例、媒介营销奖、媒企合作案例奖"三项长城奖。2018年,再次获得"年度功勋人物""年度成就人物""年度品牌塑造金牌案例"和"年度活动营销金牌案例"四项大奖。2019年,华强方特再次闪耀会场,凭借在央视平台进行品牌营销和"方特亲子季"微综艺内容整合营销的突出表现,荣获"品牌塑造案例"奖和"深度营销案例"两项大奖。2020年,华强方特获颁IAI国际广告"年度最具影响力品牌"大奖。同时,在中国游艺机游乐园协会(CAAPA)举办的"中国文旅行业振兴发展大会"上,华强方特旗下五座主题乐园荣获五项大奖,彰显企业社会责任和担当。其中,芜湖方特旅游区、荆州方特东方神画、南宁方特东盟神画分别荣获"2020中国文旅行业振兴突出贡献奖",绵阳方特东方神画荣获"2020中国最具人气文旅目的地奖",赣州方特东方欲晓荣获"2020中国最受期待文旅目的地奖"。

据悉,华强方特借助央视这一权威平台进行品牌塑造已有数年。作为中央广播电视总台发起设立的"品牌强国战略联盟"首批组成单位,华强方特根据自身各大主题活动节点,在央视以多版本创意广告形成系列化宣传,全方位、多角度地呈现了方特主题乐园的特色。华强方特还借助央视平台的专题宣传片,创新讲述方特品牌背后的故事,解码品牌塑造过程中核心人物的心路历程,同时定期推出新闻化的品牌行动专题报道,向全国观众传播方特的品牌理念与最新动向。

(资料来源:根据网络资料整理。)

任务一 制订旅游市场营销计划

一、旅游市场营销计划的概念与分类

(一)旅游市场营销计划的概念

旅游市场营销计划是指旅游企业在了解旅游市场发展态势以及自身地位和实力的

基础上,确定今后的发展目标、营销战略和行动方案,并对企业各种营销资源进行统一部署安排。

(二)旅游市场营销计划的分类

1. 按战略和战术关系分

根据影响的范围,可将旅游市场营销计划分为战略营销计划、战术营销计划和作业计划。

(1)战略营销计划。

战略营销计划是在分析当前最佳市场机会的基础上,提出旅游企业在未来市场占有地位及相应措施的战略性营销计划。

(2)战术营销计划。

战术营销计划是指旅游企业在一个特定时期内的营销战术。

(3)作业计划。

作业计划是指各项营销活动的具体执行计划。

2. 按计划时间周期分

根据计划时间的长短,可将旅游市场营销计划分为长期计划、中期计划和短期计划。

(1)长期计划。

长期计划是计划期限在5年以上的纲领性计划。

(2)中期计划。

中期计划是计划期限在1—5年的目标性计划。

(3)短期计划。

短期计划是计划期限在1年内的营销计划。

3. 按计划涉及范围分

根据计划涉及的范围,可将旅游市场营销计划分为总体营销计划和专项营销计划。

(1)总体营销计划。

总体营销计划是旅游企业营销活动的全面、综合性计划。

(2)专项营销计划。

专项营销计划是针对某一产品或特殊问题而制订的计划,如产品营销计划、服务营销计划和客户营销计划等。

二、旅游市场营销计划书

旅游市场营销计划书没有统一的模式,但大体上包括以下六个方面的内容。

(一)计划概要

计划概要是对旅游市场营销计划书主要内容的简要概括,目的是使决策者迅速了解计划内容。

(二)旅游市场状况分析

旅游市场状况分析是指围绕旅游企业目标市场的范围规模和成长空间、分销渠道的类型及数量、市场占有率的大小以及市场的竞争状况、市场环境的复杂程度等进行的分析。竞争状况分析是对竞争对手的规模、目标、市场份额、产品质量、营销战略和行动等进行的分析。SWOT分析是指对企业内部的优劣势和外部环境的机会与风险进行综合分析,以便在进行旅游决策时能够把握营销机会,尽量避免或减少营销风险。

(三)旅游市场营销目标

旅游企业必须对旅游市场营销计划的目标做出决策,具体包括旅游企业财务目标和旅游企业营销目标。

旅游企业财务目标是指确定旅游企业的销售额、利润率、投资收益率、销售收入目标等与财务有关的目标。

旅游企业营销目标是指旅游企业的市场营销活动所要完成的具体任务和所要达到的具体目标。旅游企业营销目标包括旅游企业的市场占有率、产品销售额、产品价格、市场份额、产品知名度、分销范围等。总之,旅游企业营销目标要尽量具体化和数量化。

(四)旅游市场营销策略

确定企业的旅游产品定位与目标市场,并根据市场定位分别对产品、价格、渠道、促销策略等进行基本策略定位。

(五)旅游市场营销预算

旅游市场营销活动需要以一定的财力为基础,做好经费预算对于提高资金的使用效率和顺利完成市场营销任务有着重要的意义。旅游市场营销活动的开展会涉及工作人员工资、行政办公、促销、市场调查、设备材料、活动经费等各种费用,对一年中开展旅游营销活动的这些费用进行科学的估算就是编制旅游营销预算,经由企业决策层审批后的旅游营销预算是各种旅游营销支出的依据。

旅游市场营销经费预算应主要考虑旅游企业的实力和竞争的需要、市场营销的需要、市场营销的利润回报率等因素,并列出详细的开支预算清单,要保证所有开支项目都是必要的、可检测的,以便在市场营销活动实施中及时进行核对和绩效考察。

(六)旅游市场营销控制与应急计划

旅游市场营销控制是保证旅游市场营销计划得以顺利完成的重要环节,具体指在旅游营销计划的实施过程中,要跟踪计划的进展,通过分析销售量和销售收入、市场份额、营销费用和市场调查等环节进行监督控制,要随时发现问题并对计划进行适当调整。现实中,许多旅游企业为了提高营销执行力,建立了稽查督导巡检制度。同时,对难以做出预测的因素和有可能出现的意外情况或突发事件,制订应急计划或备用计划。

三、旅游市场营销计划实施

"实施"一词涉及什么人在什么地方、什么时候、怎么做的问题。因此,旅游市场营销计划的实施是一个系统工程。

(一)旅游市场营销计划实施过程

1. 制订旅游市场营销行动计划

旅游市场营销计划主要是确定旅游企业的市场营销活动的目标和任务,它是营销管理工作的开始。

将旅游营销计划落实到各项具体业务活动之前,必须制定详细的旅游市场营销方案,即旅游市场营销计划。

在行动方案中要明确营销计划实施的关键性要求和任务,明确将任务和责任落实到个人或作业单位,明确具体的工作时间表,使营销计划更加具体化、明朗化。

2. 建立旅游市场营销组织结构

建立旅游市场营销组织结构即旅游企业贯彻实施旅游市场营销计划的组织,对推动旅游市场营销活动的开展起着决定性的作用。在旅游营销计划执行过程中,企业高层管理者控制整个计划的总体执行、实施进度,各职能部门和人员控制其负责局部计划的执行。总之,要通过旅游市场营销组织结构把企业内部各方面的责、权、利有机结合起来,保证旅游营销计划目标的实现。

3. 建立旅游市场营销人才队伍

旅游市场营销计划的实施离不开全体部门与员工的推动和努力。

首先,必须使旅游企业营销系统中的各级人员保持协调一致。

其次,营销部门必须与财务、人事、采购等部门密切配合。

最后,旅游企业外部有关的个人和组织对企业计划的实施也有重要影响。

因此,必须开发旅游人力资源,充分调动职工的积极性,实现各尽其能,才促进旅游市场营销计划的顺利实施。

4. 科学的报酬制度

为确保旅游市场营销计划的顺利实施,要建立符合旅游市场营销业务运作特点和旅游市场营销人员特点的薪酬理念及体系。从而调动旅游企业员工实现旅游市场营销目标的积极性和协作性。

5. 建设旅游企业文化

旅游企业文化是旅游企业在经营与创新过程中所形成的企业信念、价值观、道德规范、行为准则、经营特色、管理风格等传统与习俗的总和,对旅游企业的经营思想、领导风格、员工工作态度、工作作风等方面都有很大的影响。加强旅游企业的文化建设,有利于旅游市场营销计划在相应的企业文化和管理风格的氛围中得到强有力的支持。

(二)旅游市场营销计划实施技能

要有效地执行旅游市场营销计划,旅游市场营销人员必须具备四个方面的营销执行技能。

1. 配置技能

配置技能是指旅游市场营销人员合理配置时间、资金和人员的能力,有利于保障旅游市场营销活动的顺利实施。

2. 调控技能

调控技能指旅游市场营销人员建立和管理旅游市场营销活动过程和效果控制系统的能力，有利于对旅游市场营销活动的实施过程及效果进行评估、分析及纠正。

3. 组织技能

组织技能是指旅游市场营销人员根据市场营销环境、企业文化、业务特点等因素建立正式和正规的旅游市场营销组织的能力，有利于保障旅游市场营销活动的正常开展。

4. 互动技能

互动技能是指旅游市场营销人员影响企业内外的人把事情办好的能力，主要包括推动本企业人员有效地执行合理的营销计划的能力，推动企业外的人或企业来实施合理的营销计划是能力，即使他们的目标与本企业的目标有所不同。

(三)旅游市场营销计划实施过程中的问题

旅游市场营销计划实施过程中的问题主要有以下几个方面。

1. 缺乏具体明确的执行方案

有些旅游市场营销计划之所以失败，是因为没有制定明确而具体的执行方案，从而使旅游企业内部各有关部门无法协调一致地开展工作。

2. 计划脱离实际

旅游企业市场营销计划通常是中高层管理人员制订的，而执行则主要依靠中层、基层市场营销管理人员和具体工作人员，这几类人员在沟通和协调过程中，容易导致以下问题：

(1)旅游市场营销计划过于笼统和流于形式，或者脱离实际，因为中高层管理人员很难注意到执行过程中的细节问题。

(2)旅游企业计划人员和执行人员之间缺乏充分的交流与沟通，致使旅游市场营销计划执行人员并不能完全理解需要他们去执行的计划，从而使其在执行过程中遇到困难。

(3)脱离实际的计划容易造成旅游企业计划人员和市场营销计划执行人员之间的相互对立和不信任。

3. 长期目标和短期目标相矛盾

旅游市场营销战略计划通常着眼于企业的长期目标，涉及今后1—5年的经营活动。但旅游市场营销具体执行人员通常是根据他们的短期工作绩效来看待计划目标，如销售量、市场占有率或利润率等指标评估和奖励，因此旅游市场营销人员容易选择短期行为，这会造成市场营销战略计划设定的目标难以顺利实现。

4. 因循守旧的惰性

旅游企业当前的经营活动往往是为了实现既定的战略目标，新的战略如果不符合旅游企业的传统和习惯就容易遭到抵制。新旧战略的差异越大，执行新战略可能遇到的阻力也就越大。要想执行与旧战略截然不同的新战略，常常需要打破旅游企业传统的组织机构和供销关系，这往往容易造成相关部门的不配合，从而影响市场营销战略或计划的实施。

狐椒文旅与伟光汇通启动"中华欢乐度假计划"

任务二 旅游市场营销控制

一、旅游市场营销控制的含义

旅游市场营销控制指由旅游企业管理者对市场营销计划的执行情况和效果进行检查与评估,了解计划与执行效果是否一致,找出两者之间的偏离及造成偏离的原因,并采取修正措施以确保营销计划的有效执行的管理活动。由于旅游市场营销环境的不稳定性和复杂性,旅游市场营销计划与实施过程中的实际情况并不总能保持一致,在实施中常常会出现各种意外情况;同时,计划本身也可能有某些不符合实际的地方,所以在实施过程中可能因环境的变化或执行人员的素质差别和理解不同造成计划目标无法实现。因此,旅游市场营销部门必须对营销活动进行控制。

二、旅游市场营销控制内容

(一)年度计划控制

年度计划控制是指检查旅游企业年度营销实际绩效与计划之间是否存在偏差,以确保旅游企业的年度计划与所制定的营销目标相吻合的营销管理工作。年度计划控制由旅游企业的高层和中层管理者负责,其目的是检查年计划目标完成的情况,其中心任务是保证旅游企业年度计划中规定的各项目标能够顺利实现,能够促使年度计划产生连续不断的推动力,能够将控制结果作为年终绩效评估的依据,能够发现旅游企业潜在的问题并及时予以妥善解决。

实施旅游企业年度计划控制,首先要制定本年度各季度(或月度)的旅游企业营销活动的主要目标,并落实到相应的负责人,提出和采取相应的保障措施。

其次,做好绩效测量工作,即将实际成果与预期成果相比较。

再次,对营销实施过程中偏离计划的行为做出分析、判断,研究发生偏差的原因。

最后,通过改正实施方法或调整目标本身,尽可能缩小营销目标和实际执行结果之间的差距。

旅游企业年度计划控制有销售情况分析、市场占有率分析、营销费用率分析、财务分析和宾客意见分析等方法。

(二)获利性控制

获利性控制是指旅游企业检查企业的盈亏状况,审查企业盈亏原因,通过对产品和服务盈利能力的有效控制来保证营销计划及其目标的最终实现。获利性控制由旅游企业的营销审计人员负责,从盈利能力的角度获取控制信息,需要对各旅游产品、旅游地区、游客群、旅游销售渠道等进行分析,其主要目的是检查企业的盈亏状况,审查企业盈亏原因。主要盈利指标包括销售利润率、资产收益率、净资产收益率和资产管理效率等。

(三) 营销效率控制

旅游企业营销效率控制的目的是监督和检查企业各项营销活动的进度与效果。

旅游企业营销效率控制，主要由直线和职能管理层、会计人员负责，主要是针对旅游销售人员、旅游广告、旅游营业推广及旅游分销的控制，以评价经费开支的效率及效果为目的。主要指标有：销售队伍效率分析、广告效率分析、促销效率和分销效率分析。

1. 销售队伍效率

对旅游销售队伍效率的控制是销售目标完成的基础。旅游企业应根据其生产经营状况，对照行业最佳实践，确定自己的销售组织结构及所需销售人员的数量。销售队伍效率的主要评价指标包括：每个销售人员每天平均访问户数、每户成交数额、现金回收率、应收账款回收率、每户平均访问费用、平均每次访问销售额、毛利目标达成率、销售目标达成率、每个时期的新发展顾客数、每个时期失去的客户数等。

2. 广告效率

广告效率是指调查旅游消费者对于各种媒体广告的接触情形、沟通效果和销售效果等方面的效率。

广告效率的主要评价指标包括：每一种媒体触及每千人的广告成本、注意、看到和阅读印刷广告的人在其受众中所占的百分比、接触广告前后对产品态度的变化、由广告所激发的询问次数、广告投入对企业收入增长的贡献率，等等。

3. 促销效率

促销效率是指在旅游促销活动的前后，渠道中产品流通量的变化与预期效果的比较。所有旅游促销活动的目的都是吸引新的使用者和奖励忠诚的顾客，必须对各种促销活动所带来的销售数据进行分析。

促销效率的主要评价指标包括：促销活动前后旅游企业的销售额的增长状况；与竞争品牌相比，企业产品的市场份额的变化情况；促销费用在销售额增长中所占的百分比；促销活动结束后产品的销售量、销售额及市场份额的变化等；每一次销售的平均陈列成本；由优惠引起的销售额；赠券收回的百分比；因商品示范而引起询问的次数等。

4. 分销效率

分销效率是指确定旅游销售渠道的方针是否合理，所选择的分销渠道是否适当，对中间商的激励和控制是否有效等，它是反映旅游企业分销策略的有效指标。衡量分销效率的主要标志包括商品流通时间、商品流通速度、商品流通费用等。

分销效率的具体指标包括总销售额、利润总额、利润率、每件商品平均总流通费用、每件商品平均运输费用、每件商品平均保管费用、每件商品平均生产成本、防止商品脱销的费用、商品脱销发生率、陈旧商品的库存率等。

(四) 战略控制

战略控制由企业由最高主管营销、审计人员负责，其目的是检查企业是否最大限度利用营销机会，它主要是对旅游企业的市场营销环境、营销目标、营销战略、营销组织、营销方法、营销人员和营销程序等方面进行系统、全面、客观的评价,通过检查发现旅游企业市场营销中存在的机遇和问题,从而为改进和完善旅游市场营销活动提供战略性的决策依据。

战略控制具体包括营销机会分析和营销效益等级评价两个方面的内容。

1. 营销机会分析

营销战略控制的目的就是检查旅游企业是否在寻求市场、产品、渠道的最佳机会,需要对营销环境的变化做出敏捷的反应,寻求已存在的营销机会或创造新的营销机会。

旅游企业要从被人们忽略和丢弃的未被满足的市场需求中寻找已存在的营销机会,包括从旅游供需缺口中寻求营销机会,从旅游市场细分中寻求营销机会,从旅游产品缺陷中寻求营销机会,从竞争对手的弱点中寻求营销机会。

旅游企业应对营销环境变化以及科学技术的进步做出敏捷的反应,创造新的营销机会,包括从旅游市场环境变化中创造营销机会,从社会时代潮流中创造旅游营销机会,用科学技术创造旅游营销机会,用营销手段创造旅游营销机会。

2. 营销效益等级评价

旅游市场营销以满足人类各种需要为目的,是变潜在需求为现实交换的一项活动,必须考虑营销效益。营销效益是评判市场销售与管理水平的一个重要尺度。旅游企业必须建立起与营销效益等级有关的评价体系和量化分析模型,对企业的营销效益进行评价。

三、旅游市场营销控制的实施

旅游市场营销控制一般包括确定市场营销控制对象、选择市场营销控制的衡量标准、建立工作绩效标准、确定控制方法、分析偏差原因、采取改进措施六个步骤。

(一)确定市场营销控制对象

任何控制都是要支出成本的,因此在考虑控制时,要合理确定旅游市场营销控制对象。一般,旅游企业的营销控制对象主要包括销售收入、销售成本、销售利润、销售人员的工作绩效、市场调查的效果、新产品的成效、广告效果等。所以,旅游企业在进行控制以前,应根据营销计划的执行情况对控制目标、控制对象进行选择。

旅游企业管理人员在确定控制对象时,还必须决定控制的量,即频率和范围。某种控制对象对公司成败越具有重要性,就越要对之进行重点控制,若某一领域或活动容易脱离控制,也要予以较多的控制;反之,则不用进行过频或过严的控制。

(二)选择市场营销控制的衡量标准

选择的衡量标准与控制重点有直接关系。如果是控制结果,则结果本身就是重要的衡量标准,这些标准一般就旅游企业的主要战略目标,如利润额、市场占有率、市场增长率、销售量等。如果是过程控制,问题就显得比较复杂,必须建立一些能预测结果的衡量标准,这些标准一般是为达到战略目标而规定的战术目标,如定期销售量、试销增长率、推销员达到某技术水准的时间记录等。

（三）建立工作绩效标准

绩效标准是指以某种衡量尺度表示的控制对象的预期活动范围或可接受活动范围，即衡量标准的定量化。绩效标准不能"一刀切"，必须考虑各类旅游产品、各个目标市场等方面的差别。

在建立推销人员的工作绩效标准时，应主要考虑以下几个方面：
(1) 每个销售人员销售的具体产品。
(2) 每个销售人员所管辖区域内的销售数量。
(3) 每个销售人员所在区域内竞争产品的竞争力。
(4) 销售人员所推销产品的广告强度。

另外，还应注意不要把控制标准看得过于绝对，主要原因有以下几个方面：
首先，衡量标准受到主观因素的影响很大，不一定客观。
其次，绩效水平不完全由推销人员主观努力决定，用主观的衡量标准来确定客观的绩效不一定完全科学。
最后，任何标准都不是一成不变的，它会受到内外环境因素的影响而发生变化。
因此，随着时间的推移，各类标准也需不断更新，以符合新的情况。

（四）确定控制方法

建立了工作绩效标准后，应选择合适的控制方法，将计划目标与实际完成情况进行对照比较，或者将抽样结果与计划进行比较。

（五）分析偏差原因

比较后，若发现实际执行结果与计划目标发生偏差，需要根据实际情况分析产生偏差的原因。实际执行结果发生脱离计划目标的偏差，可能有以下几种情况：
一是实施过程中的问题，这种偏差比较容易分析。
二是计划决策过程中的问题，确认这种问题，容易出现错误。
三是这两种情况交织在一起，企业营销人员必须仔细进行研究，区分情况，找出原因，才能找到对策，解决偏差。

（六）采取改进措施

找到问题后，对症下药进行改进是控制的最后一个步骤，即应根据造成偏差的原因提出相应的改进措施以提高效率，确保计划目标的实现。

任务三　旅游市场营销审计

一、旅游市场营销审计的概念

旅游市场营销审计是旅游企业战略控制最重要的手段，是旅游企业对营销环境、营销目标、营销战略和营销活动进行的全面、系统、独立和定期的审计,以便确定营销计划与实施过程中存在的问题,分析各种市场机会,提出营销计划制定与实施的建议,提高旅游企业的总体营销绩效。

二、旅游市场营销审计的内容

旅游市场营销审计包括非常广的内容,一般应包括市场营销环境审计、市场营销战略审计、市场营销组织审计、市场营销系统审计、市场营销盈利能力审计和市场营销功能审计。

(一)市场营销环境审计

1. 市场营销环境审计的内容

市场营销环境包括宏观环境与微观环境两方面,其中,宏观环境的审计内容包括人口统计、经济、生态、技术、政治、文化环境发生的变化和对旅游企业产生的影响。微观环境的审计内容包括市场、顾客、竞争者、分销和经销商、供应商、辅助机构和营销公司及公众环境发生的变化和对旅游企业产生的影响。因此,必须在分析人口、经济、生态、技术、政治、文化等环境因素的基础上,制定企业的市场营销战略。

2. 市场营销环境审计的环节

市场营销环境审计具体包括以下几个环节:

(1)了解和把握营销环境的变化及其发展趋势,保证经营决策的正确性。

(2)运用自己控制的手段,及时调整营销策略,以适应环境的变化,提高营销应变能力。

(3)从营销环境的变化中发掘新的市场机会,捕捉市场机遇,把握营销时机,更好地发展旅游企业。

(4)及时发现环境给旅游企业带来的威胁,采取积极措施,避免或减轻旅游企业的损失等。

3. 市场营销环境审计的关键指标

市场营销环境审计的关键指标包括市场规模、市场增长率,顾客与潜在顾客对企业的评价,竞争者的目标、战略、优势、劣势、规模、市场占有率,供应商的推销方式,经销商的贸易渠道等。

(二)市场营销战略审计

市场营销战略审计主要检查旅游企业是否能按照市场导向确定自己的任务、目标并设计企业形象,是否能选择与企业任务、目标相一致的竞争地位,是否能制定与产品生命周期、竞争者战略相适应的市场营销战略,是否能进行科学的市场细分并选择最佳的目标市场,是否能恰当地分配市场营销资源并确定合适的市场营销组合,企业在市场定位、企业形象、公共关系等方面的战略是否卓有成效等。

(三)市场营销组织审计

旅游市场营销组织审计主要审计营销领导机构选择决策和控制决策的能力,审计营销组织在执行市场营销计划方面的组织保证程度,审计营销组织对营销计划的分析、规划和执行能力,审计营销组织的市场环境应变能力,审计营销组织与其他部门的联络工作能力等。

市场营销组织审计具体包括以下几个方面的内容:

(1)旅游企业是否有坚强有力的市场营销主管人员及明确的职责与权利。

(2)是否能按产品、用户、地区等有效地组织各项市场营销活动。

(3)是否有一支训练有素的销售队伍,对销售人员是否有健全的激励、监督机制和评价体系。

(4)市场营销部门与采购部门、生产部门、研究开发部门、财务部门以及其他部门的沟通情况以及是否有密切的合作关系等。

(四)市场营销系统审计

旅游市场营销系统审计是审计旅游企业的市场营销信息系统、市场营销计划系统和市场营销控制系统等是否完善和有效。

1. 市场营销信息系统审计

市场营销信息系统审计,主要是审计旅游企业是否有足够的有关市场发展变化的信息来源,是否有畅通的信息渠道,是否进行了充分的市场营销研究,是否恰当地运用市场营销信息进行科学的市场预测等。

2. 市场营销计划系统的审计

市场营销计划系统的审计,主要是审计旅游企业是否有周密的市场营销计划,计划的可行性、有效性以及执行情况如何,是否进行了销售潜量和市场潜量的科学预测,是否有长期的市场占有率增长计划,是否有适当的销售定额及其完成情况如何等。

3. 市场营销控制系统的审计

市场营销控制系统的审计,主要是审计旅游企业对年度计划目标、盈利能力、市场营销成本等是否有准确的考核和有效的控制。

(五)市场营销盈利能力审计

市场营销盈利能力审计是在旅游企业盈利能力分析和成本效益分析的基础上,审核旅游企业不同产品、不同市场、不同地区以及不同分销渠道的盈利能力,审核进入或退出、扩大或缩小某一具体业务对盈利能力的影响,审核市场营销费用支出情况及其效益,进行市场营销费用与销售对比分析,包括销售队伍对销售额之比、广告费用对销售额之比、促销费用对销售额之比、市场营销研究费用对销售额之比、销售管理费用对销售额之比,以及进行资本净值报酬率分析和资产报酬率分析等。

(六)市场营销功能审计

市场营销功能审计是对旅游企业的市场营销组合因素,如产品、价格、分销渠道、促销等方面的审计。主要审计企业的产品质量、特色、式样、品牌的顾客欢迎程度,企业定价目标和战略的有效性,市场覆盖率,企业分销商、经销商、代理商、供应商等渠道成员的效率,广告预算、媒体选择及广告效果,销售队伍的规模、素质以及能动性等。

三、旅游市场营销审计的实施程序

(一)制订审定计划

在审计的初审阶段,旅游企业和营销审计人员要一起拟定一份有关审计目标、涉及面、深度、资料来源、报告形式以及时间安排的协议。

(二)开展旅游市场营销审计

根据旅游市场营销审计计划,在进行营销审计时,审计人员在向旅游企业营销人员征询意见的同时,还必须访问旅游企业的顾客、经销商以及外界其他有关人士。因此,旅游市场营销审计的方法根据审计对象的不同,可以分为内部监察法、外部监察法和舆论调查法三种。

1. 内部监察法

内部监察法是由旅游企业自我评价市场营销活动成果。一项市场营销活动的成功,往往是市场营销工作人员单个素质的体现,市场营销工作过程所显示出的艺术性和科学性代表了市场营销工作人员的思想水平、艺术水平和知识才干。

内部监察有助于市场营销工作人员本身思想及业务水平的提高。内部监察时,应充分找出自己的成绩,同时找出缺点和失误,并分析缺点和失误产生的原因,明确应采取的措施。

内部监察法包括个人观察反馈法和旅游企业内部监察法两种。个人观察反馈法,是一种最常用、最简单的方法,由旅游企业的主要负责人亲自参加并观察市场营销活动,评估其结果,以便同市场营销人员所做的报告相比较,比较直观简洁。旅游企业内部监察法,是由与市场营销部门平行的单位或上级单位的负责人对市场营销部门的工作进行调查和评估,涉及市场营销工作过程、取得的成果、存在的问题及未来的计划安排与方案制定等内容。

2. 外部监察法

外部监察法是聘请旅游企业外部的专家对本企业的市场营销活动进行调查和评价。

听取专家评价的目的是获取"旁观者"的意见,使评价工作有较强的客观性。这里的"专家"应从广义上理解,即凡能对工作本身发表自我意见的、知情的非当事人都可以列入其中,包括社会各界名流、学术上的权威、有关方面的权威人士等。

专家评价的方式很多,如专家咨询法、同行评议法、小组会议法等,其目的就是使专家们对旅游企业的市场营销活动成果进行尽可能客观的评估。

3. 舆论调查法

舆论调查法是衡量和评价市场营销活动成果的重要方法,其主要目的是确认市场营销活动在对公众的知识、态度、观念等方面所产生的可度量的效果。舆论调查主要采取抽样调查的方法。

舆论调查法的形式主要有两种:

一是在活动结束时进行一次调查。

二是在活动之前和之后各进行一次调查进行比较。

(三)得出审计结论

根据审计的结果得出结论,为下一轮工作的开始提供借鉴和帮助。旅游企业应从以下几方面得出结论:在策略上取得的成就与存在的问题,在目标上取得的经验与教训,在职能方面的完成情况及存在的问题,在市场营销技术方面的成就与差距,在指导思想方面的成就与存在的问题,等等。

在审计工作之后,还可以通过与其他组织的市场营销的比较,找出自身存在的优势和问题。在取得成就与找出问题的基础上,发扬成绩,修正错误,改进工作,进一步提高市场营销活动的质量。

阅读链接
▼

好客山东
短视频
融合营
销计划
与成效

任务四 旅游目的地营销实践

一、旅游目的地营销的内涵

旅游目的地是能够使一定规模旅游者产生旅游动机,并能为游客提供一种完整旅游体验的一系列设施和服务的集合体。根据空间范围大小可将旅游目的地分为国家型旅游目的地、区域型旅游目的地、城市型旅游目的地和景区型旅游目的地四种类型。

景区型旅游目的地营销与旅游企业营销无异,故本章讨论的旅游目的地是空间尺度较大的城市型旅游目的地及其以上规模的旅游目的地。

(一)旅游目的地营销的含义

国内专家学者对旅游目的地营销的含义有不同的观点。

赵西萍(2002)认为旅游目的地营销就是要提高旅游目的地的价值和形象,使潜在的旅游者充分意识到该地与众不同的优势;开发有吸引力的旅游产品,宣传促销整个地区的产品和服务,刺激来访者的消费行为,提高其在该地区的消费额。

王国新(2006)认为旅游目的地营销就是要在确定的目标上,通过传播、提升、组合旅游目的地的关键要素,改变消费者的感知,建立旅游目的地的形象,提高旅游消费满意度,进而影响到消费行为,达到引发市场需求、开拓旅游市场的目的。

袁新华(2006)认为旅游目的地营销是以旅游目的地区域为营销的主体,代表区域内各种相关机构、所有旅游企业和全体人员,以旅游目的地的整体形象加入旅游市场激烈的竞争中,并以不同方式和手段传播旅游信息,制造兴奋点,展示新形象,增强吸引力,引发消费者注意力和兴奋点的全过程。

舒伯阳(2006)认为,旅游目的地营销作为旅游目的地全面吸引游客注意力的工程,基本理念从产品营销向综合营销跨越,营销运作机制从分散的个别营销向整合营销传播提升。

黄安民(2016)认为旅游目的地营销可概括为向旅游者提供旅游目的地的相关信

息,突出旅游地形象并打造景区吸引物;通过向潜在群体和目标群体进行营销从而吸引其注意力,诱发其对旅游目的地的向往,进而产生消费的过程。

陈丹萍(2019)认为旅游目的地营销是指区域性旅游组织将区域性地区作为旅游目的地而展开的营销活动,主要是通过塑造目的地形象来提升旅游目的地的吸引力和竞争力。

尽管以上定义各有侧重,但仍然存在一些共同点:

(1)旅游目的地营销性质是区域性营销。
(2)旅游目的地营销对象以区域旅游形象为主,以区域内的旅游产品和服务为辅。
(3)旅游目的地营销主体是区域内的所有组织、企业和个人。
(4)旅游目的地营销途径是通过建立、提高或展示旅游目的地的形象,突出旅游目的地的优势、特色,提升旅游目的地的吸引力和竞争力。
(5)旅游目的地营销的目的是引起消费者的兴趣、产生消费需求。
(6)旅游目的地营销方式从产品营销向综合营销跨越,营销运作机制从分散的个别营销向整合营销传播提升。

综上,所谓旅游目的地营销是指旅游目的地营销者,为提升目的地旅游吸引力和竞争力、塑造旅游目的地形象,整合区域内所有的旅游产品和服务,开展的整合营销。

旅游目的地营销在营销者与对象、营销性质与目的、营销途径与手段等方面与旅游企业营销存在一定的区别,具体如表10-1所示。

表10-1 旅游目的地营销和旅游企业营销的区别

项　　目	旅游目的地营销	旅游企业营销
营销者不同	区域旅游组织、企业和个人	旅游企业
营销目的不同	提升目的地旅游吸引力和竞争力	提升企业盈利能力
营销对象不同	区域旅游形象及旅游产品和服务	旅游企业旅游产品和服务
营销途径不同	塑造目的地形象	4P组合
营销性质不同	区域性营销	企业性营销
营销方式不同	基于多企业多产品的整合营销	产品营销

(二)旅游目的地营销的职能

旅游目的地营销的职能很多,包括以下几个方面:

(1)负责制定旅游目的地旅游发展总体规划。
(2)开展旅游目的地市场营销调研与需求预测。
(3)对旅游市场进行细分并确定旅游目标市场。
(4)打造统一的旅游目的地形象。
(5)制定旅游市场营销体系与机制。
(6)向目标旅游客源市场宣传、推广整个目的地的旅游形象以及区域内的旅游产品。
(7)就旅游业的发展问题同政府有关部门沟通协调,促进旅游业的协调发展。
(8)协调区域内旅游产品的发展进程,建立旅游发展的协调运营平台,促进食、住、行、游、购、娱等不同旅游产品的协调发展。

(9)规定和控制旅游服务的质量标准与基本价格,并实施监督和检查。

(10)对符合发展政策的旅游产品提供支持,促进旅游产业的合理布局。

(11)整合区域内旅游企业与产品开展综合营销活动,促进区域内旅游企业的合作共赢。

(12)促进旅游目的地之间的跨区域协同营销,促进区域间的合作共赢。

(三)旅游目的地营销的必要性

旅游目的地营销的必要性有以下几个方面。

1. 有利于促进区域旅游业发展的重要举措

旅游业是世界上发展最快的新兴产业之一,对地方经济贡献越来越大,因此很多地方将旅游业作为战略支柱产业或主导产业来发展。旅游业还在转变地方经济发展方式、调整产业结构、推进城镇化建设、调整城乡收入差距、推进建设资源节约和环境友好型社会等方面起着重要的作用。

传统旅游企业各自为政的旅游市场营销效果越来越不理想,这就要求旅游目的地开展综合性的多层次的旅游市场营销。通过整合区域内的旅游产品和服务,塑造统一的旅游目的地形象来提升旅游目的地的吸引力和竞争力。

2. 更符合旅游者感知与消费的特点

首先,互联网技术改变了信息传播的方式,旅游消费者可通过互联网了解其感兴趣的旅游目的地的一切信息,旅游消费的主导性向旅游者一方偏移。打造旅游目的地品牌,开展旅游目的地营销,是实现旅游目的地知名度、美誉度和忠诚度完美统一的有效措施。

其次,旅游由于其不可储存性、不可异地消费、不可试用性的特点,决定了旅游的实现形式首先是旅游主体对旅游地的感知。当旅游目的地形象完整、系统、良好地表现出来,且有效地传达给旅游消费者时,该地才有可能被旅游者选择为旅游目的地。因此,统一打造旅游目的地形象并进行推广,更符合旅游者感知特点与消费特点的营销方式。

3. 更符合旅游活动的复杂性特点

旅游业是一个综合性产业,旅游者从离开家到回到家的所有过程,除了涉及吃、住、行、游、购、娱等之外,还涉及卫生、文化、安全等多个部门的有效信息沟通和交流,无论哪个环节出了问题,都会影响旅游者的旅游体验。开展旅游目的地营销,将旅游餐饮营销、旅游景点营销、旅游交通营销、旅游住宿营销、旅游产品营销等子项目综合起来,形成旅游目的地营销的系统工程,更符合旅游活动的复杂性特点,也更能为旅游消费者留下完美的旅游体验。但旅游中的任何一个项目出问题,都会影响整个旅游目的地形象。如2015年"青岛大虾事件"对山东省"好客山东"的旅游形象影响很大。

二、旅游目的地营销参与者

所有与旅游目的地营销有关的企事业单位和个人都是旅游目的地营销参与者。具体可以根据人数的多少分为组织参与者和个人参与者两类。

1. 组织参与者

组织参与者是来自公共层面的企事业单位,具体可以分为直接组织参与者和间接组织参与者。

(1)直接组织参与者。

直接组织参与者是与旅游产品的开发、销售有直接关系的单位,如代表国家政府或地方政府行使其对旅游发展干预职能的旅游行政组织包括文化和旅游部、省自治区和直辖市旅游厅(局、委)、省级以下的地方旅游行政机构。由有关企事业单位和社会团体组织在平等自愿的前提下组成的各种旅游行业协会(中国旅游协会、中国旅游车船协会等)。中国公民自愿组成,以发展旅游业为共同意愿,按照其章程开展活动的旅游民间组织。从事旅游教育和旅游学术研究的社会组织(中国旅游协会旅游教育分会等)。这些组织大多是非营利性组织,其功能在于:做好旅游市场的调查,分析旅游市场机会,确立目标客源市场,做好目的地旅游形象定位,宣传促销整个地区的产品和服务,提高旅游目的地的价值和形象,吸引潜在消费者前来旅游。

(2)间接组织参与者。

间接组织参与者是与旅游业无直接关系的单位,包括城市规划部门、商务发展部门、会议部门、公共信息部门、基础设施管理部门。它们不直接从事旅游产品的开发、销售和直接对客服务等工作,但对整个旅游目的地旅游发展起到重要作用,它们的功能如果不能正常发挥,也会影响旅游目的地的整体形象。

2. 个人参与者

个人参与者又可以分为两类:

一类是从事旅游产品的开发、销售和直接对客服务等工作的个人,包括旅游景区、旅游接待企业、旅游零售业、旅行社、房地产开发企业、金融机构、出租车行业、建筑业、其他相关行业的个人,旅游目的地营销与他们的利益息息相关,政府应该调动其积极性开展旅游目的地营销。

另一类是与旅游业无直接关系的个人,也包括旅游目的地区内外的居民,他们不从事与旅游业相关的工作,但是为旅游目的地营销感到自豪或感动时,会自发成为旅游目的地营销者。

重庆城市营销

重庆,一个火锅胜地,一个现实版的《千与千寻》,一个你分不清在几楼的地方。作为第一个节假日需要限流的旅游城市,重庆已经不能光用"火"来形容了。那么重庆是怎么火起来的呢?

1. 玩转抖音营销

2018年,玩抖音的朋友们一定听过这句话:"10个抖音9个重庆。"虽然多数网红城市都在抖音占有一席之地,但是达到疯狂级别的只有重庆一个,洪崖洞、李子坝轻轨站、魁星楼、长江索道、各种美食打卡地简直是承包了抖音。当然,重庆的成功也是与其建筑、美食、景点密不可分。

2. 动漫IP持续营销

2018年上映了两部重庆元素动漫，分别是重庆本土动漫《我是江小白》和日本动漫《重神机潘多拉》，这两部动漫都融合了重庆奇妙的地形与地标建筑，把网红地标一网打尽。受益于《千与千寻》，动漫IP一直是重庆重点关注与开发的营销项目。

3. 接入外脑服务营销

2018年在政府的牵头下，新浪重庆联合MCN机构智库与城市发展等各方面专家、KOL成立重庆城市营销研究会，多维度服务重庆，振兴重庆城市品牌。

4. 会展营销

会展活动对全市商务经济的拉动效应显著。2018年全市会展直接收入181.6亿元，拉动重庆餐饮、住宿、旅游、娱乐和购物消费约1575.7亿元。2018年重庆举办的国际会议数量排名全国第五，可见重庆已经成为我国西南地区的国际会议中心。作为2018展洽会的重头戏之一——2018中国会议业年度大奖评选，吸引了酒店、会议目的地、会议场馆、会议主办方、会议服务商、旅游机构等数百家机构与企业热切关注。重庆悦来国际会议中心凭借其过硬的硬件设施和精细化的服务，从众多候选者中脱颖而出荣获多项大奖：中国十大影响力会议中心、中国最佳城市地标会议中心、"金五星"之优秀会议中心奖、中国会议酒店百强榜全国第六名、中国最具竞争力会议中心等。重庆是一个得天独厚的城市，美食、建筑两大核心特色为发展旅游业奠定了良好的基础，也提供了多元化的传播内容。重庆展览业的崛起为深度营销提供了良好机会。例如，2018年，以"助力新生态，共享新机遇"为主题的中国"互联网+"数字经济峰会落地重庆。这场峰会表达出重庆打造"智慧城市"的战略方向，重庆相继与阿里、腾讯达成协议，两大互联网巨头先后将中西部区域中心建在重庆，为未来的"抢人大战"提供更多竞争筹码。

（资料来源：陈雪阳、吕沛、毛娟《旅游市场营销》，广西师范大学出版社，2020年版；严薇《重庆会展业崛起：国际会议举办量创八年来新高 还捧回两项全国大奖》，上游新闻·重庆晨报，2019-01-18。）

思考题：重庆特色旅游资源都有哪些？重庆通过哪些渠道实现了旅游城市营销？

三、旅游目的地形象策划

（一）旅游目的地形象策划概述

1. 旅游目的地形象的含义

旅游目的地形象是指在一定时期和一定环境下，人们对某一特定旅游目的地的整体印象和评价，是人们对该旅游目的地的感知、印象、偏见、想象和情感思考的综合体现，是人们对该旅游目的地社会、政治、经济、生活、文化、旅游等各方面的认识和评价。

2. 旅游目的地形象策划的含义

旅游目的地形象策划是指为树立良好的旅游目的地形象，在调查的基础上，对旅游目的地总体形象战略和具体塑造方法进行设计与运作的过程，是将策划的思想、理论、

我国旅游管理体制的历史沿革

要求在旅游目的地塑造良好形象活动中的具体运用。

(二)旅游目的地形象策划的流程

1. 旅游目的地形象调研

旅游目的地形象调研即运用科学的调查方式和方法,对与旅游目的地的形象有关的内部因素和外部因素进行收集、整理、统计与分析,以了解目的地形象的现状和把握目的地形象的发展动向,为旅游目的地的形象策划提供可靠的依据。图10-1所示为旅游目的地形象调查指标,调研涉及与形象有关的目的地内部因素和目的地外部因素的全部内容。

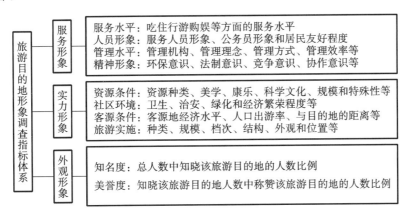

图 10-1　旅游目的地形象调查指标

(资料来源:https://wenku.baidu.com/view/d4d876cd8bd63186bcebbc23.html。)

2. 旅游目的地形象定位

1)旅游目的地形象定位的概念和方法

(1)旅游目的地形象定位的概念。

旅游目的地形象定位是以旅游目的地形象调研为基本依据,通过科学的流程、正确的方法和精心的提炼确定旅游目的地在消费者心中的形象地位。如上海的"精彩上海"、广东的"活力广东"、威尼斯的"水城"、维也纳的"音乐之都"等。旅游目的地形象定位是旅游目的地形象设计的前提与核心。

(2)旅游目的地定位的方法。

旅游目的地定位的方法有很多种,如典型自然环境提炼法、社会环境提炼法、物产环境提炼法、综合提炼法和谐音提炼法等。

①自然环境提炼法。

自然环境提炼法,如贵阳根据自有60%的森林覆盖率、夏无酷暑等自然环境特点,将城市定位为"森林之城,避暑之都"。黑龙江省伊春市拥有400万公顷的浩瀚森林、高达83.8%的森林覆盖率,于是将旅游形象定位为"林都伊春·森林里的家"。江苏省南通根据位于长江入海口的地理位置将旅游形象定位为"追江赶海到南通",生动形象地体现了南通的江海风光和滨海生活,2020年习近平总书记视察江苏,第一站来到南通市五山滨江片区,点赞这里的"沧桑巨变"。

②社会环境提炼法。

社会环境提炼法,如香港既是运输枢纽,也是文化汇聚之都,又地处亚洲最优越的策略性位置,将形象定位为"亚洲国际都会"。宁波市根据建设国内一流的旅游经济强市和现代化国际港口旅游名城的总体目标将旅游形象定位为"东方商埠 时尚水都"。广西钦州在古代是海上丝绸之路的始发港,如今又是中国东盟合作的桥头堡,是中国东盟合作的保税港区、整车进口口岸、航运物流枢纽、产业合作枢纽以及国际海湾新城,将形象定位为"钦近东盟 共赢之州"。

③物产环境提炼法。

物产环境提炼法,例如,景德镇盛产陶瓷因此定位为"瓷都"。浙江义乌盛产小商品,将其形象定位为"小商品的海洋,购物者的天堂"。

④综合提炼法。

综合提炼法,如广西南宁综合"中国绿城"的生态友好、面向东盟友好开放、"能帮就帮"的城市精神和"老友"味道的饮食文化,提炼出"老友南宁"形象定位,让游客对南宁的亲近感油然而生,南宁市"老友南宁"旅游品牌整体形象宣传推广入选2020年全国国内旅游宣传推广经典案例。

⑤谐音提炼法。

谐音提炼法,一种根据省市名称(含简称)与美好寓意词语谐音提炼旅游目的地形象的方法。如山西简称"晋",与"晋"谐音的成语"尽善尽美"具有美好的寓意,体现了山西追求旅游产品的尽善尽美、旅游服务的尽善尽美,于是山西将旅游形象定位为"晋善晋美",但此种定位方法容易引起对规范使用汉字的误导,不值得提倡。

2)旅游目的地形象定位的策略

旅游目的地形象定位的常用策略有领先定位、比附定位、逆向定位、空隙定位、多头定位和综合定位等。

(1)领先定位。

领先定位适用于那些自身特色鲜明,具有独一无二、无可替代的旅游资源的旅游目的地,如广西龙脊梯田"世界梯田之最"的定位、西藏"世界屋脊"属于领先定位。

(2)比附定位。

比附定位是指通过攀附有名的旅游目的地,希望借助知名旅游目的地的光辉来提升本地的旅游形象的定位。如曾经苏州乐园提出"到迪士尼太远,去苏州乐园"属于该定位策略。

(3)逆向定位。

逆向定位是利用差异化市场策略,从心理上突破常规,打破旅游消费者一般思维模式,以相反的内容和形式来塑造旅游形象,同时搭建一个新的易于为旅游者接受的心理形象平台。如河南林虑山风景区以"暑天山上看冰堆,冬天峡谷观桃花"的逆向定位策略来突出景区的奇特景观以征服市场,加拿大用"越往北,越使你感到温暖"的逆向定位策略来引起消费者的好奇和兴趣。

(4)空隙定位。

空隙定位通过分析旅游者心中已有的形象,发现和创造新的形象,从而树立一个与众不同的主题形象;或是通过对市场做深入分析,找到没有开发或占领的旅游市场,并进行定位的策略。如河南辉县郭亮村借助拍摄电影的契机,以洁净的山泉水、清新的空气、干净卫生的住房条件,用低廉的价格去占领了附近城市周末游市场和美术院校校外写生市场,取得了成功。

(5)多头定位。

多头定位是针对不同的目标公众采取不同旅游目的地定位的策略。

如北京市针对国内旅游市场的形象定位是首都,全国政治、商务、文化等各项交流活动的中心,是全国旅游的中心地及中转地;针对国际旅游市场的形象定位是"东方古都·长城故乡""新北京 新奥运"等。

(6)综合定位。

综合定位,是采取一种兼容并包的大概念对旅游目的地进行抽象定位的方法。例如,纽约定位为"万都之都",巴黎定位为"优雅之都",大连定位为"浪漫之都"。

3. 旅游目的地形象战略

旅游目的地战略(CIS)是对旅游目的地本身的经营理念、行为方式及视觉识别进行系统的设计,并向社会统一传播,在游客和公众中间树立旅游目的地的完美形象,从而获得游客和公众的认可。

旅游目的地形象战略具体包括理念识别(MI)、行为识别(BI)、视觉识别(VI)三个方面。

1)旅游目的地理念识别

旅游目的地理念识别是通过旅游企业的经营理念、文化价值观和团队精神等识别旅游企业的特征与个性。旅游目的地理念是旅游目的地形象战略的内核和精神所在,是旅游目的地识别系统的原动力,也是旅游目的地文化的重要组成部分。

2)旅游目的地行为识别

旅游企业的理念会通过具体的行为体现在生产经营管理及非生产经营性活动中。行为识别就是通过旅游企业的各种行为识别旅游企业理念、执行与实施。旅游目的地行为识别是旅游目的地理念识别的具体化,是在旅游目的地的理念指导下,对旅游目的地运作方式所做的统一规划而形成的动态识别系统。

旅游目的地行为包括旅游目的地的政府行为、民众行为和企业行为三部分。旅游目的地行为识别包括对内和对外两类。对内包括员工素质、旅游目的地制度、管理方法、培训教育、工作环境、生产效率等;对外包括市场调查、产品开发、公共关系、促销活动、经营政策等。

3)旅游目的地视觉识别

视觉识别是通过组织化、系统化、统一化视觉传播媒体的设计,将旅游目的地的经营理念和各项活动信息有计划地传达给社会,塑造旅游目的地良好、独特的形象,它是理念识别的具体化和视觉化,是较直观有形的形象识别系统。

旅游目的地视觉识别基本设计包括旅游目的地名称、标志、商标、标准字、标准色、应用标识、象征图案、旗帜、口号、招牌、吉祥物等;旅游目的地视觉识别应用场所包括服务用品、招牌旗帜、建筑外观、包装、衣着制服、橱窗、交通工具、广告、陈列展示等。

4. 旅游目的地形象策划评价

旅游目的地形象策划评价是根据一定的评价标准,对旅游目的地形象策划的过程及实施效果进行衡量、检查、对照、评价和估计,以判断其状态或价值。

1) 旅游目的地形象策划评价过程

旅游目的地形象策划评价过程包括以下几个方面。

第一,准备阶段。明确评价的目的和要求,收集旅游目的地的有关资料,确定评价指标体系及评价模型。

第二,调查阶段。确定调查方法和调查群体,获取对旅游目的地形象策划评价的具体数据资料。

第三,评价阶段。对数据资料进行汇总,将其应用到评价模型中,得出评价结果,建立评价数据库系统。

第四,总结阶段。根据综合评价结果进行分析总结,提交相应的综合评价报告,指出不足之处和整改意见。

2) 旅游目的地形象策划评价工具

为了解旅游目的地的实际社会形象,可选用旅游目的地形象地位图、旅游目的地形象要素调查表、形象要素差距图和旅游目的地形象效用对策表等旅游目的地形象策划评价工具进行分析。

第一,旅游目的地形象地位图,就是把旅游目的地的知名度和美誉度情况用一个二维平面坐标图来表示(见图10-2)。

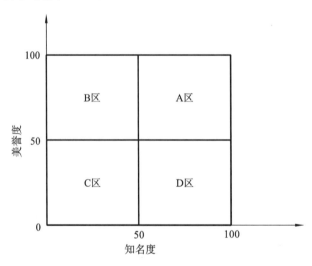

图10-2　旅游目的地形象地位图

A区,高知名度、高美誉度,说明旅游目的地形象处于较好状态,其营销的重点是维持美誉度和知名度。

B区,高美誉度、低知名度,说明旅游目的地树立良好形象具有较好的发展基础,其营销的重点是在维持美誉度的基础上提高知名度。

C区,低知名度、低美誉度,说明目标公众对旅游目的地的知晓率不高,知晓的人也印象不佳,旅游目的地应先完善自身,再大力提高知名度与美誉度,塑造良好的形象。

D区,低美誉度、高知名度,说明旅游目的地处于臭名远扬的恶劣境地,其营销的重点是挽回信誉,但应先默默地努力改善自身。

第二,旅游目的地形象要素调查表,将旅游目的地形象划分为若干要素,如旅游设施、客源条件、服务水平、人员形象、管理水平、精神形象、资源条件、社区环境等,并对这些要素采用从非常不满意到非常满意的五级量表调查,通过调查和统计,将各个形象要素的情况按百分比方式显示出来(见表10-2)。

表 10-2　旅游目的地形象要素调查表

评价	非常满意	比较满意	一般	比较不满意	非常不满意
旅游设施					
客源条件					
服务水平					
人员形象					
管理水平					
精神形象					
资源条件					
社区环境					

第三,形象要素差距图,将旅游目的地形象要素调查表的每一项调查结果计算出平均值,分别标在各属性数值标尺的相对位置上,连接各点就形成了旅游目的地实际形象的曲线,然后标明旅游目的地的自我期望形象的曲线,从中找到差距,从而指明旅游目的地市场营销失误的问题所在(见图10-3)。

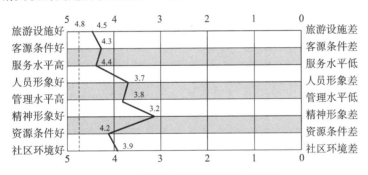

图 10-3　旅游目的地形象要素差距图

第四,旅游目的地形象效用对策表(见表10-3),旅游目的地形象策划,可以根据以往旅游目的地的游客数量和质量来判断旅游形象方案的有效性,然后据此确定最终的形象策划方案,并根据形象的效度来确定长期的修正思路。效用度计算公式如下:

形象效用度＝(近期形象目标客人数/近期旅游目的地游客总数)
　　　　　/(形象目标客人数/旅游目的地游客总数)

表 10-3　旅游目的地形象效用对策表

形象效用度	效用度≥1.5	1.5＞效用度≥1	1＞效用度≥0.6	0.6＞效用度
形象目标客源状况	显著增加	基本持平	缓慢减少	急剧减少
形象修正对策	强化	维持	修正	重组

案例分析

"文旅＋直播，网络＋电视"创意融合，全方位服务福建文旅品牌建设

福建省委、省政府为服务和打造"清新福建"全域生态旅游品牌，主导推出的国内第一个省级文旅专业电视频道——福建电视台旅游频道。作为国内最早尝试"文旅＋广电"深度融合创新，服务地方文旅品牌建设的专业电视媒体，承担在国内外传播"清新福建""全福游 有全福"文旅品牌的重任。

为有效服务和带动"政府文旅主管部门/文旅产业运营者、用户"两个服务终端，福建电视台旅游频道围绕福建全域旅游品牌发展战略，主动全面融入福建文旅行业生态体系：

一方面以文旅垂直类内容整合传播服务平台作为构建目标，以"旅游＋直播""网络＋电视"为创制理念，探索文旅行业多媒体融合发展路径，全面传播福建文旅品牌和"绿水青山就是金山银山"的生态文明价值观；

另一方面发挥"文旅＋广电"跨界资源联结者的作用，积极串联两大行业资源，创新产品和服务，为本土文旅市场发展带来实效，目前已经发展成为具有较强区域影响力的文旅视频创制传播平台、文旅行业整合传播服务专业机构和新文旅市场跨界玩家，2019年福建旅游频道获得博鳌国际旅游奖（TC奖）年度广播电视媒体大奖。2020年，面对新冠肺炎疫情对文旅行业造成的巨大影响，福建旅游频道积极发挥自身媒体资源优势，立足文旅特质，加强专属内容规划与创意创制，以"文旅＋直播""网络＋电视"的创制方式，深度展现福建全域生态旅游建设成果。

围绕福建文旅传播发展需要、根据互联网视频传播趋势，设定节目创制形态。主打节目《清新福建文旅报道》《主播旅行社》《你好，旅朋友》《清新微记录》等，以"文旅＋直播""网络＋电视"创新融媒体创制形式，实现高度互动、融合传播、便捷拆条。《清新福建文旅报道》节目获评2019年第九届中国电视满意度博雅榜地面文教栏目十强，年播出文旅资讯2000多条3500多分钟。《主播旅行社》推出"遇见乡村""方言欢语""县长带你游"等系列真人秀节目，以网络直播＋电视端播出方式，展现福建特色乡村风情、地域文化，传播效果显著。"遇见乡村"直播观看人数单期最高55万，微博话题＃县长带你游龙岩＃阅读量3793.4万。

以短视频为突破点，建设融媒体传播矩阵，以创新优质内容，助力福建文旅行业推广。构建涵盖抖音、微信、微博、小红书、马蜂窝等顶尖流量平台在内的动态融媒体传播矩阵，实现短视频内容的网络同步分发。同时扩大电视平台覆盖，通过媒体合作，实现在江西、广东、广西等电视媒体落地，提升"清新福建"旅游品牌的对外传播。截至2019年11月，旅游频道全媒体矩阵累计粉丝数269万，视频/图文累计浏览量2.2亿。"主播旅行社"抖音账号粉丝达35万＋，并逐渐成为抖音文旅领域头部。由其发布的象鼻湾短视频，收获4700万＋播放，181万点赞，6.5万评论，成为2019年度抖音平台现象级爆款，带动平潭象鼻湾成为当地新晋的"网红"景点。精准把握旅游目的地"爆红"潜质，通过短视频创制优势，有效提升辐射力，全面服务福建文旅品

牌传播。

以公益宣传片强化品牌建设,打造福建文旅传播新形象。以文旅特质传播公益,以公益带动文旅品牌。2018年以来,推出"回家,就是最好的旅行"贺岁宣传、"发现自己的力量"旅游扶贫宣传、"不一样的旅行者"建军节宣传等公益宣传片,改变传统旅游宣传方式,将情感故事和拍摄地旅游特质融于一体,在打动人心的同时,提升福建文旅公益形象和市场影响。"回家"系列持续3年取材省内9个旅游目的地,制播9条宣传片,全网观看/播放超亿次,微博超话#回家,就是最好的旅行#阅读量破1.1亿,一度占据旅行类超话排行榜第5位。每日先驱日报、谷歌新闻、美国ABC电视台等多家海外平台纷纷报道。有效传播旅游目的地信息,展现"清新福建"文旅新形象。

随着互联网+营销的不断覆盖与升级,如何打通全渠道营销成为文旅融合不断尝试与突破的关键点。福建卫视依托文旅电视频道的专业性,用文旅+直播,网络+电视的深度融合方式,全方位打造清新福建的文旅品牌。无论是深入基层的电视节目,还是短视频为突破点的媒体合作,甚至以公益带动文旅品牌并结合社交媒体进行线上线下同步传播的口碑活动,等等,都对文旅品牌全渠道推广营销具有相当大的启发。清新福建不再是一句死板的口号,而是随着一条条视频、一次次互动、一个个热搜,成了游客心中有温度的文旅品牌。

(资料来源:何宁,《福建:"文旅+直播,网络+电视"创意融合,全方位服务福建文旅品牌建设》,中国旅游新闻网,http://www.ctnews.com.cn/content/2020-09-09/content_83107.html,2020-09-09。)

思考题:从福建文旅品牌形象的传播中,你得到什么启示?

四、旅游目的地主题营销活动策划

(一)旅游目的地主题营销活动策划的含义

主题营销活动是指通过有意识地发掘、利用或创造某种特定主题来实现旅游企业经营目标的一种营销方式。它在原本单纯、枯燥的销售活动中注入一种思想和理念,使旅游营销活动由死板的商品交换变为情感交流,让销售具有了灵魂。将原本单纯的商品,赋予某种主题,可以更好地挖掘商品的卖点,使销售活动更人性化,从而激发顾客的购买欲望。这样顾客在购买和使用商品过程中会得到精神享受和情感满足,产生一种心理共鸣。旅游目的地主题营销活动是指对旅游目的地对营销活动进行系列主题设计,将策划的思想、理论、要求在旅游目的地各主题活动中进行具体运用。

(二)旅游目的地主题营销活动策划的流程

旅游目的地主题营销活动的策划流程,如图10-4所示。

第一步 确定活动类型与目的。旅游目的地在活动策划之前首先需要对活动的类型进行确定,同时明确活动要达到的效果。

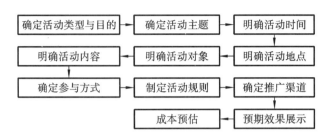

图 10-4 旅游目的地主题营销活动的策划流程图

第二步 确定活动主题。"主题"是旅游目的地主题活动策划的核心内容，也是活动策划的重要环节，所有的策划细节都围绕主题产生。

第三步 明确活动时间。时间主要以目标游客群体的时间是否方便、空闲为主，然后再结合旅游目的地的时间进行安排。

第四步 明确活动地点。地点的选择要符合活动的类型与主题定位。

第五步 明确活动对象。要针对活动的主题确定目标游客群体和潜在游客群体。

第六步 明确活动内容。主要是对主题营销活动的内容进行描述，即向客人介绍活动的具体内容、特点和亮点等，以期打动客户。

第七步 确定参与方式。向客人介绍活动参与的具体方式，特别要明确的是有些主题营销活动是针对部分客人展开的，因此对客人参与活动的形式会有所限制。

第八步 制定活动规则。主要是指主题活动的具体要求和注意方式，例如参与人员要求、报名起止时间、活动奖品领取规定等。

第九步 确定推广渠道。主题活动推广宣传的时间，以及广告投放的渠道是传统媒体、新媒体还是全媒体等。

第十步 预期效果展示。主题活动策划需要对活动的效果做一个预期性评估并将其展示出来，让活动组织者明确活动的目标效果。

第十一步 成本预估。成本预估包含各类推广渠道费用、线下执行费用以及各个环节礼品或奖品费用。

(三) 旅游目的地主题营销活动的类型与特点

1. 旅游目的地主题营销活动的类型

旅游目的地主题营销活动首先要明确活动的类型与目的，即通过举办该活动想要达到什么样的效果，然后再根据具体的目的制作活动内容与步骤。目的不同，策划活动的侧重点不同，效果也不同。

1) 根据主题营销活动的目的

根据主题营销活动的目的，旅游目的地主题营销活动可以分为以销售为主导的活动、以传播为主导的活动和混合型的活动。

(1) 销售为主导的活动。

销售为主导的活动以盈利销售为主，以品牌宣传为辅。

(2) 以传播为主导的活动。

以传播为主导的活动以品牌宣传为主，以盈利销售为辅。

(3)混合型的活动。

混合型的活动是兼具了品牌宣传和盈利销售两个特性的主题营销活动。

2)根据营销重点划分

根据营销重点,可将主题营销分为主题产品营销、主题品牌营销和主题文化营销。

(1)主题产品营销。

主题产品营销的重点是主题产品,通过原有主题产品的改进、新主题商品的开发或其他营销手段等尽可能地把更多的产品销售出去,其主要目的是获取更高的销售额或利润。如月饼是中秋节的主题产品,企业可以通过节假日大量的广告、抽奖促销等手段在节日过去之前最大限度地销售。

(2)主题品牌营销。

主题品牌营销的重点是主题产品的品牌,它不再仅注重产品的销售,而是注重对主题品牌的建立和发展。通过对主题品牌的塑造,可以提高企业声誉,提高企业产品的顾客忠诚度。一个深意品牌不仅意味着固定持续的购买,还意味着较高的溢价和利润。从竞争层次上讲,主题品牌营销已经上升到品牌的竞争,它表明对顾客利益的进一步拓展和维护。

(3)主题文化营销。

主题文化营销则是更高层次的主题营销方式,其营销重点不是具体的产品或某一个品牌,而是主题中所蕴含的文化。节假日市场蕴含了节假文化。节假文化是指导消费者节假日活动和购买行为深层次的东西,它影响着人们的节假消费行为和内容,如源于淘宝商城(天猫)2009年11月11日举办的网络促销活动——11·11购物狂欢节,源于京东店庆日的6·18全民网购狂欢节。主题文化营销的重点是研究主题文化对消费者的影响,通过精心设计的主题产品和适当的主题促销活动去满足人们内心的愿望和需要,使消费者在消费过程中不仅是一种物质利益的获取,更有一种文化的交流和精神上的愉悦。

2.旅游目的地主题营销活动的特点

旅游目的地主题营销活动具有大众传播性、深层阐释功能、公关性和经济性等特点。

(1)大众传播性。

大众传播性是指一个好的主题营销活动能够激发旅游目的地在客户群中的美誉度和知名度,使活动或旅游目的地被广泛传播。

(2)深层阐释功能。

深层阐释功能是指主题营销活动是旅游目的地与客人直接交流的一个机会,能够清晰、准确地向客人表达旅游目的地想要传递的信息和内容。

(3)公关性。

公关性是指旅游目的地的主题营销活动通常代表的是旅游目的地的立场,例如绿色环保、健康和生态等,这些主题活动能够最大限度地树立起旅游目的地在客人心中的品牌形象,使原本单一的产品消费满足迅速提升至精神层面的认同。

(4)经济性。

经济性是指策划一场大型的主题营销活动也可以对旅游目的地起到营销推广的作用,其费用成本却远远低于旅游目的地直投广告的费用成本,但宣传的效果却没有弱化。

（四）策划一个引人注目的营销主题

1. 引人注目的营销主题的特性

旅游目的地活动中的任何安排和设置都是基于活动主题而设计的。因此，首先需要为活动选择一个引人注目的营销主题。这种主题需要具备吸引注意、通俗易懂、强烈刺激和别具一格的特性。这些特性并不需要同时满足，只要满足其中一点或者多点就成功了。

（1）吸引注意。

吸引注意是指设计的营销活动主题要能吸引客户的注意，使人看到活动主题就能对其产生浓厚的兴趣。

（2）通俗易懂。

通俗易懂是指旅游目的地的主题营销活动通常是面对所有的客户群体，他们包括老人和小孩、商人和白领、男性和女性等，所以需要通俗易懂的活动主题，才能引起全民参与。

（3）强烈刺激。

强烈刺激是指设计的营销活动主题能给人带来强烈的刺激，引起客人的反应，从而引发客人的联想，才能吸引客人积极参与。

（4）别具一格。

别具一格是指市面上的旅游主题活动有很多，尤其是在节假日期间，各种各样的旅游主题营销活动更是层出不穷。因此，想要从众多的活动中脱颖而出就需要一个别具一格的活动主题。

2. 引人注目的营销主题的设计方法

（1）紧随潮流，追逐热点。

热门信息具备天然的传播力，是社交互动的重要媒介。同时，现在是信息爆炸的时代，人的注意力有限，主要关心当下的热门信息。因此，设计旅游目的地营销活动主题时，如果能够紧随潮流，以热门信息为基础进行设计，进行借势营销，就可以使活动借助热门信息获得一定的关注度，从而提高活动的吸引力。我们可以借助微博、百度等网络工具获得当下的热门信息，如微博热搜榜、百度风云榜、知乎、微信指数、朋友圈等社交平台。

（2）紧扣旅游目的地产品或动态。

旅游目的地产品或动态是主题营销活动的一个策划点，根据旅游目的地产品或动态确定活动的主题，可以不受时间和季节的影响，只要灵活运用就可以达到很好的品牌宣传效果，例如旅游目的地周年庆典等。但此类活动策划需要策划人员对旅游目的地产品和地方文化有清晰深刻的认识，才能抓住客人的兴趣点，对其进行引导和放大。

（3）引起客人的情感共鸣。

一个能够让客人印象深刻的活动，通常是深刻洞察了客人的情感需求，才能真正想出他们感兴趣的方案。有共鸣的话题才能让客人有所行动，这就是引起客人情感共鸣的原因。从文学解释的角度来看，情感共鸣是在他人情感表现或造成他人情感变化的情景刺激作用下，所引起的主体情感或情绪上相同或相似的反应倾向。一些强烈的情绪,例如喜、怒、哀、乐、悲、恐、惊,其自身就具备了关注度,当把这些情绪巧妙地与活动主题进行融合之后,归属感自带对应群体的关注度。所以只要击中了某些用户的点,就能够进入他们的关注区,也就能使活动快速积累人气。

常见的引起情感共鸣的方法有以下几种:

(1)在活动中塑造旅游目的地的文化情感价值,引起客人的情怀。

(2)用品牌感动客人,让人产生情感共鸣。

(3)与目标客人之间进行情感互动,通过互动满足目标客户群体的情感需求,让旅游目的地与客人之间开始了真正意义上的互动,拉近与客人之间的距离。

总体来说,在策划主题活动时要明白,旅游目的地需要与客人之间建立一种类似"家人""朋友"等的情感关系,而搭建关系的基础,源于信任,而这种信任还是要从旅游目的地本身做起。

(五)主题营销活动策划方案涉及的文案材料

为了使活动策划方案内容更加具体,条理更加清晰,在策划的过程中常常需要制作一些文案材料,如活动流程表、活动物料清单表、员工分工安排表和活动项目进度表等。

1.活动流程表

活动流程表是活动策划中的主要表格,它主要负责管控活动的流程,以及对活动中各项环节的时间进行把控,以便精准控制活动的进程,从而确保活动顺利进行。制作活动流程表主要考虑时间线、每个时间点对应的活动事项以及当前时间点的统筹协作三项内容。

2.活动物料清单表

每一场主题活动的策划,都会涉及很多物料,如果管理不当,不仅会给旅游目的地带来损失,还会影响活动的顺利进行。因此,需要制作活动物料清单表,以此来管理活动中涉及的物料,并防止物料丢失。在设计制作物料管理单时,可以根据活动策划的分工进行细分,再进行区域管理,明确具体的负责人。

3.员工分工安排表

活动的组织策划需要大量的人员协作完成,其中涉及各个地方的各个部门,为了使员工能够各司其职,快速高效地完成旅游目的地的活动策划,需要制定员工分工安排表。大型的活动策划在人员管理上比较复杂,建议采用分组管理,组长管组员的方式,来实现现场的协作和统筹。

4.活动项目进度表

为了准确把握活动策划的进程,需要严格把控活动项目中每一项的进度,具体到每个项目进度的时间点。

"花点时间游武汉"主题宣传活动及效果

2019年春季,武汉市以"赏花游"为主打,组织开展了"花点时间游武汉"主题宣传系列活动,采取多媒体融合、线上线下互动相结合的营销方式,创新展现武汉丰富的赏花资源,擦亮"大武汉、新花城"赏花游品牌,促进春季旅游市场繁荣,全面提升城市知名度、美誉度。该系列活动内容丰富,特色鲜明,在扩大武汉赏花游市场影响力、提升城市旅游吸引力方面取得良好的宣传成效。

(一)精心策划主题活动,促进文旅深度融合

策划举办了"花点时间游武汉"2019抖音挑战赛、春季文化旅游惠民、武汉赏花国际摄影大赛、2019武汉旅游达人评选、"花Young武汉48小时"斗鱼直播接力等系列活动,开展"花点时间游武汉"千人定向游、园博园花朝节汉服万人巡演等特色活动,吸引市民游客参与体验文化旅游建设成果,全面提升文化吸引力和旅游影响力。

(二)借助新媒体平台,展现靓丽城市形象

在百度、抖音、新浪、斗鱼直播等新媒体平台和微信、微博开展线上宣传,推出百度"花点时间游武汉"专题,在广东、河南、湖南、湖北等重点客源城市推荐"花点时间游武汉——抖音挑战赛",以#武汉浪漫赏花季#热门话题联合新浪微博针对北京、上海、广州等开展定向推广,在官方微信开设"花期预报"专栏,推出即时花讯,策划"花Young武汉"随手拍活动,引导市民和游客参与武汉赏花游宣传。组织国际摄影师、网络达人、斗鱼主播、媒体记者组成"花Young武汉48小时"宣传团,以影像、文字、H5等形式打造武汉八大网红赏花游地标,推广武汉赏花游IP。

(三)线上线下开展营销,全面提升产品竞争力

设计制作《赏花游手册》《赏花游指南》,摄制《花young武汉》《花点时间游武汉——盛世花开》专题视频,发布十大武汉赏花一日游经典线路,以新媒体和网络平台为传播渠道,采取"定向地区微信朋友圈广告""定向微博大号推广"等方式进行推广传播,并在全市机场、火车站、酒店、景区、文博场所等窗口地带投放,吸引游客、市民体验赏花游。陆续启动了针对北上广等重点城市和河南、湖南、大湾区等重点区域的市场营销,包括在京汉线、沪汉蓉线、京沪线等高铁列车上,北京长安街地铁出入口灯箱、天河机场T3航站楼、自助值机台自助登机牌投放宣传广告;组织邀请马来西亚等大型旅行商来汉踩线;并赴广州、西安等地开展武汉赏花游专项推介。

主题宣传成效显著

武汉樱花宣传登上"学习强国"平台,人民网、新华网等主流媒体纷纷聚集"花点时间游武汉"系列活动。抖音平台视频播放量超1.7亿次,点赞评论转发互动量47万;百度城市名片"花点时间游武汉"搜索点击量25万人次,辐射人群412.37万人次,新闻阅读量753.7万;新浪微博平台,#花点时间游武汉#话题登上微博热搜榜,相关博文阅读量超3100万人次。

赏花游市场火爆异常

"花点时间游武汉"宣传活动启动后第一个周末,超30万人来汉赏樱,黄鹤楼公园共接待游客5.4万人次,东湖樱花园一天半时间内迎来12万人入园,同比增长30%以上,外地旅游团数量达220余个。

惠民活动赞誉满满

"花点时间游武汉"2019春季武汉文化旅游惠民活动充分发挥旅游业在满足人

民日益增长的美好生活需要的重要作用,向市民游客送出30万张惠民券,涵盖文旅项目27个,网络留言及好评数万条次,市民游客纷纷为惠民举措点赞。

(资料来源:何宁《湖北:"花点时间游武汉"主题宣传活动》,中国旅游新闻网,http://www.ctnews.com.cn/content/2020-09/15/content_83429.html,2020-09-15。)

思考题:简述"花点时间游武汉"主题宣传活动的成功之处及成功的原因。

关键概念

旅游市场营销计划　旅游市场营销计划实施　旅游市场营销计划实施过程　旅游市场营销计划实施技能　旅游市场营销控制
旅游市场营销审计　旅游目的地营销　旅游目的地营销参与者
旅游目的地形象策划　主题活动营销

一、思考题

1. 举例说明旅游市场营销计划书的内容。
2. 结合案例说明旅游市场营销计划的实施过程。
3. 简述旅游市场营销控制的方法。
4. 结合案例说明旅游市场营销控制的实施。
5. 结合案例说明旅游市场营销年度计划控制的步骤。
6. 结合案例说明在实施旅游市场营销计划时,应该注意哪些问题。
7. 举例说明旅游市场营销审计的内容。
8. 举例说明旅游市场营销审计实施的程序。

二、能力训练

1. 案例分析

2017"自驾游栾川·高速全免费"活动计划的实施

一、谋划

2017年6月中旬,河南省栾川县旅游工作领导小组专门召集旅游行业单位领导,大家集思广益,对旅游产业如何集中精准扶贫进行热烈的讨论。确定了"暑假高速免费活动"。县旅工委就高速免费旅游接待计划反复会商,首先根据往年高速收费数据,确定高速免费活动预计费用为1000万元,由县财政出资40%,景区出资60%,然后确定活动时间定在暑假,最后是免费对象和免费办法。经过十几轮论证,确定所有7座以下(含7座)客车河南省内路段一律免费。县旅工委综合各方面意见拿出《自驾游栾川高速全免费公益行动方案》,并提交县委常委会议和县政府常务会议研究通过。县领导带队到市政府、省交通厅、省旅游局等单位汇报,省交通厅、省旅游局领导为栾川旅游扶贫敞开方便之门,高速免费活动呼之欲出……

二、宣传

2017 年 7 月 24 日,"自驾游栾川·高速全免费"旅游扶贫公益行动新闻发布会在郑州举行。栾川于 2017 年 8 月 1 日 0 点至 8 月 20 日 24 点,针对全国所有自洛栾高速栾川站、重渡沟站下站的 7 座以下(含 7 座)客车,免河南省内高速公路通行费,所产生的高速通行费由县政府及县内 7 家景区共同承担。短短两天内网络浏览量已经超过千万次,"栾川包下整条高速邀你来旅游"的消息一时间成为国内的热点话题。根据百度搜索指数显示,此次活动宣传覆盖人群已远远过亿,"奇境栾川"旅游目的地品牌影响力进一步扩大。

三、布置

为保障活动顺利开展,有关部门特别制定了覆盖全域的活动接待方案,成立了以县委书记为政委、县长为总指挥的栾川旅游高速免费活动指挥部和六个职责明确的工作推进组,指挥部挂图作战,4500 人直接参与一线服务。如为应对住宿接待压力,设计了住宿接待方案:过夜游客总量小于等于 4.6 万人,利用现有房源接待;过夜游客超过 4.6 万人,在景区、乡村旅游点、县城开辟 16 个帐篷露营地,安排 3500 多顶帐篷,可缓解 7000 人的住宿接待压力;过夜游客超过 5.3 万人,启用 8 所学校的学生宿舍和 1 家企业的职工宿舍,免费供 5000 人临时休息;过夜游客总量超过 5.8 万人,通过党政信息平台、微信微博、广播动员党员干部及有条件群众走上街头,邀请游客"回家";过夜游客县内接待超过临界值,向嵩县、西峡等周边县区联络,介绍游客住外县游栾川;过夜游客超过接待负荷,有序组织客人返程分流,开展慰问游客行动,安抚游客情绪,用真诚换取游客谅解。

为应对各种可能出现的情况,制定了应急预案:指挥部临时会议室连线景区实现实时画面监控;出现住宿临界点时,广播电台、交叉路口停放的宣传车、沿街门店显示屏一律显示住宿调度电话;高速公路出现拥堵情况时,信息将在洛阳和陆浑服务区电子显示屏显示;工作组微信工作群、微博账号第一时间发布消息与指令;为室外工作人员配备对讲机、交通工具……

四、实施

栾川交通警察和旅游警察全员在岗,坚守各个交通节点,力保交通顺畅。同时,栾川交警微博高频发布路况动态,为每一位游客提供最新路况信息。栾川县物价办、工商局出动宣传车动员,挨家发告诫书,针对少数乱涨价经营单位快查快办。当地食药监局、安监局、质监局等单位工作人员奔走于景区、交通核心地段、露营场地等区域,帮助游客解决困难。各景区、乡镇的高效联动和全社会的积极参与,实现了旅游接待忙而有序。栾川县城市综合执法局的同志全员上阵,高度预警,确保城区及景区各类管理规范有序。栾川县文明办组织的志愿者或在高速路口咨询点为游客指路,或出现在闹市区为客人介绍房源,或启动临时休息点。栾川县内爱心企业、酒店行业协会、社会群体及热心市民力所能及地为每一位游客提供方便,还为奋战在旅游接待第一线的干部职工送去消暑降温物品。栾川旅游住宿调度中心 11 部咨询电话满负荷运转,工作人员 24 小时轮班在岗,耐心接听游客来电。

五、效果

活动期间，栾川迎来了史无前例的旅游接待高峰，涌入的客车近20万辆，共接待全国各地游客111万人次，免费金额共计1200多万元，撬动旅游综合收入达到7.57亿元，均创历年最高，达到了"旅游惠民"的活动初衷。老君山景区收入2000多万元，增长幅度106%。鸡冠洞景区已经提前完成第三季度目标任务。伏牛山东北虎园实现收入增长幅度278%的开园以来的经营收入记录。开农家宾馆的老百姓实实在在尝到甜头，据老君山主管农家宾馆的副总高红介绍：老君山农家宾馆平均收入超过10万元，最多一家收入接近40万元。寨沟卖甜玉米的一家农户，几乎把一个村的玉米给卖空了。叫河村建档立卡贫困户崔留敏家，今年在镇政府帮助下，建起家庭宾馆，借助高速免费活动"火箭式"脱贫，20天收入1.5万元，老两口儿乐得合不拢嘴。栾川高速免费活动切切实实让来栾游客得到实惠，政府和景区拿出真金白银来回馈游客，让20万辆车111万人次受益，体现了发展旅游的成果，主客共享，全民受益。

（资料来源：http://www.sohu.com/a/168893026_289000。）

思考题：请分析"自驾游栾川·高速全免费"计划实施与控制的成功之处。

2. 方案设计

实训目的：

通过实训帮助学生初步掌握市场营销计划执行和控制的流程与方式，培养学生的团队合作精神。

完成形式：

小组作业。

实训内容1

(1)制订市场营销计划，结合前面项目的学习内容，各小组制订市场营销计划。

(2)执行市场营销计划，根据市场营销计划的内容，利用相关知识有步骤地开展市场营销活动。

(3)控制市场营销计划的执行，利用相关知识对市场营销计划的执行进行控制，并利用营销控制方法进行检查。

(4)撰写市场营销审计报告，对市场营销环境、目标、战略、组织、方法、程序和业务等进行综合的、系统的、独立的和定期性的核查，并据此撰写营销审计报告。

实训内容2

为迎接202×年国庆节、中秋节，你所在的旅行社拟针对大学所在地的在校大学生开展一场主题旅游营销活动，请各小组自选旅游营销主题，制订旅游营销计划书；并以同班同学为对象开展旅游市场营销活动，撰写旅游市场营销活动执行方案，并写出旅游市场营销活动执行控制与审计报告。

实训内容3

为迎接202×级新生，请以班级为单位，组织实施一次新生校园特卖会，特卖商品由各班自行选择，班级分为总控制组、营销策划组、营销执行组和营销控制组四个组，各组分工合作，共同完成此次迎新校园特卖会，并分别撰写营销执行报告和营销控制报告。

主要参考文献
References

[1] 习近平.习近平谈治国理政[M]:第2卷.北京:外文出版社,2017.
[2] 习近平.之江新语[M].杭州:浙江人民出版社,2007.
[3] 胡宇橙,李烨.酒店营销管理[M].重庆:重庆大学出版社,2016.
[4] 曲颖,李天元.旅游市场营销[M].北京:中国人民大学出版社,2018.
[5] 中共中央文献研究室.习近平关于科技创新论述摘编[M].北京:中央文献出版社,2016.
[6] 郭国庆.市场营销学通论[M].8版.北京:中国人民大学出版社,2020.
[7] 张念萍.旅游市场营销实务[M].北京:中国旅游出版社,2011.
[8] 符莎莉.市场营销实务[M].北京:电子工业出版社,2010.
[9] 鲁毅宸.GD证券上海分公司证券经纪业务新媒体营销策略优化研究[D].上海:上海外国语大学,2021.
[10] 菲利普·科特勒,约翰·T 鲍文,詹姆斯·C 麦肯斯.旅游市场营销[M].6版.谢彦君,李森,郭芙,等,译.北京:清华大学出版社,2017.
[11] 陈丹红.旅游市场营销学[M].北京:清华大学出版社,2019.
[12] 孙小荣.中国旅游营销新价值时代[M].北京:新华出版社.2017.
[13] 魏仁兴,肖龙.主题活动策划原理与实务[M].北京:北京师范大学出版社,2019.
[14] 王成慧.旅游营销经典案例[M].天津:南开大学出版社,2016.
[15] 曾增.酒店营销与活动策划从入门到精通[M].北京:中国铁道出版社,2021.
[16] Kotler P, Armstong G. Principles of marketing[M]. 17th ed. Harlow: Pearson education limited,2018.
[17] 陈雪阳,吕沛,毛娟.旅游市场营销[M].桂林:广西师范大学出版社,2020.
[18] 王大悟,刘耿大.酒店管理180个案例品析[M].北京:中国旅游出版社,2007.
[19] 赵西萍,等.旅游市场营销学——原理、方法、案例[M].北京:科学出版社,2017.
[20] 黄安民.旅游目的地管理[M].武汉:华中科技大学出版社,2016.

教学支持说明

为了改善教学效果,提高教材的使用效率,满足高校授课教师的教学需求,本套教材备有与纸质教材配套的教学课件(PPT电子教案)和拓展资源(案例库、习题库、视频等)。

为保证本教学课件及相关教学资料仅为教材使用者所得,我们将向使用本套教材的高校授课教师免费赠送教学课件或者相关教学资料,烦请授课教师通过电话、邮件或加入旅游专家俱乐部QQ群等方式与我们联系,获取"教学课件资源申请表"文档并认真准确填写后反馈给我们,我们的联系方式如下:

地址:湖北省武汉市东湖新技术开发区华工科技园华工园六路

邮编:430223

电话:027-81321911

传真:027-81321917

E-mail:lyzjjlb@163.com

旅游专家俱乐部QQ群号:758712998

旅游专家俱乐部QQ群二维码:

群名称:旅游专家俱乐部5群
群　号:758712998

教学资源申请表

填表时间：_____年___月___日

1. 以下内容请教师按实际情况填写，★为必填项。
2. 根据个人情况如实填写，可以酌情调整相关内容提交。

★姓名		★性别	□男 □女	出生年月		★职务	
						★职称	□教授 □副教授 □讲师 □助教

★学校		★院/系	
★教研室		★专业	
★办公电话		家庭电话		★移动电话	
★E-mail				★QQ号/微信号	
★联系地址				★邮编	

★现在主授课程情况	学生人数	教材所属出版社	教材满意度
课程一			□满意 □一般 □不满意
课程二			□满意 □一般 □不满意
课程三			□满意 □一般 □不满意
其 他			□满意 □一般 □不满意

教 材 出 版 信 息		
方向一		□准备写 □写作中 □已成稿 □已出版待修订 □有讲义
方向二		□准备写 □写作中 □已成稿 □已出版待修订 □有讲义
方向三		□准备写 □写作中 □已成稿 □已出版待修订 □有讲义

请教师认真填写下列表格内容，提供申请教材配套课件的相关信息，我社根据每位教师填表信息的完整性、授课情况与申请课件的相关性，以及教材使用的情况赠送教材的配套课件及相关教学资源。

ISBN（书号）	书名	作者	申请课件简要说明	学生人数（如选作教材）
			□教学 □参考	
			□教学 □参考	

★您对与课件配套的纸质教材的意见和建议有哪些，希望我们提供哪些配套教学资源：